SAS
LE ROI FOU DU NÉPAL

(Pages à découper ou à copier)

Je souhaite recevoir :
Le catalogue complet
Les volumes ci-dessous cochés au prix de € 5,49 l'unité, soit :
...... livres à € 5,49 = ...
+ frais de port   = ...
(1 vol. : € 1,83 ; 1 à 3 vol. : € 2,44 ; 4 vol. et plus : € 4,12)

Total : ....

Nom : .... Prénom : ....
Adresse : ....
....
Code postal : .... Ville : ....
Tél. ....

Paiement par chèque à l'ordre de :
MALKO PRODUCTIONS
15 chemin des Courtilles
92600 ASNIÈRES

DU MÊME AUTEUR
(* titres épuisés)

- N° 1 S.A.S. A ISTANBUL
- *N° 2 S.A.S. CONTRE C.I.A.
- N° 3 S.A.S. OPÉRATION APOCALYPSE
- N° 4 SAMBA POUR S.A.S.
- *N° 5 S.A.S. RENDEZ-VOUS A SAN FRANCISCO
- N° 6 S.A.S. DOSSIER KENNEDY
- N° 7 S.A.S. BROIE DU NOIR
- *N° 8 S.A.S. AUX CARAÏBES
- N° 9 S.A.S. A L'OUEST DE JÉRUSALEM
- N° 10 S.A.S. L'OR DE LA RIVIÈRE KWAI
- N° 11 S.A.S. MAGIE NOIRE A NEW YORK
- N° 12 S.A.S. LES TROIS VEUVES DE HONG KONG
- *N° 13 S.A.S. L'ABOMINABLE SIRÈNE
- *N° 14 S.A.S. LES PENDUS DE BAGDAD
- *N° 15 S.A.S. LA PANTHÈRE D'HOLLYWOOD
- *N° 16 S.A.S. ESCALE A PAGO-PAGO
- *N° 17 S.A.S. AMOK A BALI
- *N° 18 S.A.S. QUE VIVA GUEVARA
- *N° 19 S.A.S. CYCLONE A L'ONU
- *N° 20 S.A.S. MISSION A SAIGON
- *N° 21 S.A.S. LE BAL DE LA COMTESSE ADLER
- *N° 22 S.A.S. LES PARIAS DE CEYLAN
- *N° 23 S.A.S. MASSACRE A AMMAN
- *N° 24 S.A.S. REQUIEM POUR TONTONS MACOUTES
- *N° 25 S.A.S. L'HOMME DE KABUL
- *N° 26 S.A.S. MORT A BEYROUTH
- *N° 27 S.A.S. SAFARI A LA PAZ
- *N° 28 S.A.S. L'HÉROÏNE DE VIENTIANE
- *N° 29 S.A.S. BERLIN CHECK POINT CHARLIE
- *N° 30 S.A.S. MOURIR POUR ZANZIBAR
- *N° 31 S.A.S. L'ANGE DE MONTEVIDEO
- *N° 32 S.A.S. MURDER INC. LAS VEGAS
- *N° 33 S.A.S. RENDEZ-VOUS A BORIS GLEB
- *N° 34 S.A.S. KILL HENRY KISSINGER !
- *N° 35 S.A.S. ROULETTE CAMBODGIENNE
- *N° 36 S.A.S. FURIE A BELFAST
- N° 37 S.A.S. GUÊPIER EN ANGOLA
- *N° 38 S.A.S. LES OTAGES DE TOKYO
- *N° 39 S.A.S. L'ORDRE RÈGNE A SANTIAGO
- *N° 40 S.A.S. LES SORCIERS DU TAGE
- *N° 41 S.A.S. EMBARGO
- *N° 42 S.A.S. LE DISPARU DE SINGAPOUR
- *N° 43 S.A.S. COMPTE A REBOURS EN RHODÉSIE
- *N° 44 S.A.S. MEURTRE A ATHÈNES
- *N° 45 S.A.S. LE TRÉSOR DU NÉGUS
- *N° 46 S.A.S. PROTECTION POUR TEDDY BEAR
- *N° 47 S.A.S. MISSION IMPOSSIBLE EN SOMALIE
- *N° 48 S.A.S. MARATHON A SPANISH HARLEM
- *N° 49 S.A.S. NAUFRAGE AUX SEYCHELLES
- *N° 50 S.A.S. LE PRINTEMPS DE VARSOVIE
- *N° 51 S.A.S. LE GARDIEN D'ISRAËL
- *N° 52 S.A.S. PANIQUE AU ZAÏRE
- *N° 53 S.A.S. CROISADE A MANAGUA
- *N° 54 S.A.S. VOIR MALTE ET MOURIR
- *N° 55 S.A.S. SHANGHAI EXPRESS
- *N° 56 S.A.S. OPÉRATION MATADOR
- *N° 57 S.A.S. DUEL A BARRANQUILLA
- *N° 58 S.A.S. PIÈGE A BUDAPEST
- *N° 59 S.A.S. CARNAGE A ABU DHABI
- *N° 60 S.A.S. TERREUR A SAN SALVADOR
- *N° 61 S.A.S. LE COMPLOT DU CAIRE
- *N° 62 S.A.S. VENGEANCE ROMAINE
- *N° 63 S.A.S. DES ARMES POUR KHARTOUM
- *N° 64 S.A.S. TORNADE SUR MANILLE
- *N° 65 S.A.S. LE FUGITIF DE HAMBOURG
- *N° 66 S.A.S. OBJECTIF REAGAN
- N° 67 S.A.S. ROUGE GRENADE
- *N° 68 S.A.S. COMMANDO SUR TUNIS
- *N° 69 S.A.S. LE TUEUR DE MIAMI
- *N° 70 S.A.S. LA FILIÈRE BULGARE
- *N° 71 S.A.S. AVENTURE AU SURINAM
- *N° 72 S.A.S. EMBUSCADE A LA KHYBER PASS
- N° 73 S.A.S. LE VOL 007 NE RÉPOND PLUS
- N° 74 S.A.S. LES FOUS DE BAALBEK
- N° 75 S.A.S. LES ENRAGÉS D'AMSTERDAM
- *N° 76 S.A.S. PUTSCH A OUAGADOUGOU
- *N° 77 S.A.S. LA BLONDE DE PRÉTORIA
- *N° 78 S.A.S. LA VEUVE DE L AYATOLLAH

N° 79 S.A.S. CHASSE A L'HOMME AU PÉROU
N° 80 S.A.S. L'AFFAIRE KIRSANOV
N° 81 S.A.S. MORT A GANDHI
*N° 82 S.A.S. DANSE MACABRE A BELGRADE
*N° 83 S.A.S. COUP D'ÉTAT AU YEMEN
*N° 84 S.A.S. LE PLAN NASSER
*N° 85 S.A.S. EMBROUILLES A PANAMA
*N° 86 S.A.S. LA MADONE DE STOCKHOLM
*N° 87 S.A.S. L'OTAGE D'OMAN
*N° 88 S.A.S. ESCALE A GIBRALTAR
N° 89 S.A.S. AVENTURE EN SIERRA LEONE
N° 90 S.A.S. LA TAUPE DE LANGLEY
N° 91 S.A.S. LES AMAZONES DE PYONGYANG
N° 92 S.A.S. LES TUEURS DE BRUXELLES
N° 93 S.A.S. VISA POUR CUBA
*N° 94 S.A.S. ARNAQUE A BRUNEI
*N° 95 S.A.S. LOI MARTIALE A KABOUL
*N° 96 S.A.S. L'INCONNU DE LENINGRAD
N° 97 S.A.S. CAUCHEMAR EN COLOMBIE
N° 98 S.A.S. CROISADE EN BIRMANIE
N° 99 S.A.S. MISSION A MOSCOU
N° 100 S.A.S. LES CANONS DE BAGDAD
N° 101 S.A.S. LA PISTE DE BRAZZAVILLE
N° 102 S.A.S. LA SOLUTION ROUGE
N° 103 S.A.S. LA VENGEANCE DE SADDAM HUSSEIN
N° 104 S.A.S. MANIP A ZAGREB
N° 105 S.A.S. KGB CONTRE KGB
N° 106 S.A.S. LE DISPARU DES CANARIES
N° 107 S.A.S. ALERTE AU PLUTONIUM
N° 108 S.A.S. COUP D'ÉTAT A TRIPOLI
N° 109 S.A.S. MISSION SARAJEVO
N° 110 S.A.S. TUEZ RIGOBERTA MENCHU
N° 111 S.A.S. AU NOM D'ALLAH
*N° 112 S.A.S. VENGEANCE A BEYROUTH
N° 113 S.A.S. LES TROMPETTES DE JÉRICHO
N° 114 S.A.S. L'OR DE MOSCOU
N° 115 S.A.S. LES CROISÉS DE L APARTHEID
N° 116 S.A.S. LA TRAQUE CARLOS
N° 117 S.A.S. TUERIE A MARRAKECH
N° 118 S.A.S. L'OTAGE DU TRIANGLE D'OR
N° 119 S.A.S. LE CARTEL DE SÉBASTOPOL
N° 120 S.A.S. RAMENEZ-MOI LA TÊTE D'EL COYOTE
N° 121 S.A.S. LA RÉSOLUTION 687
N° 122 S.A.S. OPÉRATION LUCIFER
N° 123 S.A.S. VENGEANCE TCHÉTCHÈNE
N° 124 S.A.S. TU TUERAS TON PROCHAIN
N° 125 S.A.S. VENGEZ LE VOL 800
N° 126 S.A.S. UNE LETTRE POUR LA MAISON-BLANCHE
N° 127 S.A.S. HONG KONG EXPRESS
N° 128 S.A.S. ZAÏRE ADIEU
*LE GUIDE S.A.S. 1989

AUX ÉDITIONS MALKO PRODUCTIONS

N° 129 S.A.S. LA MANIPULATION YGGDRASIL
N° 130 S.A.S. MORTELLE JAMAÏQUE
N° 131 S.A.S. LA PESTE NOIRE DE BAGDAD
N° 132 S.A.S. L'ESPION DU VATICAN
N° 133 S.A.S. ALBANIE MISSION IMPOSSIBLE
*N° 134 S.A.S. LA SOURCE YAHALOM
N° 135 S.A.S. CONTRE P.K.K.
N° 136 S.A.S. BOMBES SUR BELGRADE
N° 137 S.A.S. LA PISTE DU KREMLIN
N° 138 S.A.S. L'AMOUR FOU DU COLONEL CHANG
N° 139 S.A.S. DJIHAD
N° 140 S.A.S. ENQUÊTE SUR UN GÉNOCIDE
N° 141 S.A.S. L'OTAGE DE JOLO
N° 142 S.A.S. TUEZ LE PAPE
N° 143 S.A.S. ARMAGEDDON
N° 144 S.A.S. LI SHA-TIN DOIT MOURIR

AUX ÉDITIONS VAUVENARGUES

LA CUISINE APHRODISIAQUE DE S.A.S. (9 €)
LA MORT AUX CHATS (9 €)
LES SOUCIS DE SI-SIOU (9 €)

GÉRARD DE VILLIERS

LE ROI FOU DU NÉPAL

Photo de couverture : Thierry Vasseur
Maquillage : Lucie Musci
Arme fournie par : Armurerie Courty et fils,
44, rue des Petits-Champs – 75002 PARIS.

Le Code de la propriété intellectuelle n'autorisant, aux termes de l'article L. 122-5, 2° et 3° a), d'une part, que les « copies ou reproductions strictement réservées à l'usage privé du copiste et non destinées à une utilisation collective » et, d'autre part, que les analyses et les courtes citations dans un but d'exemple et d'illustration, « toute représentation ou reproduction intégrale ou partielle faite sans le consentement de l'auteur ou de ses ayants droit ou ayants cause est illicite » (art. L. 122-4).
Cette représentation ou reproduction, par quelque procédé que ce soit, constituerait donc une contrefaçon sanctionnée par les articles L. 335-2 et suivants du Code de la propriété intellectuelle.

© Malko Productions, 2002.
ISBN 2-84267-195-3

CHAPITRE PREMIER

Le sergent du Purane Borath Regiment, l'unité de Gurkhas chargé de la protection du palais royal de Nakayanhiti, salua respectueusement le 4×4 Toyota conduit par la princesse Ketaki qui venait de se présenter à l'entrée ouest donnant dans Keshar Mahal, la plus utilisée, encadrée par deux piliers blancs et marron censés évoquer l'Everest et qui faisaient plutôt penser à des glaces. L'entrée sud, donnant sur Durbar Margh, les Champs-Elysées de Katmandou, n'était ouverte que pour les réceptions officielles, celle du nord était utilisée par les militaires, comme celle de l'est.

Héroïque sous la pluie tiède de la mousson, heureusement un peu protégé par son chapeau de feutre à larges bords ceint d'une bande rouge, son uniforme vert bouteille trempé par l'averse tropicale, le Gurkha regagna sa guérite. Bien qu'il soit en mission d'apparat, le *kukri*[1] recourbé accroché à sa ceinture rappelait qu'il appartenait à une unité d'élite réputée pour sa férocité. Le sergent suivit des yeux le 4×4 qui se gara cinquante mètres plus loin, à côté du bâtiment abritant le secrétariat du palais. De là, il n'y avait que deux cents mètres à parcourir pour arriver à Trihuvan Sadan, la résidence du prince héritier Dipendra Shah et de la princesse Helen Shah, surveillée par d'autres soldats de la même unité. Deux autres rési-

---

1. Poignard népalais.

dences royales se trouvaient sur les vingt hectares clos de murs, en plein centre de Katmandou : Shri Sadan, demeure du roi et de la reine, et Mendra Manjil, où demeurait la reine mère Ratna Rajya Laxmi.

Une épaisse haie de bambous géants, derrière le mur d'enceinte, assurait une protection supplémentaire contre le bruit ou les éventuels indiscrets. Mais aucun Népalais n'aurait songé à importuner les « royals », considérés comme des dieux et protégés par deux détachements de Gurkhas, le Purane Borath et le Kalibuhadur Regiment. Hors les membres de leur famille et quelques invités de marque, personne ne pénétrait jamais à l'intérieur du palais.

La pluie redoublait. Le sergent gurkha attrapa un grand parapluie vert et courut jusqu'à la Toyota dont venait de descendre la princesse Ketaki. Il fit ensuite le tour pour abriter sa sœur, la princesse Jayanti, une naine qui ne mesurait guère plus d'un mètre vingt. Les innombrables unions consanguines donnaient parfois de mauvaises surprises. Il escorta ensuite les deux femmes jusqu'à l'entrée de la « billiard room », la salle de réception du prince Dipendra, où avait lieu, ce soir-là, le dîner hebdomadaire réunissant les « royals ». Une tradition datant de 1972. Chacun recevait dans son palais à tour de rôle.

Les deux femmes à l'abri, le Gurkha regagna l'entrée ouest. Il attendait vingt-quatre invités en tout, soigneusement répertoriés sur une liste. Le prince Gyanendra, un des frères du roi, ne serait pas là, étant retenu à Pokhara, à deux cents kilomètres de Katmandou. La princesse Ketaki, divorcée d'un Népalais pour épouser un Britannique, ne faisait plus *officiellement* partie de la famille royale, mais était néanmoins invitée à ces dîners, sans son mari, bien sûr. À ces réunions intimes, aucun serviteur n'était présent, même les A.D.C.[1] attachés à chacun des princes et au roi, et qui veillaient sur eux vingt-quatre heures sur vingt-quatre, étaient tenus ces soirs-là de res-

---

1. Aides de camp.

ter dans leurs quartiers, à une cinquantaine de mètres de la résidence royale. Leur absence permettait aux « royals » de se conduire avec une certaine liberté, qui contrastait avec la nature figée de cette monarchie bicentenaire, totalement anachronique au début du XXIe siècle. Accroché à ses traditions, le Népal était le dernier royaume encore indépendant de l'Himalaya. Le Boutan, le Laddak et le Sikiang étaient désormais sous le contrôle de l'Inde, et le Tibet, sous celui de la Chine. Pour les Népalais, dont la plupart vivaient encore à l'âge du bronze, le roi et sa famille étaient le seul rempart contre un monde extérieur hostile. Petit pays de vingt-quatre millions d'habitants coincé entre deux géants, la Chine et l'Inde, le Népal tenait férocement à son indépendance. Comme pour ajouter à ses problèmes, une rébellion paysanne maoïste, assez similaire à celle des sinistres Khmers rouges du Cambodge ou du Sentier lumineux péruvien, avait commencé dans l'ouest du pays — la région la plus défavorisée — et gagnait du terrain, menaçant l'équilibre du pays, freinant le tourisme et les investissements étrangers. Au grand désespoir de beaucoup de Népalais, le roi Birendra, débonnaire et pusillanime, traitait ce problème avec « *benign neglect* », refusant d'envoyer les redoutables Gurkhas de son armée combattre les rebelles et laissant massacrer par centaines les policiers mal armés et mal entraînés. Depuis 1990, le Népal était certes devenu une monarchie constitutionnelle, sous la pression de la rue, mais l'armée n'obéissait qu'au roi, quelle que soit la Constitution. Et cela, depuis deux cents ans. Alors, les maoïstes du Népal Communist Party occupait village après village, chassant les représentants du gouvernement et interdisant de chanter l'hymne national.

Ils s'étaient infiltrés à Katmandou, rackettant les commerçants et les businessmen, s'étaient emparés de plusieurs villages du district de Nuwakot, à 25 kilomètres de la capitale. Ils étaient aidés en sous-main par les services de renseignements de l'Inde et par les communistes du Bihar et de l'Upper-Pradesh, et menaçaient de déstabiliser le dernier petit royaume de l'Himalaya : 24 millions d'habitants dont 22 de crève-la-faim...

La pluie redoublait. À l'abri dans sa guérite, le sergent gurkha contemplait la circulation encore intense à cette heure : un flot de voitures, de « tuk-tuk », taxis collectifs à trois roues, de motos, de vélos, de minuscules Maruti, et même de cyclo-pousse ! Il se dit que les deux princesses étaient en avance. Il était tout juste sept heures et la réception était prévue pour huit heures.

*
* *

Le prince Bahadur Shah, neveu du roi Birendra, un jeune homme joufflu et empâté à la moustache tombante soigneusement taillée, était vautré, nu comme un ver, dans un fauteuil Louis XV à la dorure éclatante, venu de chez le décorateur parisien Claude Dalle. Il appuya sur la tête de la jeune femme en sari orange agenouillée devant lui.

— Plus vite, Yam ! intima-t-il.

Docilement, sa fellatrice, les mains jointes sur la base de la verge princière, accéléra les mouvements de sa bouche, y ajoutant le ballet effréné de sa langue. Satisfait, le prince Bahadur tira une longue bouffée d'un énorme « pétard » préparé selon une recette éprouvée par son A.D.C. : un peu de tabac, beaucoup de *ganja* et quelques grains de cocaïne. Rien de tel pour obtenir une érection de bronze. Béat, il laissa son regard errer sur les murs décorés de gravures érotiques sur ivoire tirées du *Kâma Soutra*. Sa suite personnelle était la plus belle de l'hôtel *Soaltee Crown Plaza*, une des innombrables propriétés du roi. Les « royals », dont seule la cupidité excédait la corruption, possédaient à peu près tout ce qui avait de la valeur au Népal : hôtels, terres, commerces, licences d'importation. Dans sa grande bonté, le roi Birendra, son oncle, avait nommé le prince Bahadur président de l'hôtel, un des plus luxueux de Katmandou. Le jeune homme en avait profité pour s'approprier la plus belle suite, la meublant selon ses rêves avec une centaine de meubles commandés à Paris chez Claude Dalle, asséchant du même coup la trésorerie de l'établissement, et complétant la décoration par une série de gravures érotiques achetées à Delhi.

Il exhala une longue bouffée de fumée et sentit les premiers picotements du plaisir partir de ses reins.

— Doucement ! lança-t-il.

Cette petite salope allait le faire jouir. C'était une Tamang, une tribu voisine qui fournissait depuis des lustres les harems des Ranas, les grandes familles de Brahmines qui régnaient sur le pays. Dociles, ravissantes et même sensuelles quand on leur en laissait le temps. Yam, toujours aussi obéissante, ralentit son manège. Le prince Bahadur se détendit.

Décidément, la vie était belle. Le surnom d'Infâme qui lui avait été décerné par les Népalais lui allait comme un gant. Doux comme un agneau en temps normal, il devenait une bête fauve dès qu'il avait bu. Au volant de sa Toyota Land Rover verte, il avait déjà tué trois personnes ! Dont une volontairement, un homme qui lui avait disputé une de ses nombreuses conquêtes et qu'il avait froidement écrasé. N'importe quel citoyen aurait été mis en prison depuis longtemps, mais lui, en tant que membre de la famille royale, était intouchable. Toujours armé, il n'hésitait pas à menacer les policiers qui osaient une remontrance avec le Glock 9 mm automatique qui ne le quittait jamais... Une semaine plus tôt, il avait pénétré ivre mort dans le casino du *Soaltee*, tiré plusieurs coups de feu dans le plafond pour, finalement, s'installer à une table de roulette, se servant des jetons du casino à pleine main... Le directeur, excédé, avait dû appeler les Gurkhas du palais pour le ramener à la raison. Jusqu'à la prochaine fois... La royauté, même constitutionnelle, avait du bon pour ceux qui en profitaient.

De nouveau, le jeune prince se raidit, sentant les picotements du plaisir monter de ses reins. Cette petite Yam était *trop* bonne.

Il se leva, comme poussé par un ressort, repoussant brutalement d'un revers de main sa fellatrice. Elle tomba en arrière, sans un mot, sur l'épais tapis chinois. Bahadur, précédé de sa virilité triomphante, se dirigea vers la chambre voisine en rentrant le ventre.

— Bridget ! lança-t-il, *I am coming* !

La jeune femme blonde et longiligne allongée sur le grand lit en bois sculpté leva vers lui ses yeux bleu porcelaine avec un sourire de salope. Elle fumait le même pétard que Bahadur, appuyée sur un coude, la poitrine nue, le ventre protégé par une culotte de nylon blanc transparent. Elle souffla lentement la fumée, le regard noyé, et remarqua d'une voix de petite fille, en contemplant l'érection dressée à quelques centimètres de son visage :

— Elle t'a bien préparé.

Bahadur l'avait rencontrée dans un *lodge* du Royal Chitwan National Park, dans la province du Terai, à la frontière de l'Inde, là où étaient regroupés les derniers tigres du Népal, pour le plus grand plaisir des touristes et le malheur des villageois de la réserve : mal nourris, les tigres complétaient leur alimentation en dévorant régulièrement quelques villageois. Or, comme c'était une espèce protégée, ils étaient intouchables...

Bridget Cork, jeune Britannique un peu déjantée, assurait les relations publiques du parc. Bahadur était instantanément tombé amoureux de sa longue silhouette et de ses jambes interminables.

Le soir même, éblouie par ce prince grassouillet et cousu d'or, elle s'était révélée au lit une éblouissante salope. Le lendemain, elle abandonnait sans regret tigres et éléphants pour la suite du *Soaltee*. Depuis, le neveu du roi ne s'en lassait pas.

Il fixa longuement ses yeux bleus à l'expression trouble, puis son regard descendit jusqu'à son ventre et s'y immobilisa. Bahadur se pencha et saisi sa culotte, la faisant descendre le long des cuisses, découvrant la toison blonde de Bridget, le rêve impossible du Népalais moyen. La jeune femme souleva ses hanches pour qu'il parvienne plus facilement à ses fins. Bahadur grimpa alors sur le lit et se laissa tomber entre les cuisses de Bridget. Sans lâcher son pétard, elle ne quitta pas des yeux le sexe tendu jusqu'à ce qu'il s'enfonce dans le sien jusqu'à la garde.

Ce qui lui arracha un rauque soupir de plaisir.

La drogue décuplait ses sensations. Elle avait l'impression d'avoir une chose énorme dans le ventre. La cocaïne mettait ses terminaisons nerveuses à vif. Son regard chavira et ses doigts laissèrent échapper le pétard.

Bien abuté en elle, Bahadur saisit ses chevilles, écartant les longues jambes au maximum, puis pesa sur elles de façon à faire basculer son bassin. Dans cette position, le sexe de sa partenaire était à l'horizontale. Pliée en deux, Bridget se laissait faire.

Le prince Bahadur se retira alors presque entièrement, puis retomba sur elle de tout son poids, la clouant au lit. Bridget poussa un hurlement puis se mit à crier sans discontinuer, tandis que son amant la pilonnait. Elle battit l'air de ses bras puis enfonça ses ongles dans le dos de Bahadur et hurla :

— *Yes! Yes! Sock it to me!*[1]

Il se déchaîna et, dans un ultime et furieux coup de reins, explosa au fond de son ventre, puis se laissa tomber sur elle, anéanti. Bridget couinait encore, le sang battant follement dans son sexe rempli par celui de Bahadur, qui semblait en distendre les parois. Elle aimait qu'il se fasse « préparer » par une de ses putes locales : cela lui donnait un sentiment de supériorité. Soudain, une odeur de brûlé l'arracha à sa félicité. Le pétard qu'elle avait lâché était en train de mettre le feu aux draps !

Bahadur bondit du lit, s'arrachant à elle, regarda sa montre et poussa un juron : huit heures cinq ! Il allait être

---

1. Défonce-moi !

en retard au dîner royal. D'autant plus fâcheux que son père, le prince Gyanendra, frère du roi, était également absent. Il se rua hors de la chambre, laissant Bridget éteindre l'incendie, et se rhabilla en toute hâte. Yam avait disparu, sa mission accomplie.

Cinq minutes après, il était au volant de sa Toyota et fonçait vers le palais royal, dans les rues encombrées de Katmandou, forçant les piétons à courir pour ne pas être écrasés, arrachant quelques ailes au passage, envoyant un cyclo-pousse dans le fossé. Un quart d'heure plus tard, il freina brutalement devant la barrière de l'entrée ouest. Le Gurkha de garde, l'ayant reconnu, l'avait déjà soulevée. Bahadur se gara derrière le 4×4 du prince Narendhra, son cousin, et sauta à terre. Au moment de refermer la portière, il se ravisa, prit le Glock glissé dans sa ceinture et le mit dans la boîte à gants.

Il était interdit, en principe, de pénétrer dans l'enceinte royale avec une arme. Seul Dipendra, le prince héritier, dérogeait à cette interdiction, mais son père lui avait confié la responsabilité de la sécurité du palais. On fermait les yeux sur la petite armurerie que ce fou d'armes à feu conservait dans son bungalow privé. En s'engageant dans l'allée menant à la « billiard room », Bahadur Shah se dit qu'il ne s'éterniserait pas au dîner. Il avait encore envie de baiser Bridget.

Le brouhaha des conversations couvrait le discret fond musical de chants népalais diffusé par les haut-parleurs placés derrière le bar de la « billiard room ». Tous les invités du prince Dipendra étaient arrivés, le roi Birendra et la reine Aishwakya dans un magnifique sari rouge juste après le prince Bahadur. Le couple royal était allé saluer la reine mère, installée en compagnie de la princesse Helen Shah dans un petit salon attenant, puis était revenu se mêler aux invités.

Ceux-ci s'étaient répartis un peu partout dans la grande pièce rectangulaire meublée surtout de canapés, de tables basses et d'un grand billard. Le prince Dipendra, en bon maître de maison, faisait la navette entre le bar abondamment fourni de champagne français — du Taittinger — de scotch, de gin, de cognac Otard et de boissons non alcoolisées. On buvait plutôt sec chez les «royals», à l'exception du roi qui se contentait d'un Coca-Cola. Après avoir apporté un gin tonic à la princesse Sitashma, Dipendra s'approcha de la princesse Ketaki installée sur un canapé avec sa sœur.

— Qu'est-ce que tu veux boire ?

— Un Defender Very Special Reserve avec du soda, dit la princesse. Et beaucoup de glace.

Dipendra lui adressa un sourire ironique.

— D'habitude, tu ne prends pas de soda...

Ketaki avait parfois la main lourde avec le scotch. Dipendra retourna au bar et lui rapporta son Defender bien noyé. Puis il continua à servir ses autres invités.

Le roi et la reine bavardaient au milieu du salon avec un de leurs parents, Ravi Shamtar Rana, et un de ses gendres, Mahesh Kumar Singh. Ce dernier était en train d'excuser l'absence de sa femme, terrassée par une crise de goutte. Le roi Birendra hocha la tête, compréhensif.

— La goutte et le cholestérol sont devenus des maladies héréditaires dans notre famille, soupira-t-il, tirant sur son cigare.

À force de mariages consanguins, la famille royale népalaise accumulait les tares génétiques, mais oubliant ces petits désagréments, les vingt-quatre invités buvaient sec avant de s'attaquer au buffet pantagruélique dressé en face du bar. Les bouteilles vides de Taittinger, de gin, de Defender et de vodka s'accumulaient, les invités se servant eux-mêmes généreusement. Autour du grand billard, on bavardait joyeusement. La princesse Ketaki avait retrouvé sa cousine, la princesse Shanti Singh. Soudain, son attention fut attirée par l'attitude du prince Dipendra :

celui-ci circulait au milieu des invités d'une démarche mal assurée, se cognant aux meubles, les bousculant. Il s'effondra presque sur le billard.

— Tiens, il a bu ! remarqua la princesse Shanti.

Ketaki éclata de rire.

— Mais non, je le connais ! Il peut avaler une bouteille de Défender sans broncher ! Il joue à l'ivrogne. Je me demande bien pourquoi.

Les deux femmes suivirent le prince héritier des yeux. Il tituba encore un peu puis se dirigea vers une porte donnant sur le jardin et disparut.

— Si Thulo Buba[1] s'aperçoit de son absence, il sera furieux, remarqua Shanti.

— Il va vite revenir, répliqua Ketaki avec un sourire, il doit juste téléphoner à sa copine

L'appartement privé de Dipendra se trouvait à une vingtaine de mètres, dans un autre bâtiment.

Tout Katmandou savait qu'il était très amoureux d'une splendide Indienne, Devyani Rana, petite fille de maharadjah, qui partageait son temps entre Delhi et Katmandou. Ils ne cachaient pas leur liaison et on les avait même vus s'embrasser goulûment dans le parking de l'hôtel *Hyatt*, épouvantable faute de goût aux yeux des Népalais conservateurs. Ce n'était que très récemment que la reine avait été autorisée à sourire en public... Les « royals » étaient des dieux et les dieux se doivent d'être impassibles.

Les conversations continuaient. La princesse Ketaki se demandait si elle allait se servir un second Defender — sans soda —, lorsque la porte donnant sur le jardin s'ouvrit sur une silhouette inattendue. Un homme vêtu d'une tenue de combat, une casquette enfoncée jusqu'aux yeux, les mains dissimulées par des gants noirs. Armé jusqu'aux dents ! De la main gauche, il brandissait un fusil d'assaut M 16 et tenait dans la droite un pistolet-mitrailleur HK MP 5. La princesse Ketaki mit quelques secondes à identifier cette étrange apparition.

---

1. Terme familier pour désigner le roi.

— Mais c'est Dipendra ! s'exclama-t-elle. Pourquoi s'est-il déguisé comme ça ? Sa Majesté va être furieuse !

Elle n'eut pas le temps d'en dire plus. Sans un mot, le prince Dipendra braqua le MP 5 sur le plafond. Trois détonations claquèrent. Des morceaux de plâtre se détachèrent du plafond. Puis le prince héritier abaissa son arme, et, à trois mètres, ouvrit le feu sur son père, le roi Birendra.

Les détonations figèrent tous les invités. Le roi s'affaissa lentement, son *kurta*[1] de soie jaune pâle déjà teinté de sang. Le prince Dipendra jeta alors le pistolet-mitrailleur sur le plancher. Ravi Shamthar Rana, qui bavardait avec le roi, s'agenouilla à côté du souverain, affolé, tentant d'étancher le sang qui s'écoulait de ses blessures. La reine, qui se trouvait un peu plus loin, se précipita vers son mari. Le prince Dipendra demeura quelques instants immobile, puis tourna les talons et ressortit comme il était venu.

Son absence dura moins d'une minute. Les invités, choqués, s'agglutinaient autour du roi étendu entre deux canapés lorsque Dipendra réapparut, tenant cette fois son fusil d'assaut à deux mains.

Il le braqua d'abord sur la princesse Komal, sa tante mariée au prince Gyanendra, et lui logea deux balles dans la poitrine. Il tourna ensuite le M 16 vers son beau-frère, Kumar Gorakh, qui s'écroula, touché au ventre. Le frère du roi, Dhirendra Shah, se précipita en hurlant.

— Dipendra, arrête, tu es devenu fou !

Pour toute réponse, Dipendra lui logea deux balles dans la tête, le tuant net.

Puis, de nouveau, il tourna les talons et disparut dans l'obscurité du jardin, laissant les invités affolés, terrifiés, qui s'interpellaient sans comprendre ce qui se passait. Des femmes hurlaient, en proie à des crises de nerfs.

1. Veste.

À tout hasard, le prince Bahadur en poussa plusieurs derrière des canapés. L'une d'elles ne lui obéit pas : la fille du roi Dipendra, la princesse Sruti, qui se précipita vers son mari blessé, Kumar Gorakh.

Un médecin militaire, Rajiv Shaki, époux de la princesse Puja, essayait d'étancher le sang qui jaillissait du cou du roi Birendra, aidé par la princesse Shobha. C'est alors que le prince Dipendra resurgit du jardin pour la troisième fois, un chargeur neuf dans son M 16.

Terrifiée, la princesse Ketaki ne comprenait pas que les A.D.C., qui se trouvaient tout près, ne soient pas encore accourus, alertés par les coups de feu. Certes, il arrivait que le prince Dipendra fasse des cartons sur des chats ou des corbeaux, mais c'était en plein jour.

D'abord, il s'approcha du roi et lâcha une nouvelle rafale sur lui, le blessant grièvement à la tête et touchant également sa sœur qui s'écroula. Ensuite, raide comme un automate, il s'approcha d'un de ses oncles, Kumar Khadga Shah, qui se trouvait à côté de sa tante, la princesse Sharada, et les abattit tous les deux. Il tourna alors son arme sur sa sœur Sruti, occupée à soutenir son mari blessé, et la tua net d'une courte rafale.

Puis il s'arrêta et regarda autour de lui. L'âcre odeur de la cordite avait envahi la pièce et plus un seul invité n'était debout. Les survivants se dissimulaient derrière des canapés, y compris la reine, blottie à côté de son plus jeune fils, Nirajan.

Les seules personnes visibles étaient les princesses Ketaki et Jayanti, blotties l'une contre l'autre au fond de la pièce. Dipendra les aperçut et lâcha une dernière rafale. Jayanti, touchée en pleine tête, fut tuée sur le coup tandis que sa sœur s'en tirait avec une balle dans l'épaule et une dans le bras.

Voyant qu'il n'y avait plus personne à tuer, le prince Dipendra se dirigea vers la porte donnant sur le jardin et disparut. À peine était-il sorti que la reine se releva, hagarde, contempla le carnage et se lança à sa poursuite, suivi de son jeune fils Nirajan. On n'entendait plus que les gémissements des blessés.

Le roi du Népal, blanc comme un linge, saignant des deux oreilles, agonisait, son *kurta* inondé de sang.

**

La princesse Ketaki n'avait pas perdu connaissance. Elle contemplait son épaule déchiquetée par le projectile du M 16, la nacre de l'os visible au fond de la blessure. Elle tourna la tête et vit tout de suite que sa sœur ne respirait plus.

Soudain, un coup de feu isolé claqua au-dehors. Puis, après une plage de silence, deux rafales successives, et encore, de nouveau, un coup de feu isolé. La princesse Ketaki entendit enfin des appels à l'extérieur, on frappa à la grande baie vitrée en face du billard et plusieurs A.D.C. surgirent dans la pièce, horrifiés par le spectacle. En quelques instants, la « billiard room » fut pleine d'uniformes. Un des Gurkhas se pencha vers la princesse, examinant sa blessure. Toujours lucide, Ketaki lui demanda :

— Où est la reine ?

— Morte. Dans le jardin, bredouilla le Gurkha. Le prince Nirajan aussi. Ils ont été criblés de balles.

— Et le prince Dipendra ?

— Il s'est suicidé. Dehors, à côté du bassin.

De nouveaux Gurkhas de la garde royale surgissaient de partout, suivis de serviteurs du palais, et tous découvraient avec effarement le spectacle de la famille royale massacrée. Les survivants, hébétés, n'avaient plus qu'une idée : fuir ce lieu d'horreur.

Tandis qu'on s'affairait autour des blessés, l'aide de camp du roi, accouru à son tour, souleva avec deux soldats le corps inanimé du souverain et ils l'emmenèrent. Sur le seuil du salon qu'elle n'avait pas quitté de la soirée, la reine mère, atterrée, regardait le spectacle de mort. Elle murmura quelque chose que personne n'entendit.

L'air sentait la cordite, le sang et la mort.

**

Le Gurkha de garde à la porte ouest du palais royal vit surgir de l'intérieur de l'enceinte un 4×4 qui roulait pleins phares. Il avait entendu les coups de feu et devinait qu'il se passait quelque chose d'anormal. Aussi se plaça-t-il au milieu du passage. Quand le véhicule se rapprocha, il distingua, collé sur le pare-brise, le badge des voitures du palais et il fit le tour pour parler au conducteur. Ce dernier s'arrêta et se pencha à l'extérieur. Il était en uniforme et la sentinelle reconnut un officier de Gurkhas. Celui-ci lui lança d'une voix altérée :

— *Raja ta mare*[1] *!*

Bouleversé par cette nouvelle inouïe, le Gurkha courut à la barrière et l'ouvrit sans réfléchir. Le 4×4 franchit le porche et tourna à droite dans Keshar Mahal. La sentinelle se dit qu'il aurait dû demander son nom au conducteur, pour l'inscrire sur le livre des entrées et des sorties, mais c'était trop tard.

1. Le roi est mort !

CHAPITRE II

À travers le hublot de l'Airbus de la Thaï International, le Népal ressemblait à une Suisse d'un vert incroyablement vert, tranchant sur les maisons jaunâtres, de petits cubes ressemblant à ceux du Monopoly.

Katmandou s'étendait au milieu d'une vallée étroite enserrée par de modestes collines et il fallait un sérieux effort d'imagination pour se convaincre qu'on était au pied de l'Himalaya, la plus haute chaîne de montagnes du monde. Les sommets « nobles » — Everest et Annapurna — se trouvaient plus à l'est, invisibles derrière une éternelle barrière de nuages, et accessibles seulement aux alpinistes déterminés. L'avion toucha le sol. De près, c'était nettement plus pouilleux que la Suisse. Des épaves de vieux avions et d'hélicos jonchaient les abords de l'aéroport. Celui-ci, minuscule et délabré, semblait abandonné. En descendant de la passerelle, Malko ne vit sur le tarmac qu'un vieux turbo-jet des Yetis Airlines qui s'apprêtait à décoller. Il fut agréablement surpris par la chaleur. La mousson et ses pluies diluviennes faisaient place après la mi-septembre à une température quasi tropicale, la ville ne se trouvant qu'à mille mètres d'altitude.

Les formalités furent vite accomplies, il y avait peu de monde dans l'avion. Destination obligatoire, dans les années soixante-dix, des hippies de tout poil, le Népal n'accueillait plus que les trekkers, les alpinistes de haut niveau et les Indiens venant se ruiner dans les quatre casinos de Katmandou, le jeu étant interdit dans leur pays.

Assailli par une meute de chauffeurs à la sortie de l'aéroport, Malko se retrouva dans un taxi qui semblait avoir été vandalisé. À part le volant, il ne restait strictement rien du tableau de bord.

La route menant en ville évoquait une piste africaine, en pire. Cela ressemblait à l'Inde, avec sa foule, des centaines d'échoppes grandes comme des boîtes à chaussures, les minuscules Maruti où s'entassaient parfois huit personnes, les cyclistes, les « tuk-tuk », sorte de triporteurs aménagés en taxis collectifs. Les femmes tranchaient sur cet univers pouilleux avec leurs saris aux couleurs vives et leur apparence soignée : coiffées, maquillées, des bijoux d'or plantés dans les narines et l'inévitable *tika*[1] pour attirer la bienveillance des innombrables dieux — il y en avait un pour chaque jour de la semaine — du panthéon hindouiste

Le taxi brinquebalant déboucha enfin dans une rue animée, bordée des bureaux de compagnies aériennes, de restaurants, de marchands de souvenirs. Le chauffeur se retourna, adressant un sourire édenté à Malko.

— *Royal Palace!* bredouilla-t-il.

Il lui désignait de hautes grilles au fond de l'avenue Durbar Margh, derrière lesquelles on apercevait des bâtiments hideux, croisement contre nature d'un clocher d'église de banlieue et d'une station de métro pékinoise. Le parc du palais Nakayanhiti occupait plusieurs kilomètres carrés en plein cœur de la ville. Il disparut aux yeux de Malko lorsque le taxi s'engagea dans une voie étroite qui menait à l'hôtel *Yak and Yeti*, un des relatifs fleurons hôteliers de Katmandou, une suite de bâtiments en brique rose, égaillés par un vaste jardin.

Accueilli par un portier enturbanné et souriant, Malko se retrouva installé en un clin d'œil.

D'énormes canards se dandinaient dans le parc, les Népalais paraissaient affables et détendus. Rien ne rap-

---

1. Point rouge dessiné au milieu du front.

pelait l'incroyable drame qui s'était déroulé quelques semaines plus tôt dans cette ville si tranquille en apparence. Exactement le 19 jestha 2058, selon le calendrier népalais, légèrement en avance sur le nôtre, c'est-à-dire le 1ᵉʳ juin 2001. Ce jour-là, le prince héritier Dipendra, apparemment pris d'une crise de folie meurtrière, avait méthodiquement massacré la plus grande partie de sa famille, devenant en même temps parricide, fratricide, régicide, mais quand même héritier de la Couronne. Probablement pris de remords, il s'était ensuite tiré une balle dans la tête et n'avait survécu que trois jours à ses victimes. Dans le coma, et en dépit de son forfait, il avait quand même été proclamé roi du Népal, les gardiens du trône observant scrupuleusement les règles de la succession royale. Lorsqu'il avait eu enfin le bon goût de mourir, laissant le trône à son oncle, le prince Gyanendra, ce dernier avait assuré au prince meurtrier des funérailles dignes de son titre. Une salve d'honneur de trente et un coups de canon et une crémation au temple de Pashupatinath, sur le bord de la rivière Bagmati. Pour saluer la mort de leurs deux rois successifs, les Népalais s'étaient rasé la tête en signe de deuil et avaient observé un jeûne de treize jours, ce qui ne changeait pas vraiment leurs habitudes alimentaires. Le lendemain, le prince Gyanendra devenait Sa Majesté le roi Gyanendra Bir Bikram Shah et gagnait le palais dans un carrosse tiré par six chevaux, plus traditionnel que la Mercedes blindée royale, coiffé du traditionnel couvre-chef royal qui ressemblait à une marmite renversée où était fiché un bouquet de plumes de paon.

En quatre jours, le Népal avait connu trois rois, fait unique dans l'histoire de ce petit royaume !

***

À peine installé, Malko décrocha le téléphone de sa chambre. Bien qu'il se doute de la raison pour laquelle la CIA lui avait demandé de filer à Katmandou, il avait envie de savoir exactement pourquoi. D'après ce qu'il avait lu dans les journaux, l'affaire du massacre du palais royal était d'une clarté limpide : le prince héritier Dipendra, amoureux fou d'une jeune femme hindoue, s'était heurté à sa mère qui refusait leur mariage. Certes, il pouvait épouser cette jeune femme, mais en abandonnant ses droits au trône du Népal. Or, apparemment, la belle Devyani Rana tenait beaucoup à être reine. Horrible dilemme, que le prince Dipendra avait tranché en massacrant ses parents et quelques autres. Neuf morts, toutes couronnes confondues, sans parler des estropiés. Un conte de fées moderne un peu macabre. Depuis, tout était rentré dans l'ordre et le Népal avait un nouveau roi, frère du roi assassiné, businessman à la poigne de fer. Malko ne voyait vraiment pas pourquoi la CIA se posait des questions... Il se félicitait quand même qu'on ne l'ait pas lâché sur les traces de l'insaisissable Ben Laden. L'Afghanistan, il avait déjà donné.

— *American Embassy in Nepal*, annonça une voix népalaise.

— *Mister Larry Doolittle, please.* De la part du prince Malko Linge.

Quelques instants plus tard, une voix cette fois typiquement américaine lança un chaleureux : « *Good afternoon, Mister Linge. Welcome to Katmandou.* »

Le représentant de la CIA avait un fort accent du Sud, comme Bill Clinton.

— Merci, dit Malko. Quand nous voyons-nous ?

— Mais, maintenant, si vous n'êtes pas trop fatigué, répondit Larry Doolittle. Je vais faire sauter un rendez-vous. Vous avez une voiture ?

— Non, mais je peux prendre un taxi.

L'Américain émit un petit bruit désapprobateur.

— Je vais plutôt vous envoyer une voiture avec un chauffeur qui parle anglais. Dans les taxis, on attrape toutes sortes de saloperies. Si vous saviez le nombre de maladies qui traînent dans ce pays pourri ! On dirait que toutes les bactéries du monde s'y sont donné rendez-vous. Surtout, ne buvez *jamais* d'eau, sauf minérale.

Chris Jones et Milton Brabeck, les deux « gorilles » de la CIA, ne seraient pas sortis de leur chambre. Malko convint d'attendre la voiture et sortit visiter le parc, enrichi d'un magnifique bouddah au sommet d'un petit tertre. Une demi-heure plus tard, un des employés de la réception vint le prévenir que sa voiture était là. Une Toyota blanche attendait devant le porche. Son chauffeur, un mince jeune homme aux cheveux gras, sauta de son volant, se cassa en deux et lui ouvrit la portière.

— *My name is Prakash*, annonça-t-il.

Malko installé à l'arrière, il regagna Durbar Margh et tourna à gauche devant le palais royal, longeant ses hautes grilles qui se transformaient plus loin en un mur de pierre gris.

À l'entrée de Lazimpat, la rue animée montant vers le quartier résidentiel de Maharajgunj, il freina brutalement. Une vache, occupée à brouter l'étal d'un marchand de légumes, bloquait la circulation. Aussi sacrée qu'en Inde. La circulation déjà effroyable s'était muée en un magma de « tuk-tuk », de cyclistes, de voitures. Enfin, la vache rassasiée daigna dégager la chaussée. Trois kilomètres plus au nord, Malko aperçut soudain sur sa gauche, dans un virage, de gros plots peints en vert interdisant le stationnement, qui encadraient un portail noir. Une douzaine de Népalais en uniforme, l'air farouche, armés de fusils à pompe, veillaient sur le trottoir. Le syndrome Ben Laden frappait jusque dans l'Himalaya. Il dut entrer par le consulat, à gauche, où de petites Népalaises en uniforme l'inspectèrent consciencieusement avec des gloussements intimidés. Leurs appareils de détection étaient si visiblement déréglés que c'en était comique. Enfin, il put pénétrer dans le saint des saints. L'ambassade, toute petite, blanche et carrée, se dressait au milieu d'un jardin, en retrait de la rue. Une secrétaire boutonneuse, en jupe longue, qui avait dépassé depuis longtemps la date de péremption, vint récupérer Malko sous l'œil d'un Marine soupçonneux enfermé dans une cage de verre blindée.

Larry Doolittle l'attendait en haut de l'escalier. Un barbu sympathique en bretelles, plutôt enveloppé, une pipe vissée à la bouche, et qui arrivait à l'épaule de Malko. Son bureau n'était décoré que d'un drapeau américain, de quelques *thangas*[1] et de l'inévitable photo du mont Everest, l'or blanc du Népal. À 50 000 dollars l'ascension.

— *Tea or coffee ?* demanda-t-il.

Malko choisit le thé, le café américain était vraiment trop mauvais. Ils se détendirent un moment, parlant de l'inévitable Ben Laden, le Mal absolu. Mais visiblement, Larry Doolittle avait hâte d'entrer dans le vif du sujet.

— Vous vous demandez ce que vous venez faire ici ? dit-il en souriant, sa tasse de café vide.

— Un peu, avoua Malko.

Larry Doolittle se leva et alla prendre une photo en couleurs posée sur son bureau. Il la tendit à Malko.

— Vous avez entendu parler du massacre du 1er juin ? Celui de gauche, c'est le prince Dipendra, qui a tué tous ceux qui se trouvent sur cette photo.

Malko regarda attentivement le document. Les hommes avaient l'air de militaires d'opérette, avec des casquettes couvertes de broderies d'or, de superbes uniformes noirs, des décorations partout. Ils se ressemblaient tous : le regard bovin, la moustache tombante bien taillée, le visage empâté. Les femmes, maquillées comme des vieilles voitures, l'expression absente, arboraient diadèmes et bijoux, partout où il n'y avait pas de décorations.

— Triste histoire ! conclut Malko.

— C'est la raison de votre voyage, fit aussitôt Larry Doolittle.

— Qu'y a-t-il à apprendre sur cette histoire qu'on ne sache déjà ? demanda Malko, plutôt étonné.

---

1. Peintures murales tibétaines.

L'Américain alluma sa pipe avec un Zippo conçu pour les fumeurs de pipe à la flamme latérale flambant neuf et eut un sourire embarrassé.

— C'est un ordre de Langley, expliqua-t-il. Quelqu'un, là-bas, en étudiant le dossier de cette tuerie royale, s'est demandé s'il n'y avait pas un coup fourré. Autre chose qu'une histoire d'amour contrariée.

— Mais en quoi cela concerne-t-il l'Agence ?

— Apparemment, ce changement de roi menace nos intérêts dans ce pays. De là à imaginer qu'il y ait eu une manip' derrière cette histoire, montée par des gens qui n'ont pas vraiment les mêmes objectifs que nous... En ce moment, ils sont un peu paranos, à la *Company*.

Après le drame du World Trade Center, ils avaient quelques excuses.

— Expliquez-moi, dit Malko.

Larry Doolittle ralluma sa pipe éteinte et posa soigneusement son Zippo-pipe sur la table basse.

— Jusqu'en 1990, commença-t-il, le Népal était une monarchie absolue, depuis deux cents ans, le pouvoir étant partagé entre deux grandes familles, les Shah et les Rana. Absolue et absolument corrompue. Les malheureux Népalais n'en pouvaient plus. Sentant que les choses risquaient de tourner mal, les États-Unis ont fait pression sur le roi Birendra, celui qui a été assassiné, pour qu'il abandonne un peu de son pouvoir. Il a accepté et le Népal, après quelques centaines de morts dans de violentes émeutes, est devenu une monarchie parlementaire, le roi autorisant les partis politiques.

— Ça a marché ? questionna Malko.

— Cela a permis d'étendre la corruption à tout le personnel politique, reconnut sobrement Larry Doolittle, mais le peuple était content : il pouvait enfin s'exprimer, même si cela ne servait à rien. Dix ans après ce changement de régime, il n'y a toujours pas de routes, pas d'infrastructures, pas de sécurité sociale, 60 % d'analphabètes et la plupart des Népalais vivent dans des conditions dignes du Moyen Âge.

— Ils n'ont pas cherché à renverser la monarchie ?

Larry Doolittle eut un sourire ironique.

— C'est comme si vous demandiez à un curé de campagne de se dresser contre le pape ! Ici, les « royals » sont des dieux. Ils ont encore *de facto* le pouvoir absolu et ne se plient pas à la loi commune. Après le massacre au palais, ce qui choquait les gens ce n'est pas que Dipendra ait tué neuf membres de sa famille, y compris sa mère, sa sœur et son petit frère, mais qu'il ait osé toucher au roi... Un des Népalais auprès de qui je m'étonnais qu'il ait pu être proclamé roi après avoir abattu le roi précédent a soupiré et m'a dit : « Vous savez, ce sont des dieux, ils ne raisonnent pas comme nous... »

Un ange passa. Quel beau pays ! L'impunité totale, le rêve de tout homme politique. Et, en plus, dans l'allégresse générale. Malko trempa les lèvres dans son thé au jasmin et remarqua :

— Vous ne m'avez toujours pas dit *pourquoi* j'étais ici.

Larry Doolittle tira sur sa pipe et laissa tomber :

— Depuis dix ans, il s'est *quand même* passé quelque chose. Une rébellion paysanne est née dans l'ouest du pays, la partie la plus pauvre. Un mouvement assez comparable aux Khmers rouges cambodgiens ou au Sentier lumineux du Pérou. Mélange d'intellectuels et de paysans analphabètes. Leur maître à penser est un brahmane de la plus haute caste, Pushpa Kamal Dahal, qui se fait appeler désormais « Camarade Prachanda ». Peu à peu, leur mouvement s'est étoffé, est devenu une véritable guérilla, avec plusieurs milliers de combattants.

— Ils ont des armes ?

— Ils ont commencé avec pratiquement rien, expliqua l'Américain, puis ils ont récupéré pas mal d'armes en tuant des policiers. En plus, ils en achètent au marché noir dans les États voisins, l'Uttar-Pradesh et le Bihar, où il y a de nombreux sympathisants communistes.

— Les Chinois ne les aident pas ?

Larry Doolittle sourit.

— Non. Le Nepal Communist Party considère les gens de Pékin comme d'affreux révisionnistes. Ce sont des purs.

— Et quelle est *votre* position envers eux ? interrogea Malko innocemment.

Un ange passa, drapé dans un sari.

La CIA n'avait jamais pu s'empêcher de soutenir un mouvement de libération, quitte à créer des monstres comme les fanatiques de l'islam. C'était le côté « main sur le cœur » des Américains.

— Nous avons eu des contacts avec eux dès le début, reconnut du bout des lèvres le chef de station de la CIA. Avec comme but de les réintégrer dans le jeu politique *légal*. Nous avons toujours favorisé le multipartisme. Le roi Birendra était sur la même longueur d'onde que nous. Il a toujours refusé de lancer l'armée contre eux, laissant cette tâche à la police, mal armée et mal entraînée. Ce qui leur a permis, en un peu plus de cinq ans — leur première action date du 13 février 1996 —, de contrôler pratiquement 25 % du pays et de s'infiltrer dans les villes, y compris à Katmandou.

— Et cela ne vous inquiète pas ?

Larry Doolittle ralluma sa pipe à la flamme puissante de son Zippo pour la troisième fois.

— Oui et non, reconnut-il. Le roi Birendra était prêt à négocier avec eux, afin qu'ils participent à la vie politique aux côtés des autres partis. Il ne voulait pas d'effusion de sang et je pense qu'après vingt-huit ans de règne, il ne tenait plus tellement au trône, se rendant compte de l'archaïsme de sa situation. C'était la possibilité d'une transition douce et contrôlée.

— Et le nouveau roi, Gyanendra, a une position différente ? interrogea Malko.

— Totalement. C'est un dur. Un autocrate. Il a commencé à déployer l'armée dans le pays. Elle est forte de 40 000 hommes, relativement bien équipée et composée de soldats d'élite, les fameux Gurkhas.

— Ce n'est pas la meilleure solution, que l'armée

népalaise vienne à bout de cette rébellion ? demanda Malko, se faisant l'avocat du diable.

— Elle n'en viendra pas à bout, trancha l'Américain. On ne gagne *jamais* contre une guerila. Nos analystes sont persuadés qu'avec la nouvelle politique menée par Gyanendra, les maoïstes s'empareront, à terme, du pouvoir, balayant la monarchie constitutionnelle et instaurant un État totalitaire. Où nous n'aurons pas de place. Voilà pourquoi Langley s'intéresse au massacre du 1ᵉʳ juin. Cet incident arrive juste à point pour provoquer un changement radical de politique.

— Évidemment, reconnut Malko, c'est un peu bizarre. Mais pourquoi tenez-vous tellement au Népal ? Les États-Unis n'y ont pas d'intérêts...

Larry Doolittle lui jeta un regard amusé.

— Si, dit-il. Le Tibet.

— C'est-à-dire ?

— Le Népal est l'unique poste d'observation du Tibet. Nous sommes à deux heures de la frontière, à cinq heures de Lhassa. Je suis ici pour une seule raison : le projet « Tibetan Uprising ».

— Qu'est-ce que c'est ?

— Vous savez que les Chinois ont envahi le Tibet, chassé le Dalaï Lama et qu'ils font tout ce qui est en leur pouvoir pour le coloniser complètement. Les États-Unis désapprouvent formellement cette politique. Mon rôle, ici, est d'essayer d'obtenir des informations sur l'évolution de la situation là-bas, de recueillir des défecteurs ou des réfugiés et, si possible, de fomenter un mouvement de résistance anti-Pékin.

Vaste programme, se dit Malko. Qui comprenait désormais pourquoi la CIA tenait au Népal comme à la prunelle de ses yeux.

— Vous avez obtenu des résultats ? interrogea-t-il.

— Quelques-uns, avoua l'Américain, mais c'est très difficile. Nous arrivons à mener quelques opérations ponctuelles de l'autre côté de la frontière, mais c'est un job de longue haleine. Et nous devons être prudents. Les

Népalais ont une peur bleue des Chinois. Ils ne veulent surtout pas se les mettre à dos.

Désormais, les choses étaient beaucoup plus claires. Même si la Chine et les États-Unis s'étaient beaucoup rapprochés, cela n'empêchait pas de garder une petite plaie ouverte. Un moyen de pression sur Pékin. Quitte à sacrifier la monarchie népalaise.

— Je comprends maintenant votre intérêt pour cet « incident », reconnut Malko. Mais pourquoi ne procédez-vous pas à cette enquête vous-même ?

Larry Doolittle hocha la tête et passa la main dans ses cheveux gris.

— Si je veux que les Népalais me laissent tranquille sur le Tibet, *moi*, je ne dois pas me mêler de leurs affaires. Or, le massacre du 1ᵉʳ juin est un problème *intérieur* népalais. Si vous découvriez quelque chose de gênant pour eux, je pourrais toujours dire que vous avez mené une enquête directement diligentée par Langley. Au minimum, cela sauvera la face. Et puis, vous n'êtes pas américain, vous êtes moins voyant. De plus, je n'ai pas beaucoup de « sources » ici. Depuis des lustres, nous sous-traitons les problèmes intérieurs aux « Cousins »[1]. Eux sont ici comme des poissons dans l'eau. Ils sont là depuis toujours. L'armée leur mange dans la main. Les officiers gurkhas sont formés à Sandhurst. D'ailleurs, mon homologue du MI 6 m'a fourni un rapport très complet sur le massacre royal.

— Qui va dans quel sens ?

— Un coup de folie du jeune prince, pour des raisons sentimentales. Il vous expliquera.

— Comment ?

— Je lui ai parlé de votre venue. Il est ravi de vous connaître. Je pense qu'il va vous donner les contacts nécessaires pour mener une enquête indépendante. Ce qu'a demandé Langley.

— C'est votre seule source ?

---

1. Les Services britanniques.

— Non, bien sûr. Il y a quelqu'un que vous devez rencontrer absolument. La princesse Ketaki Chester. Une cousine du roi actuel, qui a divorcé d'un mari népalais pour épouser un Australien. Je l'ai invitée à nos cocktails à plusieurs reprises. C'est une des survivantes du massacre et je sais qu'elle est d'accord pour en parler. Elle va régulièrement aux États-Unis et je m'arrange pour qu'elle obtienne facilement un visa. Je vais vous donner son téléphone, je l'ai prévenue.

L'Américain jeta un coup d'œil à sa Breitling au bracelet de cuir fatigué et se leva pour aller griffonner quelques lignes sur un dossier qu'il tendit à Malko.

— Voilà le dossier que j'ai réuni sur cette affaire et les coordonnées d'Andrew Teck et de la princesse Ketaki. Vous verrez, elle est charmante.

Malko empocha le papier. Perplexe. C'était bien l'enquête la plus étrange de sa carrière. Larry Doolittle le raccompagna jusqu'au rez-de-chaussée. Malko retrouva la Toyota garée sagement en face de l'ambassade. Il faisait une chaleur de bête, le vacarme de la circulation était assourdissant et le grouillement rappelait l'Asie.

Dès qu'il fut de retour au *Yak and Yeti*, il entreprit de lire le dossier fourni par le chef de station de la CIA. Deux heures plus tard, sa conviction était faite : l'enquête sur le massacre du palais royal avait été sabotée, ou plutôt n'avait jamais eu lieu. Une déclaration du nouveau roi Gyanendra était hallucinante. Il avait froidement déclaré à la presse népalaise que le drame s'était produit parce qu'une arme automatique était partie toute seule, blessant et tuant plusieurs membres de la famille royale...

À ce degré de cynisme, on ne pouvait que saluer. Malko regarda les deux numéros donnés par Larry Doolittle et appela le premier. Une voix féminine, pleine de timidité, dit aussitôt :

— *Namasté*[1]...

— Princesse Ketaki ? demanda Malko.

---

1. Bonjour.

— Oui, c'est moi.
— Je suis le prince Malko Linge, dit-il, Larry Doolittle m'a demandé de vous contacter. Je fais une enquête pour le State Department au sujet de l'incident du 1ᵉʳ juin. Pourrions-nous nous rencontrer ?
— Bien sûr, fit-elle après une petite hésitation. Où ?
— Voulez-vous venir déjeuner à mon hôtel, le *Yak and Yeti* ?
— Il y a un endroit plus agréable, sur Durbar Margh, suggéra-t-elle, le *Nanglo*. C'est une terrasse au premier étage. Je vous y attendrai à une heure. Demandez-moi aux garçons. Ils me connaissent.

Après avoir raccroché, Malko se demanda si cette rescapée allait lui apprendre le secret de cet incroyable massacre.

CHAPITRE III

Le *Nanglo* était la version népalaise du bistrot. Des tables en bois serrées sur une terrasse où il faisait une chaleur de four, ombragée par quelques bananiers. Avec une vue sur Durbar Margh, une des rares artères ressemblant au monde occidental, avec de vrais trottoirs, il est vrai plutôt défoncés, et des boutiques. Le tout étalé sur cinq cents mètres, entre le palais royal et la statue équestre du roi Mabendra dominant le rond-point autour duquel les « tuk-tuk » tournaient comme des toupies.

Le restaurant était plein. Beaucoup d'étrangers. Malko demanda à un garçon la princesse Ketaki et se vit désigner une femme de petite taille au visage doux et aux cheveux gris, seule à une table, en train de fumer. Lorsqu'il s'approcha de sa table, la Népalaise leva les yeux, lui sourit et lui tendit la main d'un geste bizarre. Comme si son bras était soudé à son corps.

— Pardonnez-moi, dit-elle avec un sourire d'excuse, j'ai eu l'épaule déchiquetée par un projectile de M 16 et je ne peux pas encore bouger le bras. Je fais de la rééducation, mais cela ne reviendra jamais comme avant.

Son regard, à la fois doux et intelligent, était plein de charme. Elle scruta Malko avec curiosité.

— M. Doolittle m'a dit que vous enquêtiez sur cet horrible événement. Mais qu'y a-t-il encore à dire ?

— Je ne sais pas, avoua Malko. Peut-être pourrez-vous

m'aider ? Larry m'a dit que vous étiez une des survivantes de ce massacre. Vous avez eu beaucoup de chance.

La princesse Ketaki eut un faible sourire empreint d'une tristesse profonde.

— Oui, si l'on veut, reconnut-elle. Je n'ai eu que deux blessures sans trop de gravité, l'une à l'épaule, l'autre au bras. Tandis que ma sœur a été tuée sur le coup...

Elle se tut, la voix brisée par l'émotion. Un garçon s'était approché et Malko demanda à la princesse ce qu'elle voulait boire.

— S'il y avait du cognac ? répondit-elle timidement. Chaque fois que je repense à cette soirée et à ma pauvre sœur, c'est affreux.

Le garçon avait entendu. Il revint quelques instants plus tard avec une bouteille de cognac Otard XO sur un plateau et servit la Népalaise. Ils en profitèrent pour commander. L'inévitable curry de vieil agneau était ce qu'il y avait de plus mangeable. Il y avait bien sur la carte des poissons à l'origine improbable, mais la plupart des Népalais présents se bourraient de *dalbhat*, le plat national, mélange de lentilles, de riz et de légumes.

La princesse Ketaki entoura son verre de cognac de ses doigts comme pour le protéger, le regard dans le vague. Malko la laissa se détendre avant de demander :

— Vous pouvez me raconter ce qui s'est passé exactement ce vendredi 1er juin ?

— Bien sûr, dit la princesse népalaise de sa voix douce. C'était une soirée comme les autres à laquelle je me rendais seule, mon mari, britannique, n'étant pas admis au palais. En dépit de mon remariage avec un étranger, le roi Birendra m'aimait beaucoup et continuait à me voir régulièrement. Ce soir-là, une des premières personnes que j'ai vues, c'est mon cousin, le prince Dipendra. Il semblait d'excellente humeur et il est venu me demander ce que je désirais boire, après que j'ai été saluer la reine mère. Le roi et la reine n'étaient pas encore là...

Elle continua son récit d'une voix précise, sans émotion apparente, comme si elle racontait un film.

L'Otard XO avait fait son effet. Malko écoutait attentivement, mais ce qu'elle racontait ne lui apprenait rien de nouveau sur le massacre, rien qui ne soit déjà dans le rapport remis par Larry Doolittle. Pendant qu'elle parlait, un couple vint s'installer près d'eux. Un Népalais au physique banal, accompagné d'une créature éblouissante. Au premier coup d'œil, on ne voyait que sa bouche aux lèvres très rouges en relief, comme si elles avaient poussé plus que prévu. Les grands yeux noirs étaient allongés de mascara, les cheveux très noirs où étaient plantées des lunettes de soleil rejetés en arrière. D'immenses anneaux d'oreilles lui donnaient vaguement l'air d'une gitane. Malko remarqua ses sourcils épais et bien plantés quand elle tourna la tête vers lui et lui sourit. Son regard était plein d'assurance et de provocation. Presque une invite. Bizarrement, au lieu de s'asseoir normalement, elle avait ôté ses chaussures et replié ses jambes sous elle, en tailleur, drapée dans les plis d'un sari bleu qui moulait une poitrine lourde. Son regard demeura accroché à celui de Malko quelques secondes puis glissa jusqu'à la princesse Ketaki, à qui elle adressa quelques mots en népalais. Malko sauta sur l'occasion. Attiré par cette magnifique créature, il demanda à Ketaki :

— Vous la connaissez ?

La princesse eut un sourire entendu.

— Qui ne connaît pas Prativa Thapa à Katmandou ! C'est la femme la plus indépendante du Népal. Je suis sûre qu'elle pourrait vous raconter beaucoup de choses sur la vie ici...

Elle avait parlé assez fort que sa voisine entende. Prativa Thapa tourna la tête et lança à Malko, en excellent anglais :

— Vous êtes journaliste ?

— Presque, dit-il. Je fais effectivement une enquête à Katmandou.

Sans s'occuper de son compagnon, Prativa Thapa sortit une carte de son sac et griffonna dessus un numéro de téléphone.

— Appelez-moi, dit-elle avec simplicité. Je pourrai peut-être vous aider.

Malko prit la carte et se retourna vers la princesse Ketaki qui avait observé le manège, amusée. Cette pulpeuse inconnue, qui avait sur le front le mot « salope » écrit en lettres de feu, en sus du *tika* traditionnel, rendrait son séjour moins terne. Pour l'instant, il fallait continuer le « debriefing » de la princesse Ketaki.

— Vous êtes certaine que c'est bien le prince Dipendra qui a tiré? interrogea-t-il. J'ai lu dans certains journaux que cela aurait pu être un sosie.

La Népalaise secoua énergiquement la tête.

— Impossible! Je le connais depuis toujours. C'était lui!

— Quelle explication donnez-vous de sa conduite?

Elle soutint son regard.

— Je n'en ai pas, avoua-t-elle. Il ne s'entendait pas avec sa mère, mais il adorait son père et son petit frère. Or, il les a massacrés tous les deux. Pendant toutes ces interminables minutes où il tirait comme à un stand, il n'a pas dit un mot. Il m'a fait penser à Yama, le dieu de la Mort. C'était terrifiant: on n'entendait que les coups de feu et les cris des gens qui tombaient. Je ne me suis jamais évanouie. J'ai tout vu, sauf son suicide, quand il est sorti dans le jardin, poursuivi par sa mère et son jeune frère. Il les a tués aussi avant de se suicider...

Un ange passa, dégoulinant de sang.

Il faisait chaud. Leurs voisins se levèrent et la belle Prativa adressa une dernière œillade à Malko avant de s'éloigner dans un envol de sari. La princesse Ketaki se pencha aussitôt vers lui.

— Elle est un peu spéciale, confia-t-elle à voix basse. C'est la fille d'un ambassadeur, une très bonne famille. Elle a beaucoup séjourné à l'étranger et vit à Katmandou comme une Occidentale. (Elle baissa encore la voix :) À trente ans, elle n'a jamais été mariée.

Visiblement, à ses yeux, c'était une tare comparable au sida... Malko sourit.

— Elle n'aime peut-être pas les hommes...
La princesse Ketaki lui adressa une moue ironique.
— Oh si ! Elle a eu beaucoup d'amants. À Katmandou, elle vit seule. Il paraît qu'elle a eu une aventure avec l'ambassadeur d'Australie, un célibataire qui était fou d'elle. Prativa n'hésite pas à aller dans des discothèques ou des bars avec des hommes, à danser, à s'exhiber même. Elle est très libre, un peu fofolle, mais elle connaît tous les potins de Katmandou.

Malko se dit qu'avec un peu de chance, Prativa aurait bientôt un amant de plus. Elle n'avait pas vraiment dissimulé l'intérêt qu'elle lui portait. Hélas, il fallait revenir à son enquête.

— Vous croyez donc que le prince Dipendra a tué toute sa famille parce qu'on l'empêchait d'épouser la femme qu'il aimait, cette Devyani Rana ?

La princesse Ketaki eut un petit rire aigrelet.

— Moi aussi, on a voulu m'empêcher d'épouser l'homme que j'aimais, mais je suis passée outre... Bien sûr, j'ai perdu mon titre d'Altesse royale. Je ne crois pas à cette version : Dipendra n'était pas un sentimental. Il adorait les armes, les exercices physiques et les femmes. C'était un « womanizer » qui avait beaucoup de succès. En même temps que Devyani, il avait deux autres maîtresses...

Évidemment, ce n'était pas une grande histoire d'amour... Malko était de plus en plus perplexe. Qu'est-ce qui avait pu pousser un jeune homme de trente et un ans à massacrer sa famille pour se suicider ensuite ?

— Personne n'est intervenu ? demanda-t-il. Il y avait pourtant des gens au palais.

— Personne ! dit la princesse népalaise. Il paraît que les A.D.C. regardaient la télé. Le vendredi, il y a un programme satirique très apprécié, le show de Santosh Pant. Mais jamais Dipendra n'aurait dû avoir le droit de détenir toutes ces armes dans son bungalow... Seulement, son père, le roi, lui avait donné la responsabilité de la sécurité du palais et on n'osait pas lui tenir tête. De toute façon, qui aurait cru à une histoire pareille ? Personne.

Comme personne n'aurait cru qu'on puisse abattre les tours jumelles du World Trade Center. Le monde était plein de surprises, affreuses ou merveilleuses. Ketaki sortit une cigarette de son paquet de Shakar et Malko s'empressa de la lui allumer avec son Zippo armorié qu'il laissa sur la table. La princesse fumait comme un pompier.

— Que s'est-il passé après qu'il fut ressorti pour la deuxième fois ? demanda Malko.

— À l'intérieur de la « billiard room » rien, dit la princesse Ketaki. Peu de temps après sa sortie, j'ai entendu un coup de feu isolé, puis, quelques instants plus tard, deux longues rafales et, encore un peu plus tard, un autre coup de feu isolé. Ensuite, les A.D.C. ont fait irruption dans la pièce.

— Vous avez entendu *deux* coups de feu isolés, remarqua Malko. C'est étonnant, comment l'expliquez-vous ?

— Je ne l'explique pas, reconnut-elle. On a dit que Dipendra s'était suicidé d'une balle dans la tête avec son pistolet.

Personne n'avait jamais mentionné cette seconde détonation. Malko demeura silencieux quelques instants. Tassée sur sa chaise, la princesse avait l'air d'une toute petite chose. Elle dit soudain :

— Je crois que tout ce massacre était prémédité.

— Pourquoi ?

— Dipendra a joué à l'ivrogne, au début de la soirée, alors qu'il était tout à fait normal. Il cherchait peut-être à diminuer sa responsabilité pour la suite.

— Mais alors, pourquoi s'est-il suicidé ?

La princesse népalaise eut un geste évasif.

— Peut-être qu'au départ, il n'avait pas l'intention de se suicider. Simplement de tuer le roi. Puis, il s'est rendu compte de la gravité de ses actes et il est devenu « amok », fou. Ensuite, j'ai eu l'impression qu'il voulait supprimer tous les témoins de ce massacre.

— Il en a épargné certains.
— Oui, mais comment savoir ce qui s'est passé dans sa tête ? Il est mort et on ne saura jamais la vérité.
— Et sa « fiancée », Devyani Rana ?

La princesse Ketaki eut un geste désinvolte, accompagné d'un demi-sourire.

— Elle est repartie à Delhi sans demander son reste, sans même assister à son enterrement. C'est seulement une belle ambitieuse.

Le restaurant était en train de se vider. La princesse Ketaki écrasa sa cigarette dans le cendrier et poussa un soupir.

— Je dois aller à ma rééducation. Si je peux vous être utile une autre fois...

Elle se leva : elle était vraiment minuscule, presque une naine, fragile, maigre. Pourtant, les garçons se cassèrent en deux sur son passage. La tradition avait la vie dure. Ils se séparèrent dans Durbar Margh et Malko s'éloigna à pied vers le *Yak and Yeti*. Presque tous les mois, quelque part dans le monde, un homme devenait fou et abattait des gens pour un motif futile, sans qu'on comprenne jamais pourquoi. Le dernier forcené avait frappé à Zug, au cœur de la Suisse profonde. Depuis cet exemple, on pouvait s'attendre à tout... En tout cas, à Katmandou, tout le monde semblait avoir oublié le drame du 1er juin...

Le hall du *Yak and Yeti* était presque vide, à l'exception d'un couple en train de bavarder dans les fauteuils du *tea-room*. Un brun, jeune et fringant, en compagnie d'une ravissante blonde vêtue d'un pull blanc et d'un pantalon. Elle se leva pour aller prendre quelque chose à la réception, passant devant Malko. Ces yeux bleu porcelaine, ces cheveux presque trop blonds et cette expression naïvement convenable ne pouvaient appartenir qu'à une Britannique... Pourtant, le contour d'un string se dessinait sous le tissu bleu du pantalon, accessoire qui n'appartenait pas à une femme totalement convenable.

De sa chambre, Malko appela l'ambassade de Grande-Bretagne. Une secrétaire charmante lui apprit que

Andrew Teck était sorti mais qu'il serait de retour à cinq heures et ravi de le recevoir. Il n'avait plus qu'à mettre CNN pour avoir les dernières nouvelles du monde, essentiellement la guerre déclarée par George W. Bush au terrorisme. Le Népal devait être bien loin en ce moment des soucis de Langley, mais, pendant les catastrophes, les affaires continuaient. Malko s'installa devant l'écran, se demandant qui, de la brune Prativa ou de l'inconnue blonde, il préférerait.

Pour l'instant, hélas, c'était une question purement théorique.

L'homme qui l'attendait devant l'entrée de la Defense Section, souriant de toutes ses dents, était celui qu'il avait aperçu au *Yak and Yeti* en compagnie de la blonde aux yeux bleus. Andrew Teck, représentant du MI 6 au Népal. Un vague air de Tony Blair. Le sourire carnassier et sûr de lui, le regard pétillant, séduisant comme un jeune premier, en costume croisé gris, et ce côté indéfinissable du gentleman, avec un brin de condescendance pour tout ce qui n'est pas sujet de Sa Très Gracieuse Majesté. Un Gurkha propre et ciré comme un soldat de plomb, le *kukri* dans la ceinture, salua sèchement. Ils grouillaient dans l'ambassade. Andrew Teck emmena Malko jusqu'à un bureau vide où un second Gurkha vint déposer un plateau de thé.

Volubile, sympathique, Andrew Teck parlait du Népal, tout en observant Malko. En versant le thé, il remarqua :

— Il m'a semblé vous apercevoir tout à l'heure, au *Yak and Yeti*. J'avais été invité par une jeune journaliste de la BBC qui prépare un sujet sur le Nepal. *Charming young lady, indeed.*

Il eut un rire complice, mais néanmoins plein de retenue.

— Absolument, approuva Malko. À propos, j'ai lu votre rapport. Il est tout à fait intéressant et complet.

Andrew Teck redevint instantanément sérieux.

— Ce fut un drame épouvantable, laissa-t-il tomber. Il y a beaucoup de croisements sanguins dans cette famille et parfois cela produit des dérapages. Je connaissais *personnellement* le jeune prince héritier. *Jolly good fellow, indeed*. Très sportif. Il se préparait à prendre la place de son père le moment venu. Bon parcours à Sandhurst, bien qu'un peu arrosé. Ses copains l'appelaient « Dippy [1] ». Et puis, cette femme est arrivée dans sa vie...

Moralement, il essuya une larme en buvant un peu de thé.

— Quelle femme ? demanda Malko.

— Devyani Rana, laissa tomber l'agent du MI 6. Excellente famille. Une Rana, n'est-ce pas ? Très belle, très élégante, mais très ambitieuse aussi, ajouta-t-il avec un rire de douairière. Elle voulait être reine du Népal.

— Et alors ? demanda Malko.

Le Britannique se pencha vers lui, comme pour lui confier un lourd secret.

— La reine ne voulait pas. Une obscure histoire de famille. Elle avait averti Dipendra que s'il épousait cette Indienne, il serait exclu de la succession du trône.

Il demeura silencieux, les lèvres serrées, méditant sur la méchanceté des femmes. Hochant la tête, il ajouta :

— Le jour de cet épouvantable drame, Dipendra a téléphoné plusieurs fois à cette... femme. (Malko crut qu'il allait dire « créature ».) Il l'a suppliée de l'épouser s'il renonçait au trône. Et elle a dit non.

—Comment savez-vous cela ? demanda Malko, suffoqué.

Andrew Teck eut un rire modeste.

— *My dear* Malko, nous avons beaucoup d'amis au palais. Les Gurkhas entre autres. Ils ont tous été formés par nos soins. Je me suis entretenu avec Kumar Dixit,

---

1. De *dip*, « goutte ». Alcoolo.

l'A.D.C. du prince Dipendra, le lendemain du drame. Il était effondré. Avant de rejoindre sa famille, le prince s'était confié à lui, disant qu'il était désespéré et qu'il n'avait plus envie de vivre s'il devait perdre Devyani. Il s'était mis à boire et à fumer de la *ganja*[1] afin d'atténuer son chagrin.

Malko faillit verser une larme. On aurait dit un roman d'Harlequin. Une belle histoire d'amour qui finit mal.

— C'est donc vraiment par dépit amoureux, insista-t-il, que le prince Dipendra s'est tué, après avoir assassiné une grande partie de sa famille ?

Le représentant du MI 6 hocha gravement la tête.

— Absolument. D'ailleurs, le jour même du drame, il avait rendu visite avec ses parents à Nayan Raj Pandey, le guru royal qui vient de prendre sa retraite. Ils avaient pris le thé ensemble. Il voulait lui soumettre son cas de conscience et obtenir son appui auprès de la reine, sa mère. Hélas, le guru a donné raison à celle-ci et le prince est reparti de cette visite encore plus désespéré.

— Cela suffisait à en faire un meurtrier ?

— *Well*, laissa tomber le Britannique. Juste avant le dîner, Dipendra a demandé à son A.D.C. de lui préparer un pétard très fort. Un mélange de *ganja* et de cocaïne. Je pense que c'est ce qui l'a rendu fou. Peu de temps après, il est remonté dans sa chambre chercher les armes avec lesquelles il a commis le massacre. *Shocking, indeed.*

Le Britannique semblait parfaitement convaincu et convaincant. Malko se demanda ce qu'il était venu faire au Népal. Andrew Teck lui adressa un sourire plein de gentillesse, comme s'il lisait dans ses pensées.

— Larry m'a expliqué ce qui se passait. Les Américains aimaient bien le roi Birendra et après ce drame, ils ont imaginé des tas de choses, construit des fables. Ils savent que Larry n'a pas le temps de s'occuper de ces problèmes, avec le Tibet. Et, par moments, ils n'ont plus

---

1. Haschich.

confiance en personne. Pourtant, nous nous sommes donné beaucoup de mal pour éclaircir cette affaire. Grâce à Kumar Dixit, j'ai obtenu des informations extrêmement précises. C'est lui qui a découvert le prince Dipendra mort, dans le jardin, serrant encore dans sa main son pistolet 9 mm Glock. Il le lui a ôté des mains avant qu'on le transporte au Military Hospital de Channi. Il l'a vu se suicider, mais n'a rien pu faire, il était trop loin de lui.

— Le prince s'est tiré une balle dans la tête ?

— Exact, dans la tempe. Il est resté dans le coma trois jours, sans reprendre connaissance.

Malko faillit lui parler des *deux* détonations entendues par la princesse Ketaki, mais s'abstint. Elle pouvait s'être trompée. Il se sentait un peu ridicule devant ce fringant gentleman qui prenait visiblement les Américains pour des balourds en dépit de son exquise politesse. Il ne lui restait plus qu'une vérification à accomplir.

— Cet A.D.C., dit-il, pourrais-je le rencontrer, afin de pouvoir affirmer à Langley que l'affaire est définitivement résolue ?

— *Of course*, répliqua aussitôt Andrew Teck. Je le connais assez bien et je l'ai encore vu au bal des Gurkhas le mois dernier. Je pense qu'il acceptera de vous rencontrer si je le lui demande. Je vais demander au chef d'état-major de l'armée népalaise, le général Sadip Shah. Kumar Dixit a regagné son unité de Gurkhas dans une caserne de l'est de la ville. Bien entendu, il ne faudra pas que cela se sache...

— Bien entendu, assura Malko.

Le Britannique se leva.

— Je vous appelle demain matin.

**

Malko se retrouva au fond de sa Toyota, dans la circulation démente de l'avenue Lazimpat, plutôt frustré. Seize heures de vol pour ça ! Les explications du représentant du MI 6 semblaient parfaitement logiques. La CIA, depuis Ben

Laden, voyait des complots partout. Il regagna l'hôtel et appela Prativa Thapa. Pas de réponse. Même pas un répondeur. Déçu, il descendit au bar où un pianiste en queue-de-pie jouait des valses viennoises, pour se heurter à la journaliste britannique aperçue avec Andrew Teck. À sa grande surprise, celle-ci lui adressa un sourire éblouissant.

— Vous êtes un ami de Andrew Teck, n'est-ce pas ? dit-elle avec un délicieux accent oxfordien.

— Je le connais, précisa Malko. Comment le savez-vous ?

Elle eut un rire cristallin.

— Oh, il m'a appelée tout à l'heure et m'a parlé de vous. Je vous avais repéré car vous me regardiez d'une drôle de façon…

— Je vous trouvais ravissante, répondit Malko. Que faites-vous à Katmandou ?

Elle lui tendit la main.

— Je m'appelle Anna Dickens, je travaille pour une boîte de télévision. Nous préparons une émission sur le massacre du palais, un terrible drame de l'amour. Un prince qui tue toute sa famille parce qu'on l'empêche d'épouser la femme qu'il aime. C'est terriblement romantique…

Ses yeux bleus étaient tout humides. Malko regardait ses gros seins moulés par le chandail blanc. Une autre forme de romantisme. Elle se troubla.

— Vous me regardez *encore* bizarrement.

— Voulez-vous dîner avec moi ce soir ? demanda-t-il.

Anna Dickens arbora une expression comiquement désolée.

— Oh, *it's so charming* ! Mais j'ai déjà un engagement, je dois voir un journaliste népalais. Demain, peut-être ?

— Avec joie, conclut Malko.

Il en profiterait pour rattraper son décalage horaire.

**

La voix claironnante d'Andrew Teck arracha Malko au sommeil. Il s'était endormi à six heures du matin.

— Voulez-vous rencontrer la personne en question à dix heures, à mon bureau ? proposa le Britannique. Ensuite, il est affecté hors de Katmandou et il sera difficile à joindre.

— Je serai là, promit Malko avant de se jeter sous la douche.

Avant de partir, il composa le numéro de la pulpeuse Prativa Thapa. Miracle, une voix féminine répondit.

— *Namasté*.

— Nous nous sommes vus hier au restaurant avec la princesse Ketaki, lui rappela Malko.

Il y eut quelques instants de silence, puis la jeune femme éclata de rire.

— Ah oui, c'est vrai, je ne pensais pas que vous m'appelleriez ! Elle a dû vous dire des horreurs sur moi…

— Pourquoi l'aurait-elle fait ?

— Elle est très vieux jeu. Que puis-je faire pour vous ?

— Déjeuner avec moi, proposa Malko.

— Impossible, je travaille avec un syndicat toute la journée. Mais dîner, c'est possible.

Il avait déjà promis à la blonde Anna Dickens, mais le travail passait avant le plaisir.

— Très bien, dit-il. Où nous retrouvons-nous ?

— Vous avez un chauffeur ?

— Oui.

— Alors, venez me chercher vers sept heures et demie. J'expliquerai par téléphone à votre chauffeur où j'habite. Moi, je n'ai pas de voiture, c'est trop cher : 150 % de droits de douane.

— Alors, à ce soir, promit Malko.

Dilemme cornélien. En passant à la réception, il laissa un mot à Anna Dickens, s'excusant et proposant un dîner pour le lendemain. Cinq minutes plus tard, il cahotait sur les pavés inégaux de la ville. Cette fois, le Gurkha de garde à l'entrée de l'ambassade britannique devait avoir des ordres car il laissa la Toyota pénétrer dans le parc. Un second Gurkha conduisit Malko jusqu'à un bureau de la Defense Section.

— *Come in!* cria la voix claire d'Andrew Teck.

Malko découvrit un bureau un peu plus personnalisé, avec des cartes, dont une du Tibet, et quelques gravures de chasse. Un homme en civil, assis en face du Britannique, se leva vivement avec la raideur d'un militaire de carrière. Le représentant du MI 6 fit les présentations.

— Major Kumar Dixit, prince Malko Linge, un ami américain qui s'intéresse au drame du 1ᵉʳ juin.

L'officier népalais esquissa un sourire gêné. Il ressemblait au jeune prince, avec sa moustache tombante et son visage déjà empâté. Un peu gauche. Andrew Teck lui demanda gentiment :

— Major, pouvez-vous répéter à M. Linge tout ce que vous savez de cette soirée ? Ce que vous avez vu, de vos yeux. Bien sûr, cela restera entre nous.

Le major Dixit hésita un peu, puis commença d'une voix mal assurée :

— Je suis... J'étais l'aide de camp de sa *Royal Highness* le prince Dipendra depuis bientôt quatre ans. Je m'occupais de lui tout le temps. Je l'accompagnais quand il le désirait, j'arrangeais sa vie sociale, veillais sur son intimité. (Il esquissa un sourire.) Je lui préparais même ses cigarettes de *ganja* et il avait la bonté de les apprécier. D'ailleurs, ce soir-là, il m'a demandé de lui en préparer une très forte.

— Quand ? interrompit Malko.

— Juste avant le dîner. Il l'a fumée dans son bungalow, assis sur son lit, près du téléphone. Il attendait un appel. Quand il est venu, je suis sorti. Ensuite, selon les ordres, j'ai rejoint les autres aides de camp dans notre salle de repos. Comme tous les vendredis, il y avait une émission de télévision satirique que je voulais regarder. C'est seulement deux heures plus tard que j'ai entendu des coups de feu étouffés. Je ne me suis pas ému. Parfois, le prince Dipendra ou le prince Bahadur s'amusaient à tirer dans les bambous du parc. C'est un cuisinier qui est venu frapper à la porte de notre local pour dire qu'on tirait à *l'intérieur* de la «billiard room». Nous nous sommes aussitôt précipités.

— Et ensuite ? interrogea Malko.

L'officier népalais passa la main devant ses yeux, comme s'il voulait chasser une vision désagréable.

— Au moment où j'arrivais devant l'entrée de la «billiard room», j'en ai vu sortir trois personnes. D'abord le prince Dipendra puis, quelques instants plus tard, sa mère, la reine, et son jeune frère Nirajan. Le prince Dipendra se dirigeait vers l'escalier extérieur de son bungalow. J'ai entendu Sa Majesté la Reine l'appeler. Il s'est retourné et cela a été horrible. Il a braqué son M 16 sur elle et a tiré une longue rafale. La tête de Sa Majesté a littéralement éclaté et elle est tombée comme une masse.

Il se tut. Andrew Teck le regardait gravement. D'un signe, il l'enjoignit de continuer.

— Ensuite, enchaîna Kumar Dixit, le jeune prince Nirajan a couru vers son frère. Ce dernier a braqué son M 16 sur lui et a ouvert le feu. C'était interminable ! Je voyais les projectiles entrer dans son corps. Il reculait sous le choc des balles. Il n'a même pas eu le temps de crier. Il est tombé à son tour. Le chargeur du M 16 était vide. Le prince Dipendra l'a jeté, est resté quelques instants immobile dans l'escalier puis est redescendu, marchant dans ma direction. J'ai eu très peur, j'ai cru qu'il allait me tuer aussi. Alors, j'ai crié : «*Your Highness, kay gardeko*[1] ?»

— Vous n'avez pas cherché à le neutraliser ? insista Malko. Vous n'avez pas tiré sur lui ?

Le major Dixit lui jeta un regard horrifié et balbutia :

— Tirer sur lui ! Mais c'était le prince héritier ! C'était impossible.

— Il venait de tuer sa mère la reine et son frère devant vous, objecta Malko.

L'officier népalais secoua la tête sans le regarder et répéta :

---

[1]. Votre Altesse, qu'avez-vous fait ?

— C'était le prince héritier.

Andrew Teck vola à son secours.

— Il y a un très grand respect au Népal pour la famille royale, renchérit-il. Ce sont des dieux...

Des dieux plutôt féroces...

— Alors, que s'est-il passé ? demanda Malko.

Le major s'ébroua.

— Le prince Dipendra a fait quelques pas, comme s'il ne me voyait pas. Il s'est arrêté et a tiré un pistolet de sa poche. Son Glock 9 mm personnel. Avant que je puisse l'en empêcher, il a porté l'arme à sa tempe gauche et a tiré. Il est tombé en arrière sur la pelouse, tout près d'un petit pont reliant deux bassins. Le pistolet est tombé dans l'eau...

— Vous l'avez ramassé ?

Le major Dixit secoua la tête.

— Non, j'ai vu que le prince vivait encore et j'ai appelé des secours. J'ai organisé son transport jusqu'à l'hôpital militaire. Ensuite, j'ai téléphoné à beaucoup de gens. Il fallait joindre le prince Gyanendra qui se trouvait à Pokhara. Il est arrivé en hélicoptère au milieu de la nuit. Le temps était très mauvais et il n'avait pas pu venir avant. Il pleuvait.

— Depuis, vous êtes retourné au palais ?

— Non. Jamais. Nous avons eu l'interdiction d'y retourner et de parler de quoi que ce soit.

— Vous ignorez ce qu'est devenu ce pistolet Glock ?

— *Yes, sir.*

Le silence retomba. Le sort du pistolet avait peu d'importance, après tout. Malko insista sur un point de détail.

— Le prince Dipendra était gaucher ?

— Ambidextre, corrigea l'officier. Je lui avais appris à tirer des deux mains.

Andrew Teck se racla la gorge et regarda ostensiblement son élégante Breitling de pilote de chasse.

— J'ai une réunion dans peu de temps, dit-il. Avez-vous d'autres questions à poser ?

— Non, dit Malko, je ne vois pas.

En trente secondes, ils furent hors du bureau. Le major Kumar Dixit claqua des talons, de nouveau raide comme un piquet. Son regard noir fuyait celui de Malko. Andrew Teck raccompagna celui-ci à sa voiture et commenta :

— C'est un *eye-witness*[1]. Je crois qu'on ne peut pas trouver mieux. Si les Népalais savaient que vous l'avez vu, ils seraient furieux. Ils sont très susceptibles.

— Merci, dit Malko, je crois que mon enquête s'arrête là.

Andrew Teck éclata d'un rire clair et amical.

— Restez quand même jusqu'à jeudi ! Il y a une soirée à l'ambassade d'Australie. Ils ont un excellent gin et il y a toujours beaucoup de jolies femmes. Quand elles boivent, les Népalaises se laissent un peu aller, n'est-ce pas...

En redescendant vers le centre, Malko se dit qu'à part sauter la belle Prativa ou escalader l'Everest, il n'avait plus grand-chose à faire à Katmandou.

— La Toyota frôlait les murs de terre sèche des maisons bordant une rue étroite en terre battue, un vrai boyau, dans le quartier de Guiridhora, au nord-est de Katmandou. Le chauffeur de Malko stoppa et disparut par une porte de bois. Cinq minutes plus tard, Malko vit surgir un sari orange. Prativa Thapa se glissa à côté de lui. Il eut un choc à l'épigastre : la jeune Népalaise s'était parfumée et maquillée comme la reine de Saba. Agrandissant encore sa bouche énorme, soulignant ses épais sourcils, allongeant ses yeux de mascara. La soie de son boléro moulait des seins lourds aux pointes épanouies. Une bande de peau mate était visible entre le boléro et la partie du sari drapée autour de la taille de la jeune femme.

1. Témoin oculaire.

— Vous êtes superbe ! dit-il.

Prativa posa sur lui un regard brûlant, insistant, sexuel. Comme la voiture était petite, ils se touchaient.

— Merci, dit-elle, je me suis fait belle pour vous. D'habitude, je mets des minijupes pour sortir, mais j'ai pensé que vous préféreriez le sari.

— Où voulez-vous dîner ? demanda-t-il.

— *Chez Caroline*, dit-elle sans hésiter. Le seul restaurant français de Katmandou. Cela me rappellera l'Europe.

Elle donna les instructions au chauffeur et ils ressortirent bientôt du labyrinthe des rues étroites, filant vers le sud. Le restaurant était niché dans un centre commercial tout neuf, créé avec beaucoup de goût dans les écuries du vieux palais Singha Durbar. Une tonnelle, des tables de bistrot, un vrai décor de théâtre, et pratiquement personne

— Que voulez-vous boire ? demanda Malko.

Prativa Thapa leva un regard timide, avec un sourire embarrassé.

— Je pourrais avoir du champagne ? Il y a longtemps que je n'en ai pas bu. Ici, c'est très cher.

Malko sourit. Avec 75 roupies pour un dollar, rien n'était vraiment cher au Népal. Pourtant, le garçon parut surpris de sa commande. Il revint néanmoins avec une bouteille de Taittinger Comtes de Champagne Blanc de Blancs, un peu poussiéreuse, mais millésimée 1995. Les yeux de Prativa brillaient. Le *ploc* du bouchon qui sautait accentua encore sa joie. Elle but religieusement et reposa sa flûte.

— C'est merveilleux, soupira-t-elle.

La nourriture, en revanche, bien que théoriquement française, se révéla franchement immonde. L'agneau rôti avait dû escalader l'Everest avant qu'on l'attrape. Heureusement, il y avait le Taittinger. Et au dessert, des mangues fraîches. Prativa avait les yeux qui brillaient comme des étoiles. Elle prit le bouchon de la bouteille de Taittinger et le glissa dans son sac, avec un sourire enfantin.

— Je le garde en souvenir.

Touchant. Leurs regards se croisèrent. Elle semblait fascinée.

— Qu'avez-vous ? demanda Malko.
— Savez-vous pourquoi je vous ai souri au restaurant ?
— Non.
— À cause de vos yeux. Il y a au Tibet un bouddha aux yeux d'or, comme vous. Je n'en avais jamais vu ainsi.
— Merci, dit Malko, je ne vous demanderai pas de vous prosterner.

Elle s'ébroua, comme si elle sortait d'un rêve, et demanda :

— Alors, quelles questions voulez-vous me poser ?
— Je n'en vois plus tellement, avoua Malko. Depuis notre dernière rencontre, j'ai appris beaucoup de choses. J'ai même rencontré quelqu'un qui a vu le prince Dipendra se suicider, après avoir massacré sa famille.

Prativa éclata de rire.

— Dans ce cas, c'est un menteur.
— Pourquoi ?
— Parce que Dipendra ne s'est pas suicidé. Il a été assassiné.

CHAPITRE IV

Malko crut d'abord que c'était l'effet du Taittinger. Cependant, le sérieux de Prativa Thapa lui fit comprendre qu'elle ne plaisantait pas. Ce qui soulevait un *vrai* problème de fond.

— J'ai rencontré aujourd'hui même l'A.D.C. du prince Dipendra, qui m'a affirmé l'avoir vu se suicider.

Prativa réfléchit quelques secondes.

— Vous voulez parler du major Kumar Dixit ?
— Oui. Vous le connaissez ?
— Vaguement. Où l'avez-vous rencontré ?
— Chez des amis, fit prudemment Malko.
— C'est bizarre, dit-elle. On m'avait dit qu'il se trouvait aux arrêts de rigueur, au secret, dans le camp militaire de Channi, à l'ouest de la ville. *Incommunicado*. Vous êtes certain qu'il s'agissait bien de lui ?

Malko ne s'était évidemment pas posé la question. Mais pourquoi le représentant du MI 6, allié des Américains, lui aurait-il raconté cette fable ? Prativa s'était remise à sa mangue. Elle ajouta :

— Dans cette histoire, depuis le début, tout le monde ment. Le roi Gyanendra a d'abord déclaré qu'il s'agissait d'un accident, une arme automatique qui serait partie toute seule. Ensuite, la commission d'enquête a publié un rapport plein de contradictions et d'invraisemblances. Il y avait dans le périmètre proche de la « billiard room » plusieurs A.D.C. Pourquoi n'ont-ils pas réagi en entendant les coups de feu ? De toute façon, il n'y a eu ni autopsie ni expertise balistique pour aucune des victimes. On n'a jamais retrouvé le pistolet avec lequel Dipendra se serait suicidé. Aucune autorité indépendante n'a mis les pieds au palais. Depuis le drame, tous les A.D.C. en fonction au palais royal ont disparu, sans faire aucune déclaration. Aucun journaliste népalais n'a pu les contacter. Les officiers de l'armée népalaise refusent de dire où ils se trouvent, prétendant qu'ils ont regagné leur camp d'origine, sauf ceux contre qui on intente un procès pour négligence, comme Kumar Dixit.

— Pourquoi ce mur de silence ?

— Je l'ignore, avoua Prativa. Je ne fais pas de politique. Je pense aussi que la reine mère sait beaucoup de choses. Elle a dit après le drame : « Il préparait son coup depuis longtemps. »

— C'est-à-dire ?

— Dipendra voulait être roi, fit simplement la jeune femme. C'était un garçon énergique, qui trouvait le roi Birendra trop mou. Dans cette famille, il y a une longue tradition d'assassinats. Les Rana sont venus au pouvoir de cette façon.

— Je croyais qu'il s'agissait d'une déception sentimentale, objecta Malko.

Prativa lui jeta un regard de commisération amusée.

— Il se moquait des femmes, comme son cousin Bahadur. Il s'en servait, c'est tout.

— Vous m'avez dit tout à l'heure qu'il avait été assassiné. Comment le savez-vous ?

La Népalaise eut un sourire entendu.

— Par quelqu'un qui *sait*. Peut-être la seule personne à pouvoir en être certain.

— Et il sait *aussi* qui l'a assassiné ?

Prativa secoua la tête.

— Non. Cela, personne ne le sait. Ça s'est passé au palais, sur une autre planète.

Elle repoussa son assiette et adressa un long regard à Malko. Brusquement, elle exprimait toute la sensualité du monde. Elle avait de toute évidence envie de changer de sujet.

— Vous ne pouvez pas me dire qui vous a donné cette information ? insista-t-il pourtant.

— Je ne veux pas mourir jeune, répondit en souriant Prativa. J'aime la vie, même si elle n'est pas toujours drôle au Népal. Voulez-vous que je vous montre Katmandou *by night* ?

— Avec plaisir, accepta Malko.

— Bien. Allons boire un verre au *Hyatt*. C'est le seul endroit un peu gai.

**

Sous le clair de lune, l'immense esplanade en face de l'hôtel *Hyatt* ressemblait à un palais de science-fiction abandonné. Situé très à l'est du centre, presque en pleine campagne, le *Hyatt*, flambant neuf et trop luxueux, était quasiment vide.

Prativa et Malko trouvèrent un grand hall désert et silencieux où seul le bruit de leurs pas résonnait sur le marbre. La Népalaise guida Malko vers un escalier qui semblait descendre dans les entrailles de la terre.

— Je vous emmène dans la meilleure discothèque de Katmandou ! fit-elle.

À première vue, ce n'était pas évident… À mi-chemin, ils commencèrent à entendre de la musique, puis ils arrivèrent dans une boîte de nuit au décor ultramoderne, presque vide. Un orchestre de jazz, installé sur un podium derrière le bar, jouait pour une poignée de consommateurs installés dans un box sombre. Prativa montra en souriant une inscription en népalais.

— Cela signifie : «Ne fumez pas de *ganja* dans cet établissement», dit-elle. Mais personne n'y fait attention.

Comme pour souligner son propos, elle ouvrit son sac et en tira un magnifique pétard.

— Vous avez du feu ? demanda-t-elle avec un sourire dévastateur.

Malko s'exécuta et la flamme du Zippo armorié enveloppa le pétard gros comme un cigare. Prativa aspira la fumée et la rejeta lentement.

— C'est bon ! On continue au champagne ?

Ce n'était pas le moment de la contrarier. Malko était bien décidé à lui extorquer le nom de sa « source ». Cinq minutes plus tard, un maître d'hôtel, figé de respect pour un client aussi munificent, déposait sur la table une bouteille de Taittinger Comtes de Champagne, nettement moins poussiéreuse que celle de *Chez Caroline*. Il repartit sans sembler voir la fumée noirâtre du pétard.

Prativa se jeta avidement sur les bulles, vidant deux flûtes coup sur coup. Elle commençait à onduler au rythme de la musique, visiblement très loin du massacre royal. Ce qui ne faisait pas l'affaire de Malko. Car, si la jeune femme disait la vérité, les soupçons de Langley se vérifiaient, avec une implication déplaisante et imprévue : le rôle des « Cousins ». Lesquels, volontairement, auraient lancé Malko sur une fausse piste. À moins qu'Andrew Teck soit lui-même manipulé par les Népalais.

— On danse ? proposa Prativa, arrachant Malko à ses réflexions.

Il y avait déjà deux couples sur la piste, les filles en jean. C'était un blues plein de langueur et Prativa s'abandonna très sensuellement dans les bras de Malko. La soie du sari était si fine qu'il pouvait sentir toutes les courbes de son corps. Sa lourde poitrine s'écrasait contre l'alpaga de sa veste. Il posa sa main sur sa peau nue, entre le boléro et la longue jupe et, aussitôt, Prativa se serra encore plus contre lui. Leurs visages se frôlaient et il eut très vite envie d'écraser la grosse bouche rouge et gonflée qui semblait l'appeler silencieusement. Mais il fallait se tenir. Si la *ganja* était tolérée, le flirt semblait nettement moins admis. À côté d'eux, les couples dansaient sagement à un mètre l'un de l'autre. Une des danseuses lança un regard furibond à Prativa, incrustée sans vergogne contre Malko, qui commençait, même sans *ganja*, à s'échauffer sérieusement. Réaction que sa cavalière ne pouvait pas ignorer.

Les blues faisant place à une musique plus trépidante, Prativa regagna leur box, avec un balancement des hanches à enflammer un mort. Malko remplit sa flûte de Taittinger. Elle but lentement, savourant chaque bulle, avant de demander, pleine d'innocence :

— Je ne vous choque pas ? demanda-t-elle, avant de reprendre son pétard.

Ses yeux brillaient dans la pénombre et elle était vraiment très excitante avec cette énorme bouche peinte à la main et cette poitrine lourde qui se soulevait un peu trop vite.

— À cause de la *ganja* ? demanda Malko. Non, bien sûr, mais je voudrais bien que vous me disiez qui vous a assuré que le prince Dipendra ne s'était pas suicidé.

Elle souffla lentement la fumée.

— Plus tard, peut-être. Ce soir, je veux me détendre.

Il regarda les bagues qui brillaient à presque chaque doigt de ses mains.

— Vous aimez les pierres de couleur, remarqua-t-il.

Prativa Thapa baissa les yeux sur ses mains.

— Oui. Mais c'est surtout pour me protéger des mauvaises influences astrologiques. Chaque couleur représente une planète. Le vert, c'est Saturne, le rouge Vénus, le jaune Mars. Tout le monde fait cela. Au Népal, nous sommes très superstitieux. Il y a tellement d'influences invisibles. D'ailleurs, tous les gurus avaient prédit une catastrophe pour cette année.

D'autres couples étaient arrivés. C'était un peu moins mort. Ils se resservirent du champagne. À cause du bruit, il devenait difficile de se parler. Au bout d'un moment, Prativa écrasa dans le cendrier ce qui restait de son joint et proposa :

— On rentre ?

Elle était déjà debout. Malko abandonna une très grosse poignée de roupies et la suivit. Elle montait l'escalier en colimaçon avec un déhanchement volontairement provocant. Le chauffeur de la Toyota dormait à son volant. Prativa lui jeta quelques mots et il partit à toute allure dans les rues désertes. Après dix heures du soir, Katmandou ressemblait à une « ghost town ». À part quelques « check points » de police, il n'y avait pas un chat. Soudain, le chauffeur s'engagea dans un boyau sombre et Malko reconnut la rue où demeurait la jeune femme. Ils s'arrêtèrent devant sa maison et, d'une voix naturelle, Prativa suggéra :

— Renvoyez le chauffeur. Vous prendrez un taxi pour rentrer à l'hôtel.

*
* *

Prativa Thapa occupait un appartement au premier étage d'une villa sans grâce entourée d'un jardin en friche. Lorsqu'elle alluma, Malko découvrit un petit living-room avec deux canapés, des murs couverts de peintures et un sol recouvert de tapis tibétains.

— Asseyez-vous, proposa-t-elle, désignant un grand canapé recouvert de coussins.

Elle se mit à allumer des bâtonnets d'encens plantés dans de petits vases, et enclencha une cassette de musique étrange, inconnue de Malko. Puis elle disparut et revint avec un flacon de cristal.

— Je vais vous faire goûter le « poison » népalais, dit-elle avec un sourire.

Cela ressemblait à du saké japonais. Prativa en avala deux grandes rasades et s'assit en tailleur face à Malko. Pendant un moment, ils se laissèrent bercer par la musique. Puis, peu à peu, la jeune femme s'anima. D'abord sa tête se mit à dodeliner, puis son torse commença à onduler lentement. Elle avait fermé les yeux. Lorsque ses paupières se soulevèrent, Malko reçut le choc de deux prunelles noires comme éclairées de l'intérieur. Prativa le fixait d'un regard hypnotique, absent. Soudain, elle fit glisser le sari de ses épaules, découvrant le boléro assorti qui semblait prêt à éclater sous la pression de ses seins. Les longues pointes moulées par la soie ressemblaient à des doigts. Le torse droit, Prativa se mit à faire onduler ses épaules, en une danse immobile d'une sensualité incroyable. Malko en avait la bouche sèche. Tout doucement, la jeune femme commença à effleurer de ses mains couvertes de bagues la soie du boléro, comme pour faire gonfler encore plus ses seins. Son regard était vrillé dans celui de Malko et il n'avait qu'à allonger le bras pour la toucher.

La tentation était trop forte. Il tendit la main et effleura les pointes dressées sous la soie. Prativa eut un sursaut.

— Doucement, dit-elle, *très* doucement.

Il obéit. Ses doigts tournèrent autour des longues pointes, puis plus bas. Prativa respirait profondément, son regard toujours fiché dans le sien. Soudain, elle lui prit les deux mains et les posa au centre du boléro. Il sentit sous ses doigts des crochets et comprit ce qu'elle désirait. Un par un, il les défit et le boléro s'ouvrit sous la pression des seins, les découvrant presque entièrement. Lourds, fermes, la peau cuivrée, tombant très légèrement. D'un geste gracieux des épaules, Prativa se débarrassa alors du boléro. Elle laissa Malko jouer avec ses seins quelques instants puis recula imperceptiblement. Docile, il n'insista pas. Autant se plier de bonne grâce à cette leçon pratique de Kâma Soutra. Le regard de Prativa s'abaissa sur son ventre.

— Déshabillez-vous, dit-elle d'une voix égale. Puis remettez-vous dans la même position.

Intrigué, Malko obéit, ne gardant que son érection.

— Repliez vos jambes sous votre corps, intima de sa voix douce la jeune femme, posez vos mains à plat sur vos genoux.

La position du lotus. Où voulait-elle en venir ? S'il s'était écouté, il se serait rué sur elle et l'aurait violée là, à même le tapis tibétain. La musique continuait, avec un rythme de tambourins très doux. Prativa commença à se balancer légèrement d'avant en arrière, ses mains en coupe soutenant ses seins. Malko attendait, le sexe douloureux à force de tension. Torse nu, enveloppé à partir de la taille dans son sari, Prativa combinait érotisme et pudeur.

Malko avait des crampes à force de rester immobile, mais il avait l'impression que le seul regard de la jeune femme posé sur lui renforçait son érection. Comme elle était assise à même le sol, plus bas que lui, il réalisa que sa bouche était à peu près à la hauteur de son sexe dressé, ce qui aiguisait encore son désir. Désormais, il suivait avidement les balancements de son buste car, peu à peu, la grosse bouche rouge se rapprochait de lui. Enfin, elle l'effleura, si légèrement qu'il se demanda s'il n'avait pas rêvé. Mais, quelques instants plus tard, il sentit, comme une brûlure, l'extrémité d'une langue raidie effleurer son gland gonflé de sang. La sensation fut si forte qu'il faillit éjaculer sur-le-champ. Cela devenait une torture raffinée.

Prativa se balançait d'avant en arrière de plus en plus vite. Brusquement, Malko se souvint d'un film en noir et blanc où une très jeune Indienne en sari se livrait au même manège, mais face à un cobra royal et sacré. Lequel se balançait également. Finalement, la bouche de la jeune femme effleurait la gueule du serpent en un immonde baiser...

Il bloqua sa respiration, se concentrant sur le visage hiératique de Prativa dont le regard hypnotique ne le lâchait pas. Maintenant, les effleurements étaient de plus en plus rapprochés. Si fugitifs cependant qu'il n'avait pas le temps d'en profiter... Les grosses lèvres rouges se refermèrent une fraction de seconde sur lui et il poussa un cri rauque. Mais déjà le balancier humain s'était éloigné. La fois suivante, ce fut une langue qui l'enveloppa le temps d'un éclair. Il sentait la sève monter de ses reins, était au bord de l'explosion, mais n'osait pas bouger pour ne pas rompre le charme.

Prativa le picorait à la façon d'un oiseau.

Encore un frôlement. Cette fois, c'en fut trop. Il se sentit partir. Au même moment, la bouche s'abattit à nouveau sur lui, mais cette fois, au lieu de l'effleurer, les lèvres épaisses l'engloutirent jusqu'à la racine.

Malko poussa un cri sauvage et se vida d'un coup dans la bouche qui, enfin, restait serrée autour de son sexe. Impossible de savoir s'il aurait joui de toute façon à cet instant précis ou si cette caresse avait enfin déclenché son plaisir. Penchée en avant, Prativa avalait sa semence, impassible, sans même que ses mains l'aient touché.

Il avait la sensation de ne plus être qu'un énorme court-circuit... Enfin, la bouche se retira avec lenteur. Il bandait toujours autant, mais se sentait pourtant totalement apaisé. Son fantasme de posséder Prativa sur le tapis s'était évanoui avec son orgasme. Il se détendit d'un coup. La jeune femme le regardait gravement.

— C'est bien, approuva-t-elle, vous avez été courageux. Beaucoup d'hommes ne tiennent pas jusqu'au bout. Ceux-là, je ne les revois jamais.

— C'était extraordinaire, reconnut Malko. Je n'ai jamais ressenti une sensation aussi violente. Mais vous avez failli arriver trop tard...

— Non, corrigea gentiment Prativa, je surveillais vos prunelles. J'ai su, avant vous, que vous alliez jouir. C'était très bon pour moi aussi...

Elle se remit debout avec souplesse, alla chercher une serviette et essuya soigneusement Malko.

— Après cette épreuve, dit-elle, je suis sûre que vous saurez vous contrôler, quand nous ferons l'amour... C'est important. Rhabillez-vous.

Il faisait presque froid dans la pièce et elle se drapa dans son sari. Il réalisa qu'ils ne s'étaient même pas embrassés et qu'à part les caresses sur ses seins, il ne connaissait rien de son corps. Apaisé, son cerveau se remettait à fonctionner. Prativa se rassit sur le sol en face de lui, le buste bien droit, les seins à demi dissimulés par la soie jaune.

— Prativa, dit Malko, j'ai besoin de savoir si ce que vous m'avez dit, ce sont des rumeurs ou des faits.

— C'est un fait, répliqua-t-elle.

— Comment pouvez-vous en être certaine ?
— C'est mon amant qui me l'a dit, fit-elle simplement. C'est lui qui a examiné le prince Dipendra, après le drame, et qui l'a soigné. Il est neuro-chirurgien.
— Il vous a donné des détails ?
— Non, dit-elle. Il m'a seulement dit qu'il était matériellement impossible qu'il se soit suicidé.
— Je pourrais le voir ?
Nouveau sourire.
— Bien sûr, il est tous les matins au Bir Hospital. Il s'appelle Pradeep Shesta. Vous pouvez aller le voir de ma part.
Elle se leva et lui sourit.
— Je vais vous appeler un taxi. Peut-être nous reverrons-nous ?
Drôle de formule. Malko attendit dix minutes. Prativa ne l'embrassa même pas lorsqu'il partit. Les pointes de ses seins saillaient toujours sous la soie jaune. Il se demanda si, seule, elle allait se caresser. Vingt minutes plus tard, il s'endormait comme une masse, apaisé.

C'était la cour des Miracles. Dans un couloir, une femme échevelée, maintenue par deux amies, hurlait à la mort. Des gens hâves, pauvrement vêtus, se pressaient partout dans les locaux d'une saleté repoussante. Pas d'ascenseur, pas un centimètre carré propre. On ne se serait jamais cru dans un hôpital, plutôt dans un dispensaire du quart-monde... Guidé par son chauffeur, Malko errait dans les couloirs, les innombrables escaliers, les chambres où s'entassaient les malades. Tous les écriteaux étaient en hindi. Et le Bir Hospital était considéré comme le meilleur de Katmandou ! Enfin, sur un petit palier sombre, Malko aperçut une plaque sur une porte : « Professeur Shesta. Déchaussez-vous avant d'entrer. »
Il se déchaussa et frappa à la porte. La pièce était

minuscule, carrée, les murs couverts de diplômes et de photos. Sur un canapé rouge en L, un homme jeune au visage intelligent, cravaté, avec une superbe chemise jaune, était plongé dans de la paperasse. Partout, des piles de livres. Dans un coin, une secrétaire en blouse blanche tapait sur un ordinateur. L'homme leva un regard interrogateur sur Malko.

— Professeur Shesta ? demanda Malko.
— *Yes. It's me*.

Il souriait, engageant, sympathique. Malko se demanda s'il avait eu droit au même traitement que lui, avec Prativa.

— Je viens de la part de Prativa Thapa, annonça-t-il.

Le visage du chirurgien s'éclaira.

— Ah ! Vous êtes un ami de Prativa ! Vous êtes malade ? Asseyez-vous.

Il fit une place à Malko sur le divan, à côté de lui. Celui-ci se demandait comment on pouvait faire de la chirurgie de haut niveau dans ce cloaque.

— Alors, de quoi souffrez-vous ? demanda-t-il.
— De rien, avoua Malko. Je m'intéresse à la mort du prince Dipendra.

Le visage du chirurgien se figea et il lui jeta un coup d'œil inquiet.

— Qui êtes-vous ?
— J'enquête pour le gouvernement des États-Unis, indiqua Malko, sans se compromettre. Le State Department a été intrigué par ce drame hors du commun.

— Je comprends, approuva distraitement le praticien. Mais la commission d'enquête a répondu à toutes les questions. Son rapport peut être consulté sur Internet.

— C'est vous qui avez soigné le prince Dipendra ?
— Soigné est un bien grand mot, corrigea le professeur Shesta. Le soir du drame, on m'a appelé à l'hôpital militaire pour examiner le prince. J'ai recousu l'orifice de sortie du projectile, tout en laissant un drain pour éviter la compression du cerveau. J'ai désinfecté la blessure et mis le patient sous assistance respiratoire. Hélas, son

coma était irréversible. Il y a juste eu une petite amélioration le samedi matin, puis, le lundi, il est mort naturellement. Une bien triste histoire.

— S'est-il suicidé ?

Moment de silence.

— Pourquoi me posez-vous cette question ? demanda le chirurgien.

— Vous qui l'avez examiné, insista Malko, vous devez pouvoir le déterminer.

Pradeep Shesta eut un sourire enjôleur et se leva, tendant la main à Malko.

— Désolé, je ne peux pas vous répondre ! Secret professionnel. Embrassez Prativa de ma part.

Malko n'avait plus qu'à remettre ses chaussures. Il redescendit l'escalier plein de détritus et regagna le *Yak and Yeti*. Miracle : Prativa était chez elle.

— J'ai vu votre ami, dit-il, mais il a refusé de me parler.

Elle hésita quelques instants avant de demander.

— C'est vraiment important ?

— *Vraiment*.

— Bien. Ce soir, nous irons au cocktail hebdomadaire de l'ambassade d'Australie. Pradeep sera là, comme tous les jeudis. Peut-être plus disposé à parler.

— Pourquoi ?

— Pour différentes raisons, affirma mystérieusement la jeune femme. Venez me chercher à neuf heures chez moi.

Prativa avait abandonné le sari pour un pull rouge et une mini à la limite de l'indécence. Les cheveux noués loin en arrière, elle arborait le même maquillage sophistiqué. Elle tendit la main à Malko comme si elle ne l'avait pas fait jouir dans sa bouche la veille au soir et lança au chauffeur :

— *Australian embassy.*

Vexé et profitant de la pénombre, Malko posa une main sur sa cuisse. Prativa ne se déroba pas mais tourna vers Malko sa grosse bouche soigneusement dessinée comme un emblème sexuel. L'ambassade d'Australie se trouvait tout au nord de Lazimpat, après le croisement avec le périphérique intermittent de Katmandou. À l'entrée, il fallut signer un registre mais c'était le seul contrôle. En traversant un parc magnifique, ils entendirent de la musique et débouchèrent au bord d'une superbe piscine. Au fond, se trouvait un petit bungalow devant lequel on avait installé des tables. C'était plein de gens, à l'intérieur et à l'extérieur. Le bar se trouvait dans le bungalow et les invités qui se tenaient dehors n'arrêtaient pas de faire la navette, des verres à la main. Quelques couples s'agitaient sur une minuscule piste de danse, près du bar.

Comme ils s'approchaient des tables installées au bord de la piscine, un des invités, assis à l'une d'elles, se leva et se précipita vers Prativa. Il la serra d'abord contre lui, puis tendit la main à Malko.

— Ravi de vous revoir, lança Pradeep Shesta d'une voix légèrement pâteuse.

En chemise ouverte, les yeux injectés de sang, le débit volubile, il était de toute évidence sérieusement imbibé. Il les amena à sa table et leur demanda ce qu'ils voulaient boire.

— Gin, dit Prativa.
— Vodka, compléta Malko.

Le neuro-chirurgien fila au bar et revint avec un verre à dent plein de gin, un autre avec de la vodka. Il serrait sous son coude une bouteille de Defender Success 12 ans d'âge déjà entamée. Il avait peur de manquer. Ici, le Taittinger était inconnu et les invités se contentaient d'alcools plus rugueux…

Le chirurgien se versa une solide rasade de scotch et ils burent en bavardant. Soudain, Pradeep Shesta sauta sur ses pieds et entraîna Prativa à l'intérieur.

— On va danser ! lança-t-il à Malko.

À peine celui-ci était-il seul qu'une jeune Népalaise en T-shirt moulant et pantalon de Lastex noir vint s'asseoir à sa table, commençant à vider ce qui restait dans les verres. Gin et Defender... Elle non plus ne confondait pas santé et sobriété. Elle tendit la main à Malko.

— Bonsoir, je m'appelle Sabitri et je travaille ici. Vous êtes nouveau à Katmandou ?

— Je suis de passage, précisa Malko.

Elle lui jeta un long regard plein de curiosité.

— J'ai vu que vous étiez arrivé avec Prativa. Vous sortez avec elle ?

Malko secoua la tête. Sabitri eut un rire entendu.

— Dommage pour vous ! C'est le meilleur coup de Katmandou. Elle a rendu fou notre ambassadeur. Il disait qu'elle lui faisait des choses incroyables. Il s'est mis à boire quand elle l'a quitté et a demandé à être renvoyé en Australie. Pourtant, il adorait le Népal.

Et les Népalaises...

— Vous dansez ? proposa Sabitri, avec un regard de braise.

— Pas tout de suite, déclina Malko.

Déçue, elle l'abandonna et, par la porte-fenêtre, il l'aperçut quelques instants plus tard incrustée contre un grand Australien roux. Il n'eut pas le temps de terminer sa vodka. Prativa et le professeur Shesta revenaient vers la table, tendrement enlacés. Voyant le verre de gin vide, le chirurgien repartit aussi sec vers le bar pour un *refuel*. Aussitôt, Prativa colla sa grosse bouche à l'oreille de Malko.

— Redemandez-lui maintenant. Je pense qu'il va vous dire la vérité.

Pradeep Shesta regagna la table. Malko le laissa bien entamer son verre de Defender avant de questionner :

— Vous ne voulez toujours pas me dire si le prince Dipendra s'est suicidé ?

Le neuro-chirurgien réprima un léger hoquet et tourna vers Malko son regard humidifié par le scotch, et plutôt flou.

— Prativa m'a dit qu'on pouvait avoir confiance en vous, fit-il d'une voix mal assurée. Alors, je vais vous dire la vérité. Lorsque j'ai examiné le prince Dipendra au Military Hospital, il portait une blessure à la tête, commença-t-il à voix basse. Un projectile de 9 mm avait traversé le crâne de part en part, de gauche à droite. J'ai nettoyé la blessure et recousu l'orifice de sortie en y laissant un drain, mais je savais qu'il n'y avait aucun espoir de le sauver.

— Pourquoi ? demanda Malko.

Le professeur se pencha sur la table et répliqua.

— L'orifice d'entrée se trouvait à environ un pouce [1] en arrière de l'oreille et un demi-pouce au-dessus. L'orifice de sortie était exactement dans la même position par rapport à l'oreille droite. Donc la trajectoire du projectile se trouvait bien en arrière d'une ligne médiane reliant les deux oreilles. Dans ces cas-là, l'expérience prouve que les dégâts causés au cerveau sont irréversibles. La dilatation comprime les vaisseaux sanguins l'alimentant et les neurones, n'étant plus irrigués, finissent par mourir. C'est ce qui s'est passé.

Même imbibé d'alcool, il connaissait encore bien son métier.

— Je comprends, dit Malko, mais comment pouvez-vous être certain qu'il ne s'est pas suicidé ?

Le chirurgien regarda autour de lui.

— Donnez-moi votre main.

Il prit le poignet droit de Malko et demanda.

— Tendez votre index comme si c'était une arme.

Malko obéit. Il sentit la pression sur son poignet s'accentuer jusqu'à la douleur. Le professeur lui souffla, dans une haleine de scotch :

— Vous voyez, vous n'êtes pas encore arrivé à la position qu'avait le tireur. Il est *impossible* d'y parvenir sans se disloquer l'épaule ou être un acrobate... Les gens qui se suicident se tirent une balle dans la tempe, bien en

---

1. 2,54 centimètres.

avant du crâne par rapport à ce cas-ci. Vous êtes satisfait ?

— Oui, dit Malko.

Convaincu, et perturbé. Si le chirurgien était sûr de lui, il était en effet impossible que le prince Dipendra, après avoir massacré sa famille, se soit tiré une balle dans la tête. Satisfait, Pradeep Shesta vida son verre et repartit vers le bar. Malko affronta le regard de Prativa qui souriait. Si le prince Dipendra ne s'était pas suicidé, qui l'avait tué, et pourquoi ? Il eut soudain la sensation qu'on l'observait — une sorte de sixième sens — et leva les yeux vers la table voisine. Au milieu d'autres invités, il reconnut Andrew Teck, le chef de poste du MI 6. Le Britannique lui adressa un signe joyeux, auquel Malko répondit machinalement. Se demandant si le représentant du MI 6 à Katmandou l'avait « enfumé » volontairement ou non.

CHAPITRE V

Le Britannique se leva et s'approcha, très chaleureux.

— Alors, vous avez trouvé le chemin tout seul ? lança-t-il joyeusement. Et en plus, vous êtes en bonne compagnie !

Il s'inclina devant Prativa Thapa et Malko fit les présentations. Le professeur Shesta n'avait pas reparu. Malko adressa un sourire machinal à Andrew Teck. Perplexe et sur ses gardes. Ou le représentant du MI 6 s'était fait enfumer par les Népalais ou *lui* avait sciemment dissimulé la vérité aux Américains et à Malko. Si c'était le cas, après avoir vu celui-ci en grande conversation avec le professeur Shesta et assisté à la démonstration, il *savait* que la CIA allait poursuivre son enquête pour connaître la vérité.

Après avoir bavardé quelques instants, Andrew Teck retourna à sa table. Aussitôt, Prativa se pencha à l'oreille de Malko.

— Vous êtes satisfait ? Vous croyez maintenant qu'il s'est suicidé ?

— Je crois votre ami, confirma Malko.

Il y avait un point à élucider de toute urgence : qui était l'homme qu'Andrew Teck lui avait présenté comme Kumar Dixit, l'A.D.C. du prince Dipendra ? Si c'était bien le militaire népalais, le représentant du MI 6 pouvait avoir été abusé. Dans le cas contraire, si Andrew Teck lui avait sciemment présenté un faux Kumar Dixit, cela signifiait qu'il était impliqué dans le massacre du palais.

— Je voudrais retrouver la trace de ce Kumar Dixit, dit Malko. Il habite bien quelque part. Il a une famille.

— Cela va être très difficile, dit Prativa. Ni l'armée ni le Palais ne vous aideront. Au contraire. Mais il y a peut-être quelqu'un qui sait où il habite.

— Qui ?

— Nayan Raj Pandey, l'ancien guru de la famille royale. Il a pris sa retraite il y a quelques mois. Le jour du drame, il a reçu le couple royal et le prince Dipendra. Il était tout le temps au palais et connaissait Kumar Dixit.

— Où habite-t-il ?

— Dans Dilli Market. C'est facile à trouver, il est très connu.

— Il parle anglais ?

— Non, très mal.

— Vous pourriez venir avec moi ?

Prativa hésita, puis hocha la tête.

— Oui, bien sûr.

Pradeep Shesta ressortit du bar et les rejoignit. Il s'assit à côté de Prativa et murmura quelque chose à son oreille. La jeune Népalaise se tourna vers Malko et dit d'une voix égale :

— Je crois que je vais rentrer. Appelez-moi demain.

Le neuro-chirurgien n'avait pas fait ses révélations pour rien, et Prativa payait comptant. Malko éprouva un léger pincement de jalousie, mais fit contre mauvaise fortune bon cœur. Comme il les regardait longer la piscine, il aperçut une silhouette familière qui émergeait de la pénombre. Anna Dickens ! La jeune Britannique portait une robe de toile bleue boutonnée devant, avec un décolleté en carré mettant en valeur ses gros seins blancs. Elle aperçut Malko et vint aussitôt vers lui. Andrew Teck avait disparu, probablement à l'intérieur.

— Je ne pensais pas vous trouver ici, dit-elle.

— Votre ami Andrew est là aussi, souligna Malko. Il était avec moi il y a cinq minutes.

Anna Dickens ne manifesta aucune émotion.

— Oui, je sais. C'est lui qui m'a conseillé de venir ici ce soir. C'est une tradition à Katmandou. Je vais voir si je le trouve et prendre un verre. À tout à l'heure.

Elle s'éloigna vers le bar et y disparut. Cinq minutes plus tard, elle réapparaissait en compagnie d'Andrew Teck. Ils bavardèrent quelques instants, puis la Britannique, un verre de gin à la main, vint retrouver Malko.

— Andrew est avec des gens ennuyeux, dit-elle, je préfère être avec vous. Comment marche votre enquête ?

— Doucement, dit Malko. Je voudrais rencontrer l'A.D.C. du prince Dipendra. Vous l'avez vu ?

— Non. Tous les aides de camp ont disparu du palais depuis le drame et l'armée ne veut pas qu'on les rencontre. Le nouveau roi Gyanendra a amené ses gens. Il faudrait demander à Andrew. Il connaît tout Katmandou.

— C'est une bonne idée, reconnut Malko.

Anna termina son gin et lui adressa un sourire d'excuse.

— Je vais chercher un *refuel*.

Elle s'éloigna vers le bar, laissant Malko perplexe. Qui manipulait qui ? Pour l'instant, la société népalaise n'était qu'une grosse boule noire où il entrevoyait des éclairs de violence. Anna Dickens revint, un verre plein à la main.

— Il n'y a plus de gin, dit-elle, j'ai pris un Defender VSR.

Également sans glace...

Ils bavardèrent de choses et d'autres. Anna Dickens paraissait un peu perdue, apparemment déçue qu'Andrew Teck ne s'occupe pas plus d'elle. Malko se dit qu'elle était plutôt appétissante dans sa robe un peu trop serrée. Le représentant du MI 6 se leva et partit avec ses amis, après un petit signe amical en direction de leur table. D'ailleurs, les invités commençaient à se disperser. La journaliste acheva son verre et bâilla. Malko, qui la surveillait du coin de l'œil, demanda :

— Vous êtes venue en voiture ?

— Non, en taxi, dit Anna. Vous avez une voiture ?

— Oui. Si vous voulez en profiter, puisque nous allons au même endroit.

Le chauffeur dormait, écroulé sur son siège, mais se réveilla en sursaut. Ils ne croisèrent pratiquement aucune autre voiture jusqu'au *Yak and Yeti*. En arrivant, Anna poussa une exclamation, désignant une enseigne lumineuse sur la gauche indiquant « Casino Royale ».

— Qu'est-ce que c'est ?

— Un casino, dit Malko, le jeu est autorisé au Népal. Sauf pour les Népalais. Vous voulez y faire un tour ?

Ils se firent déposer devant le casino, salués par des portiers chamarrés comme des amiraux. C'était un tout petit Las Vegas : un orchestre, un restaurant et une seule salle avec des tables de black-jack et de roulette, dirigées par des croupières. Quelques créatures un peu trop voyantes rôdaient autour des joueurs venus de Delhi croquer leurs économies. Anna Dickens risqua quelques billets à la roulette, puis aux machines à sous, raflant au passage un verre de gin sur le plateau d'une « pit-girl ». Lorsqu'elle eut tout perdu, elle poussa un gros soupir.

— Allons-nous-en, je ne veux pas me ruiner.

Quand ils ressortirent, elle prit la main de Malko, la gardant dans la sienne, dans un brusque accès de romantisme vraisemblablement dû au gin. Le *lobby* du *Yak and Yeti* était vide et l'employé de la réception leur tendit leurs clés. Ils se séparèrent devant l'ascenseur, avec un sage baiser sur la joue. Arrivé devant sa chambre, Malko n'arriva pas à mettre sa clef dans la serrure : l'employé s'était trompé de clef ! Il repartit et gagna le quatrième étage. Anna Dickens était en train de fourrager dans sa serrure. Elle leva la tête et Malko lui tendit sa clef :

— Ils se sont trompés...

D'elle-même, elle tendit sa bouche à Malko, lançant d'une voix pâteuse :

— *You deserve a reward*[1] *!*

La récompense était une petite langue rose et remuante

---

1. Vous méritez une récompense !

qui se mit à valser avec la sienne. Malko appuya la Britannique à sa porte et entreprit de défaire les boutons de sa robe bleue.

Il en était au troisième et avait dégagé les trois quarts de ses seins nichés dans un soutien-gorge de dentelle blanche, quand Anna Dickens réalisa qu'il se préparait à lui faire l'amour dans le couloir.

— *Oh, please !* fit-elle en le repoussant. *Do not be a naughty boy*[1]…

Elle parlait encore comme une collégienne, mais ferma les yeux de bonheur quand Malko fit glisser hors du soutien-gorge deux longues pointes roses et se mit à les rouler entre ses doigts. Le ventre d'Anna alla à la rencontre du sien et sa respiration se fit plus rapide. À tâtons, elle réussit à introduire la bonne clef dans la serrure et lui échappa. Malko la suivit aussitôt dans la chambre. Ils luttèrent en riant quelques instants avant de basculer sur le lit. Il s'ensuivit une lutte confuse. Méthodiquement, il acheva de déboutonner la robe, découvrant un charmant string en dentelle. Ses seins échappés hors du soutien-gorge, Anna Dickens semblait hésiter sur la conduite à tenir. Tantôt elle embrassait Malko avec fougue, tantôt serrait vigoureusement les cuisses pour l'empêcher de lui arracher son string. Ses cuisses très blanches et un peu grasses semblaient le narguer. Dans la mêlée, il libéra discrètement son érection. Anna sembla ne pas s'en apercevoir. Ensuite, il parvint à basculer sur elle, écartant légèrement ses cuisses. Le contact du membre bandé contre son ventre sembla tétaniser la jeune femme. Appuyant ses deux mains sur les épaules de Malko, elle tenta de le repousser, mais il était bien décidé à poursuivre ce simili-viol jusqu'au bout. De la main gauche, il écarta le string et, de la droite, plaça son sexe raidi contre celui de la Britannique.

Il sentit une légère résistance, puis s'enfonça sans effort jusqu'au fond de son ventre.

— *Oh, no !* gémit Anna.

---

1. Ne soyez pas un vilain garçon.

Les cuisses largement ouvertes, bien emmanchée, elle ne pouvait guère que subir...

Malko reprit sa bouche et entreprit de la baiser brutalement, tant il était surexcité. Anna Dickens eut une violente secousse de tout le bassin quand elle le sentit jouir. D'un ultime effort, elle parvint à le repousser et sauta sur ses pieds.

— *You are not a gentleman!* lança-t-elle. *You raped me*[1]*!* Sortez de ma chambre !

Elle, par contre, était une authentique salope. Haletante, elle lui faisait face. Malko, galant, lui prit la main et la baisa.

— Bonne nuit ! C'était délicieux.

Elle claqua la porte dans son dos. La soirée se terminait mieux que prévu. Anna Dickens était une récréation très agréable, bien que moins sophistiquée que Prativa.

*
**

Le téléphone de la chambre grelotta. À Katmandou, les portables des pays civilisés ne fonctionnaient pas.

— C'est Prativa, annonça la Népalaise. Nous avons rendez-vous à cinq heures chez Nayan Raj Pandey. Je viens vous prendre à quatre heures et demie.

Malko n'avait plus qu'à se replonger dans ses réflexions. Si on regardait objectivement les faits, le massacre du 1er juin avait d'importantes conséquences politiques : à la place d'un roi fainéant, il y avait au palais un homme décidé à lutter avec l'armée contre la rébellion maoïste, ce que son prédécesseur avait toujours refusé de faire.

Mais qui avait intérêt à ce changement ?

Les Indiens ? Ils voulaient surtout affaiblir le Népal. Les Chinois de Pékin s'en moquaient. Cela pouvait tout simplement être un règlement de comptes familial qui

---

1. Vous m'avez violée !

avait mal tourné. Mais, dans ce cas, qui avait tué le prince Dipendra ? On pouvait concevoir qu'il ait voulu prendre la place de son père, mais avec sa disparition, l'histoire dérapait, perdait toute logique. Il manquait un gros morceau du puzzle. Que, peut-être, le souriant et courtois représentant du MI 6 détenait dans son coffre...

Malko n'avait pas résolu le problème lorsqu'il rejoignit Prativa dans le hall. La Népalaise était vêtue d'un strict tailleur-pantalon.

— Il ne faudra jamais dire que Pradeep vous a parlé, demanda-t-elle. Il a peur. Au Népal, les « royals » ont le bras très long. L'armée leur obéit au doigt et à l'œil. Il y a quelques années, un journaliste avait écrit des choses désagréables sur un des princes. Celui-ci lui a envoyé un tueur... Aujourd'hui, il est paralysé.

— Il y a des tueurs, ici ? s'étonna Malko tandis qu'ils s'engageaient dans Dilli Market, un quartier populaire grouillant de petits commerces ; des têtes de moutons alternaient avec des empilements de fruits, de légumes ou de poulets.

— Les Gurkhas sont prêts à n'importe quoi pour leur roi, expliqua Prativa. Autrement, il suffit de passer la frontière, d'aller en Inde pour recruter un tueur à gages dans le Bihar. Pour 5 000 roupies.

Ils s'engagèrent dans un passage au sol inégal et le chauffeur s'arrêta cent mètres plus loin.

— C'est là, annonça Prativa.

L'ancien guru du roi n'habitait pas une pagode mais le troisième étage d'un HLM pouilleux sans ascenseur. Même dans l'escalier, cela sentait l'encens. Au troisième, une femme âgée leur ouvrit et les introduisit dans un salon vieillot, avec peu de meubles et beaucoup de photos. Un vieil homme se matérialisa. Coiffé de l'inévitable *tepi*[1] brodé rose et vert, un énorme *tika* au milieu du front, il avait un très long nez et des yeux larmoyants. Il portait un *dhoti* jaune avec une veste blanche. Prativa se mit à

---

1. Couvre-chef local.

parler à toute vitesse, sous son œil vaguement réprobateur, puis expliqua à Malko :

— Je lui ai dit que vous aviez besoin d'une mantra[1], que vous avez entendu parler de lui...

Le vieux guru se lança dans une longue diatribe, se levant et brandissant une série de photos encadrées.

— Cela fait cinq générations qu'ils sont gurus de père en fils, traduisit Prativa. Mais son fils n'est pas assez bon en sanscrit, alors il n'a pu prendre la relève. D'ailleurs, le nouveau roi Gyanendra a son propre guru.

— Quel était son rôle à la cour ?

— Donner des conseils religieux, prévoir les jours fastes et les périodes néfastes. Familiariser les jeunes avec les préceptes de l'hindouisme.

— Il a vu le prince Dipendra le jour du drame. Il n'a rien senti venir ?

Prativa posa la question, déclenchant une longue réponse, traduite au fur et à mesure.

— Il dit que le prince semblait très heureux, ses parents aussi, ils n'ont parlé que de choses positives. Cela a été un choc terrible pour lui de ne pas avoir senti la mauvaise combinaison des astres... Il n'oubliera jamais.

Peu à peu, le guru s'était mis à pleurer, marmonnant des mots incompréhensibles.

— Demandez-lui s'il sait où trouver l'A.D.C. du prince Dipendra, demanda Malko, tandis que le guru allumait des bâtons d'encens.

Elle posa la question et le Népalais fit une brève réponse.

— Il habite dans le quartier de Maharajgunj, traduisit la jeune femme. Une maison sur la droite, avec une porte verte. Dans un chemin après le palais du prince Gyanendra. Mais il ne sait rien. Personne ne sait rien.

Maintenant, le guru pleurait à chaudes larmes. Il dit encore quelques mots et Prativa traduisit.

---

[1]. Conseil astrologique.

— Pour la mantra, il faut donner 10 000 roupies et votre date de naissance. Puis revenir dans quelques jours.

Malko s'exécuta et Nayan Raj Pandey fit disparaître le tout dans une poche de sa veste. Puis, il se leva et quitta la pièce sans un mot. Ils attendirent, cinq minutes, un quart d'heure. Il ne revenait toujours pas... Prativa alla voir. Elle revint, désemparée.

— Il est en train de prier, il ne veut plus parler à personne.

Il ne leur avait même pas dit au revoir. Ils battirent en retraite. Malko était de plus en plus intrigué. Le guru n'avait mentionné aucune discussion sur le mariage, contrairement aux affirmations d'Andrew Teck.

— Vous savez où se trouve le domicile de ce Kumar Dixit? demanda Malko.

— Oui, à peu près.

— Allons-y maintenant, c'est loin?

— Au nord de la ville, après l'ambassade américaine.

***

— Voilà le palais de Gyanendra, annonça Prativa, c'est juste après.

Sur la droite de Maharajgunj Road, deux Gurkhas en tenue d'apparat — feutre ceint d'un bandeau rouge et ceinturon blanc sur l'uniforme vert bouteille — veillaient sur un portail blanc à deux battants, décorés chacun d'un œil allongé.

Maharajgunj Road traversait tout le quartier résidentiel qui s'étendait jusqu'au Ring Road, juste avant l'ambassade d'Australie. Des villas élégantes et des ambassades la bordaient. Partout des antennes satellites, mais aucun nom, aucun numéro. Le chauffeur, sur les instructions de Prativa, tourna à droite dans un chemin de terre qui desservait d'autres villas et se ramifiait en voies de plus en plus étroites, avant de mourir dans la campagne.

Ils s'arrêtèrent au premier embranchement et le chauffeur descendit interroger un jardinier.

— C'est la maison avec le portail vert, juste en face, dit Prativa quand il revint.

Une grosse villa de brique rouge, au milieu d'un jardin protégé d'un haut mur de brique. Les Népalais adoraient la brique.

— Allons voir, proposa Malko, vous direz que je suis journaliste.

Ils sonnèrent à plusieurs reprises et, enfin, alors qu'ils étaient prêts à partir, un employé leur ouvrit. Il y eut un bref dialogue entre Prativa et lui, puis la jeune femme annonça :

— Le major Dixit ne se trouve pas à Katmandou et sa femme est partie chercher leurs filles à l'école.

Déjà, l'employé avait tourné les talons.

— On va attendre, dit Malko. Dans la voiture. Comme ça, on est sûr de ne pas la rater.

Ils s'installèrent dans la Toyota. Il n'y avait plus qu'à s'armer de patience.

***

Il était six heures à la Crosswind de Malko quand une Toyota rouge déboucha de Maharajgunj et s'arrêta devant le portail. À l'intérieur se trouvaient une femme et deux enfants. Elle donna un coup de klaxon impérieux et quelques instants plus tard, le même employé ouvrit le portail.

— On y va ? demanda Prativa.

— Attendons qu'elle soit entrée, dit Malko.

Ils patientèrent quelques minutes et repartirent à l'assaut. Cette fois, on leur ouvrit tout de suite. Un peu houspillé par Prativa, l'employé leur fit traverser le jardin puis pénétrer dans la maison. Un petit hall au sol de marbre, propret, impersonnel, avec les éternelles gravures tibétaines au mur. Au premier, on entendait des voix d'enfants. Il y eut un frôlement et une très jolie femme brune apparut, un petit diamant incrusté dans la narine gauche, des boucles d'oreilles en or, en tunique blanche et *dhoti* vert. Elle examina avec une surprise visible ses visiteurs et, aussitôt, Prativa se lança dans une longue explication en népalais. Elle se tourna ensuite vers Malko.

— J'ai expliqué à Devi Dixit que vous effectuiez une enquête sur le massacre du 1ᵉʳ juin pour le compte du gouvernement américain et que vous auriez souhaité interroger son mari.

— C'est possible ?

Prativa transmit la requête, s'attirant une réponse souriante, mais visiblement négative.

— Elle dit que son mari a été affecté hors de Katmandou, qu'il ne reviendra pas avant plusieurs semaines et que, de toute façon, il ne peut pas parler sans l'autorisation de sa hiérarchie.

— Il y a longtemps qu'il est parti ? interrogea Malko.

— Tout de suite après le drame.

Malko réfléchit quelques instants. Pendant qu'il demeurait silencieux, Devi Dixit dit quelque chose.

— Elle nous propose de prendre le thé dans le salon, dit Prativa. Ça vous intéresse ?

— Bien sûr, fit malko.

Il voulait absolument savoir si oui ou non, l'homme qu'il avait vu dans le bureau d'Andrew Teck était Kumar Dixit. Hélas, il ne pouvait que le décrire à Devi Dixit. Celle-ci les précéda dans un salon donnant sur le jardin, avec des murs blancs et des meubles tout neufs, des tapis tibétains au sol. Elle disparut quelques instants, sûrement pour s'occuper du thé. Au moment où il allait s'asseoir, Malko repéra une grande photo dans un cadre d'argent posé sur un guéridon. Il s'en approcha et la prit entre ses mains.

C'était une photo de mariage. Un couple souriant, l'homme en uniforme, la femme en sari d'apparat, un diadème dans les cheveux. Malko la tenait encore en mains quand Devi Dixit revint dans la pièce. Il se tourna vers elle en souriant.

— C'est votre photo de mariage ?
— Oui, dit-elle.

Malko regarda attentivement le document. L'homme en uniforme qui donnait le bras à Devi n'était pas celui qu'il avait vu dans le bureau d'Andrew Teck.

CHAPITRE VI

Malko reposa la photo. Enfin, il avait une certitude. Déplaisante, mais une certitude quand même. Andrew Teck l'avait « enfumé ». Pourquoi ? Où se trouvait le véritable Kumar Dixit ? Etait-il même encore vivant ? S'il avait joué un rôle important dans le drame, il pouvait très bien avoir été éliminé. Puisque Malko était désormais certain que le prince Dipendra avait été assassiné, le meurtrier pouvait aussi bien être son aide de camp

Devi Dixit versait le thé.

— Pensez-vous que Kumar Dixit puisse être le meurtrier de Dipendra ? demanda Malko en anglais à Prativa.

— Je ne pense pas, dit la jeune femme ; même s'il en avait reçu l'ordre, il n'aurait jamais osé porter la main sur un membre de la famille royale.

— Essayez de savoir où il se trouve.

Prativa se lança dans une longue conversation avec leur hôtesse. Celle-ci semblait peu bavarde, bien que souriante et affable. Au bout de quelques minutes, Prativa se tourna vers Malko.

— Elle m'assure qu'elle ne sait pas exactement où il se trouve, quelque part en opération dans l'ouest. Là-bas, il n'y a pas le téléphone. Il reviendra bientôt. Elle doit nous quitter pour aller aider ses filles à faire leurs devoirs.

Malko reposa sa tasse de thé. Sa visite était loin d'avoir été inutile. Il commençait enfin à écorcher la surface lisse du mur édifié pour que personne ne sache jamais ce qui s'était passé le 1ᵉʳ juin. Grâce à Prativa. Ils prirent congé de Devi Dixit dans l'entrée et traversèrent le jardin. Au moment de franchir la porte, Malko aperçut un 4×4 blanc qui démarrait brusquement, en direction de Maharajgunj Road. Une Subaru.

Bizarrement, il eut l'impression que le conducteur ne voulait pas être vu.

Ils redescendirent dans le centre de la ville. Prativa se tourna vers lui, le visage grave.

— Faites attention, dit-elle, votre chauffeur m'a dit que le 4×4 qui a démarré devant nous était resté un bon moment à observer la villa. Il était conduit par un étranger.

— Un étranger ! dit Malko. Bizarre.

Il avait l'impression que, pour une fois, les bureaucrates de Langley avaient vu juste. Il commençait tout juste à entrevoir les éléments d'un complot destiné à remplacer le roi du Népal par un autre. Au prix de quelques cadavres. La disparition de l'A.D.C. était étrange. Tout le temps de leur visite, il avait eu l'impression que Devi Dixit était tendue, sur ses gardes, comme si elle craignait quelque chose. Comme pour renforcer ses soupçons, Prativa remarqua :

— Pradeep, lorsqu'il a découvert que Dipendra ne s'était pas suicidé, avait très peur. Il est resté enfermé chez lui pendant plusieurs jours, il craignait qu'on l'assassine.

Malko se tourna vers la jeune femme.

— C'est facile de trouver une arme ici ?

— Une arme ? demanda Prativa, étonnée. Pourquoi faire ? Il n'y a pas de criminalité à Katmandou. Et les maoïstes ne se sont jamais attaqués à des étrangers.

— Il y a déjà eu dix morts dans cette affaire, remarqua Malko. Votre ami Pradeep avait peur et je pense être en train de découvrir des choses gênantes pour certaines personnes.

— Qui ?

— Je ne peux pas encore vous le dire.

— On trouve sûrement des armes à Thamel, dit-elle. Dans les bars où on vend de la *ganja*.

Ils étaient arrivés devant le *Yak and Yeti*. La nuit était tombée et Malko mourait de faim.

— Où peut-on dîner ? demanda-t-il.

— Il y a un bon restaurant indien à l'hôtel, suggéra Prativa.

Ledit restaurant se trouvait au fond d'un interminable couloir bordé de boutiques de souvenirs. Une immense salle, avec un plafond cathédrale, presque vide, hormis trois tables de touristes. Une danse folklorique se déroulait sur scène, sur fond de tambourins, quelque chose qui rappelait à Malko la bourrée auvergnate, mais c'était en réalité une danse tibétaine. Comme toujours, les danseuses étaient gracieuses, sensuelles, outrageusement maquillées.

Côté cuisine, le choix était simple : curry au yoghourt ou curry épicé. Avec l'éternel riz basmati et les *nans*. Connaissant le péché mignon de Prativa, il demanda une bouteille de Taittinger. Tristesse : ils n'en avaient pas.

Prativa observait Malko, l'air à la fois intrigué et troublé.

— Pourquoi prenez-vous des risques ? demanda-t-elle. Vous n'êtes pas policier.

— Non, affirma Malko en souriant. Mais le gouvernement américain m'a chargé d'une enquête.

— Vous êtes un espion ?

— Pas vraiment, mentit Malko. Mais les Américains ne sont pas très informés ici.

— C'est vrai, reconnut Prativa, il n'y a que les Anglais. Ils sont là depuis si longtemps, ils connaissent tout le monde, surtout dans l'armée. Pourquoi ne demandez-vous pas l'aide d'Andrew Teck, puisque vous le connaissez ? *Lui*, c'est un espion. Tout le monde le sait.

— Je lui ai demandé, affirma Malko, mais il ne sait pas tout. Il faut que je retrouve Kumar Dixit. Comment puis-je faire ?

— Je connais une fille qui était la maîtresse de Dipendra, en plus de Devyani, dit soudain Prativa, je vais lui demander. Elle aura peut-être une idée.

La scène était vide, le spectacle folklorique terminé et les touristes s'en allaient. Malko jeta un coup d'œil à sa Breitling : seulement huit heures dix. À Katmandou, on se couchait comme les poules, mais quand même.

— Si on allait prendre un verre à l'hôtel ? proposa-t-il.

Prativa fit la moue.

— C'est sinistre. Allons plutôt chez moi. Il y a de la musique et j'ai envie de me changer. Je n'aime pas être en pantalon.

Le chauffeur les déposa et fila sans demander son reste. Tandis que Malko s'installait sur un canapé, Prativa se mit au téléphone. Comme elle parlais népalais, Malko ne comprit évidemment pas un mot de la conversation. Mais quand elle raccrocha, elle rayonnait.

— J'ai eu ma copine, Gupta, dit-elle. Je crois que par elle, vous apprendrez beaucoup de choses. Dipendra se confiait facilement lorsqu'il avait bu, c'est-à-dire tous les jours.

— Je peux la rencontrer ?

— Non. À vous, elle ne parlera pas, mais je vais déjeuner avec elle demain.

Elle partit dans la chambre et revint avec un paquet enveloppé d'un chiffon blanc qu'elle tendit à Malko.

— Est-ce que c'est ce que vous cherchez ?

C'était très lourd. Il déplia le chiffon, découvrant un antique revolver d'ordonnance Webley. Il fit basculer le barillet et vit que six cartouches en remplissaient les alvéoles.

— C'était l'arme de mon père, dit Prativa. Je l'ai gardée en souvenir, je vous la prête.

— Merci, dit Malko. J'espère que je n'en aurai pas besoin.

Elle lui adressa un long regard indéfinissable.

— Vous êtes fatigué. Détendez-vous, je reviens.

Après avoir mis de la musique — toujours ses tambourins de l'Himalaya —, elle s'éclipsa dans sa chambre.

***

Engourdi par la fatigue, la musique lancinante et le « saké » tibétain, Malko s'était presque assoupi. Un frôlement soyeux lui fit ouvrir les yeux. Prativa se tenait devant lui. Elle avait troqué son tailleur-pantalon pour un sari de soie rouge très fin qui la moulait comme si elle était nue. Ses longs cheveux noirs, défaits, tombaient sur ses épaules. Comme Malko esquissait le geste de se lever, elle l'arrêta.

— Ne bougez pas, laissez-vous faire.

Elle s'accroupit près de Malko et entreprit de le déshabiller. Elle s'était arrosée de parfum et ses gestes étaient à la fois doux et précis, comme ceux d'une infirmière. Lorsqu'il fut entièrement nu, elle le prit par la main et l'emmena dans la salle de bains où elle lui fit prendre une douche. Puis, elle le sécha soigneusement et enduisit son corps d'une huile odorante. Elle le ramena ensuite dans sa chambre et le fit s'allonger sur un lit très bas. Comme Malko voulait l'attirer, elle répéta doucement :

— Laissez-vous faire.

Elle alluma une lampe rouge et, assise en tailleur à côté de lui, entreprit de le caresser sur tout le corps, de la poitrine aux cuisses. L'effleurant, le pinçant légèrement, le mordillant parfois comme un chat. C'était à la fois sensuel et détendant. Prativa semblait avoir toute la nuit devant elle. Enfin, elle s'installa, les jambes repliées sous elle, entre les cuisses de Malko. Avec les mêmes gestes calmes, elle commença à rouler doucement son sexe entre ses paumes, comme on le fait avec un cigare. Quand il commença à grossir, elle glissa une main sous ses fesses et il sentit son index le pénétrer, si fort qu'il eut un sursaut. Elle releva la tête et sourit.

— Détendez-vous !

Son autre main s'était refermée autour de lui et elle le masturbait lentement. Très vite, Malko eut une érection comme il n'en rêvait plus. Alors, Prativa retira son doigt et changea de position. Allongée sur le ventre, elle glissa jusqu'à ce que le sexe de Malko soit entre ses seins. Se débarrassant de son sari, elle colla sa poitrine contre lui, emprisonnant le sexe dressé entre ses seins.

Malko, réduit à l'état de patient, subissait ce supplice exquis. Prativa glissa encore un peu et le prit dans sa bouche, n'avalant d'abord qu'une partie de son membre, puis l'engloutissant progressivement. C'était très doux, chaud, comme une vulve. Elle ne voulait pas le faire jouir, mais l'exciter. Il se tordit sous elle, n'en pouvant plus, et elle se redressa, les yeux brillants.

— Maintenant, dit-elle, nous allons faire l'amour.

Il s'attendait à ce qu'elle l'enfourche. Pas du tout : elle s'allongea sur le dos, releva les cuisses, les repliant sur sa poitrine, dégageant ainsi son scrotum épilé, offrant son sexe et l'ouverture de ses reins. Ses prunelles s'allumèrent lorsqu'elle dit à Malko :

— Vous allez me prendre, comme vous voulez. Mais je ne veux pas que vous jouissiez avant que cette bougie soit éteinte.

Elle désignait une bougie rouge qui, à vue de nez, en avait encore pour une bonne vingtaine de minutes...

Malko s'approcha et, le plus lentement qu'il put, plaça son sexe à l'entrée du sien et poussa.

Il eut l'impression de s'enfoncer dans un pot de miel, tant Prativa était accueillante. Dans cette position, il ne perdait pas un millimètre de sa longueur et il sentit l'extrémité de son sexe heurter le fond du vagin de sa partenaire. Il resta immobile, le souffle coupé. Il avait déjà envie de jouir ! Enfin, reprenant son contrôle, il se retira et commença un va-et-vient le plus lent possible. C'était à la fois exquis et stressant. Prativa ne bougeait pas plus qu'une statue. Une statue chaude et offerte. Au bout d'un moment, il se retira complètement et se plaça un peu plus bas. Il s'enfonça avec la même facilité au fond des reins de la jeune femme, dont la seule réaction fut un léger frémissement. Jamais il n'avait sodomisé une femme dans cette position, d'une impudicité totale. Prativa n'était plus qu'un récipient pour son sexe. Mais quand leurs regards se croisaient, il voyait le plaisir au fond de ses prunelles sombres. Elle ne semblait pas ressentir de fatigue musculaire. C'était comme un numéro de cirque. Soudain, il sentit qu'il allait craquer et se retira à toute vitesse. Prativa sourit.

— Pensez à vos problèmes, à la mort.

Le pouls de Malko se calma un peu et il retrouva le chemin du sexe offert. La bougie rouge avait diminué de moitié.

Jamais il ne se serait cru capable d'une telle endurance ! Le torse inondé de sueur, le souffle contrôlé comme un coureur de marathon, Malko pilonnait Prativa avec la régularité d'un métronome, tantôt son sexe, tantôt ses reins. Parfois, il ne savait plus dans quel orifice il se trouvait... Il avait l'impression d'être sous hypnose. Jamais son sexe n'avait été aussi dur. Et soudain, la bougie rouge rendit l'âme avec un léger grésillement. Ce fut comme si la main invisible qui lui étreignait la poitrine avait disparu. Il avait tenu ! Il se retira du sexe et resta quelques secondes immobile, comme s'il hésitait. Tout en sachant très bien ce qu'il voulait. Alors, d'un coup, cette fois sans aucune retenue, il s'enfonça jusqu'à la garde dans les reins de Prativa, verticalement, comme un foret.

Pour la première fois, elle gémit.

Il se retira et revint dans son sexe avec la même violence. Puis continua cette alternance délicieuse. Curieusement, maintenant qu'il n'avait plus de frein, il n'avait même pas à se retenir. Comme s'il avait dépassé le stade de la jouissance. Sous ce double assaut déchaîné, Prativa se mit à gémir. Malko sentit son pouls s'accélérer. Cette fois, la sève montait de ses reins, irrésistiblement. Il se retira de ceux de Prativa. Puis y revint et tout à coup sentit le sphincter, si souple depuis le début, qui l'enserrait comme une bague ! Une sensation tellement inouïe qu'il hurla, sentant la sève se ruer en lui. Prativa hurla aussi. Ses jambes se déplièrent, se refermant sur ses reins. Enfoncé en elle jusqu'au dernier millimètre, Malko fut secoué comme par un court-circuit, tandis qu'il se vidait entre les fesses de la Népalaise.

Les jambes nouées dans son dos retombèrent. Avec douceur, Prativa posa ses mains sur sa poitrine, le faisant basculer en arrière et l'arrachant d'elle, encore bandé.

Son sexe ne resta pas longtemps à l'air libre. La bouche de Prativa l'engloutit, en extrayant les dernières gouttes de plaisir. La tête de Malko lui tournait, son pouls était à 200. Foudroyé, les oreilles bourdonnantes, il entendit la voix de Prativa dire :

— Vous m'avez bien fait l'amour. Il ne faut jamais oublier que le premier organe sexuel, c'est le cerveau.

Sans même s'en rendre compte, il s'endormit et ne se réveilla qu'à l'aube. Prativa dormait à côté de lui, enroulée dans son sari rouge. Il resta immobile, les yeux ouverts, faisant mentalement le point. Depuis la veille, il était sûr de la « trahison » d'Andrew Teck, donc du MI 6. Ce qui avait des conséquences immenses. Il était désormais certain que le massacre du palais royal était bien le résultat d'un complot, impliquant forcément les militaires népalais et le MI 6.

La seule personne qui pouvait l'aider à en savoir plus était Kumar Dixit, l'A.D.C. disparu.

Compte tenu de ses découvertes, ceux qui avaient fomenté ce complot risquaient de s'attaquer à lui. Quand on a fait tuer dix personnes, une onzième ne compte pas beaucoup. Heureusement que Prativa avait retrouvé le vieux Webley de son père. Cela valait mieux que rien. Il se demanda comment Larry Doolittle allait accueillir ses révélations. Visiblement, si Langley cherchait la vérité, lui ne voulait pas de vagues au Népal, préoccupé par son opération « Tibetan Uprising ». Un conflit d'intérêts classique dans une grande agence de renseignements. Hélas, Malko se trouvait au milieu.

— Je vais faire du thé, annonça Prativa qui avait rouvert les yeux.

**

Désormais, les jeunes Népalaises qui fouillaient tous les visiteurs de l'ambassade américaine s'étaient habituées à Malko et n'exerçaient plus qu'une inspection symbolique. Pour ne pas les effaroucher, il avait laissé le Webley sous le siège de la Toyota. Larry Doolittle l'accueillit, la pipe à la bouche, toujours aussi chaleureux.

— Alors, quelles sont les nouvelles ? demanda-t-il jovialement.

De toute évidence, ne s'attendant pas à ce qu'il y ait des nouvelles. Malko le vit se décomposer au fur et à mesure de son récit. Surtout lorsqu'il souligna la manip' d'Andrew Teck, lui présentant un faux Kumar Dixit, au lieu du vrai. L'Américain demeura silencieux un long moment, déstabilisé, puis leva la tête.

— Je vais demander des explications à Andrew.

Malko le cloua du regard sur le canapé.

— Êtes-vous sûr de lui ?

Larry Doolittle arbora une expression choquée.

— Mais ce sont nos alliés ! Les « Cousins » sont nos meilleurs alliés.

— Bien sûr, reconnut Malko, mais Andrew Teck travaille pour le MI6, pas pour la CIA. En cas de conflit entre les deux maisons, il prendra forcément le parti de la sienne, même si cela lui coûte de vous mentir.

— C'est vrai, mais je pense qu'il a été « enfumé » par les Népalais.

— Impossible, trancha Malko. Il m'avait dit connaître *personnellement* Kumar Dixit.

Un ange passa, tenant dans son bec la Perfide Albion. Larry Doolittle semblait avoir vieilli de dix ans.

— Si on neutralise Andrew, demanda-t-il, qu'est-ce qu'on fait ? Moi, je n'ai aucun contact chez les militaires népalais. Même pas la Military Intelligence, nos homologues. J'ai rencontré une fois son patron, Prajwal Shumsher Rana. Voulez-vous que je demande à Langley de réclamer des explications à David Spedding, le directeur du MI 6 ?

— C'est comme demander à un voleur de rapporter des bijoux, ironisa Malko. Non, comme aurait dit feu Mao Tsé-toung, nous ne pouvons compter que sur nos propres forces. D'autant que je me demande si Andrew Teck ne me fait pas déjà surveiller. Une Subaru blanche avec un étranger au volant rôdait autour de la maison de Kumar Dixit et a filé quand je suis sorti.

— Comment comptez-vous procéder, dans ce cas ?

— J'ai une ou deux « sources » possibles, dit prudemment Malko, pensant à l'amie de Prativa, mais je voudrais aussi explorer une autre voie. Avez-vous des contacts avec les gens du NCP ? Ici, à Katmandou ?

La question prit visiblement l'Américain par surprise. Malko vit dans son regard qu'elle le gênait. Après quelques secondes de silence, Larry Doolittle laissa quand même tomber :

— Oui, quelques-unes. Pourquoi ?

— Ils ont peut-être des informations sur ce complot. Après tout, il était dirigé *contre* eux.

— Nous obtenons des informations régulières sur le NCP par un de leurs membres qui séjourne à Katmandou. Thana Giri. Je crois qu'il est chargé de la collecte des contributions volontaires des commerçants.

Autrement dit, un chef racketteur.

— Où puis-je le trouver ?

— Quand je veux lui parler, je lui laisse un message à l'hotel *Vajra*, de la part de Badal. Il rappelle toujours. Ensuite, nous nous rencontrons dans différents endroits à sa convenance.

— Très bien, dit Malko. Vous avez confiance en lui ?

De nouveau, Larry Doolittle sembla souffrir mille morts. Il se résigna enfin à reconnaître dans un souffle :
— Oui. Nous lui donnons un peu d'argent pour que certains membres du NCP mènent des actions contre les ouvriers chinois qui construisent un barrage au Tibet, non loin de la frontière.

Encore une alliance contre nature. Comme celle de la CIA avec les fondamentalistes islamistes. Cela se terminait *toujours* mal, mais Malko n'était pas au Népal pour refaire le monde.
— C'est tout ? demanda-t-il.

L'Américain s'arracha à son canapé.
— Attendez. Il y a un type que vous pourriez voir de ma part. Le représentant de Boeing au Népal, Santosh Pokharel. Il a pas mal de contacts dans l'armée parce qu'il essaie de leur vendre des hélicoptères. Les Népalais voudraient bien les acheter, mais ils n'ont pas la première roupie pour les payer. Heureusement pour lui, il a d'autres business.

Il regarda dans un carnet et nota les coordonnées de Santosh Pokharel puis les donna à Malko.
— Bonne chance, dit-il. Ce que vous m'avez dit d'Andrew me laisse vraiment pantois...

C'était un *understatement*. Si le souriant Andrew Teck avait roulé la CIA dans la farine, c'était sûrement pour une raison grave.

CHAPITRE VII

Depuis un moment, la Toyota zigzaguait sur des routes étroites en terre battue, tout à l'ouest de la ville, presque dans la campagne. Un énorme stupa au dôme doré apparut au sommet d'une colline, encadré par deux monuments plus modestes. Prakash, le chauffeur de Malko, se retourna et désigna l'ensemble.

— Swayambunath stupa. *Very old*.

Un des plus anciens sanctuaires bouddhistes du monde, vieux de près de 2 500 ans. L'hôtel *Vajra*, qui tirait son nom de l'emblème doré du stupa, symbole de la puissance du bouddhisme, se trouvait à un jet de pierre. La Toyota s'arrêta dans la cour pavée. Le *Vajra* était tout petit, construit en hauteur, en brique, bien entendu, mais plein de charme. Malko pénétra dans le hall minuscule. Les murs étaient couverts de photos et de peintures. Pas d'ascenseur, un escalier de bois sombre desservait les quatre étages et la terrasse. Le *Vajra* avait surtout une clientèle d'artistes et d'intellectuels qui adoraient cet hôtel construit dans le style traditionnel népalais.

Malko s'adressa au réceptionniste.

— M. Thana ?

Le nom mit plusieurs secondes à atteindre les neurones du Népalais qui lâcha, bougon :

— *Not here*.

— Je peux laisser un message ?

Visiblement, cela dépassait sa compréhension. Il

s'éclipsa et revint flanqué par ce qui ressemblait au croisement d'un yeti et d'un humain, avec beaucoup plus de yeti que d'humain. Mais la bête parlait anglais. Malko réitéra sa demande.

— *I am the manager,* fit le yeti. *You can leave a message. M. Thana is not currently in Katmandou*[1].

Ce que fit Malko, donnant son téléphone au *Yak and Yeti* et le nom magique de Badal.

Il n'y avait plus qu'à passer à la « source » suivante : le représentant de Boeing.

*
**

On se serait cru chez un chiffonnier de banlieue. La Toyota venait de stopper dans une cour prolongée par un jardin encombré d'un monceau de ferraille et d'objets divers. À droite, un magasin d'exposition de meubles, à gauche un bâtiment si sale qu'il ressemblait à un clapier, abritant des bureaux. Le tout dans une rue pouilleuse d'un quartier populaire. Mauvaise image de marque pour Boeing...

Malko pénétra dans un minuscule bureau occupé par une secrétaire à lunettes qui le reçut aimablement. Oui, M. Pokharel était là, mais très occupé.

Malko prit une de ses cartes et y ajouta le nom du chef de station de la CIA. Trois minutes plus tard, un Népalais corpulent, avec de grosses lunettes d'écaille, émergeait du bureau voisin.

— Que puis-je faire pour vous ? demanda-t-il.

— J'ai besoin de quelques informations, commença Malko.

Santosh Pokharel l'interrompit et jeta quelques mots à sa secrétaire.

---

1. Je suis le manager. Vous pouvez laisser un message. M. Thana n'est pas à Katmandou pour le moment.

— Venez à côté, dans mon magasin d'exposition, proposa-t-il, nous y serons plus tranquilles pour bavarder.

Ils traversèrent la cour et se retrouvèrent dans un grand magasin rempli de meubles dans des emballages en plastique. Malko repéra quelques créations de Claude Dalle et, aussitôt, Santosh Pokharel hocha la tête avec tristesse.

— Avant, j'importais pas mal de très beaux meubles de Paris, mais avec la crise, cela ne se vend plus. Alors, que puis-je faire pour vous ?

Malko décida de lui en dire le moins possible.

— Je cherche à retrouver un des aides de camp du palais, Kumar Dixit, celui qui était chargé du prince Dipendra. Il semble avoir disparu.

Le Népalais eut l'intelligence de ne pas demander *pourquoi*. Mais sa réponse ne fut pas encourageante.

— Moi, je n'ai de contacts qu'avec le « top brass », l'état-major de l'armée népalaise. Et encore, plus tellement. Ils n'ont pas d'argent. Mais mon concurrent, l'agent de British Aerospace, Khrisna Prasad, pourrait peut-être vous en dire plus. Lui était en contact avec le prince Dipendra.

— Avec le prince Dipendra ? répéta Malko, stupéfait. Pourquoi ?

Le Népalais sourit et alluma une cigarette avec un Zippo siglé Boeing.

— C'est un peu compliqué. Il est très difficile de vendre du gros matériel à l'armée népalaise. Les Indiens cassent les prix. Si je n'avais pas les meubles, je mourrais de faim. Khrisna Prasad représente *aussi* la fabrique allemande d'armes Heckler & Koch. Or, l'armée népalaise avait besoin d'armes légères. Des pistolets-mitrailleurs comme le MP5 d'H & K. Sachant que le prince Dipendra était un fou d'armes, Khrisna Prasad lui en a fait parvenir un, en *cadeau*, afin qu'il l'aide à influencer les décideurs de l'armée népalaise.

— C'est cette arme qui a été utilisée pour tuer le roi Birendra ? interrogea Malko.

— Peut-être, fit le Népalais, prudent. En tout cas,

Khrisna Prasad a réussi à convaincre l'armée népalaise de lui acheter ses MP 5, qui sont les meilleurs mais les plus chers pistolets-mitrailleurs du monde. Grâce au prince Dipendra qui a touché, bien entendu, une commission intéressante. Les « royals » ont toujours été avides.

— Il a aussi le bras long, remarqua Malko.

Son interlocuteur sourit.

— Certes, mais les Britanniques avaient mis le paquet. H & K appartient désormais à British Aerospace. Ils avaient même envoyé un instructeur spécialement de Grande-Bretagne pour vanter au prince Dipendra les mérites — réels — de cette arme.

Bingo! se dit Malko. Il y avait donc un étranger — britannique — qui avait accès au prince Dipendra. Le MI 6 le savait forcément.

— Vous connaissez le nom de cet instructeur?

— Non, malheureusement. Et il a dû repartir depuis longtemps. Le deal a été signé et le prince Dipendra est mort.

— L'A.D.C. du prince Dipendra connaissait sûrement cet homme?

— Évidemment.

On en revenait toujours au même point. Il fallait retrouver Kumar Dixit.

Le marchand de meubles et d'hélicoptères regarda sa montre et se leva.

— Désolé de ne pas pouvoir vous aider davantage. Je vais quand même passer un coup de fil à un de mes amis, un colonel de Gurkhas. Si j'ai quelque chose, je vous appelle.

***

Un message attendait Malko au *Yak and Yeti*. Rappeler M. Andrew Teck à l'ambassade de Grande-Bretagne. Malko, bien que sur ses gardes, ne pouvait fuir le représentant du MI 6, ce qui l'aurait alerté sur ses soupçons. Il le rappela de sa chambre.

— Nous nous sommes à peine vus, claironna avec chaleur Andrew Teck dans le récepteur. Puis-je vous inviter à déjeuner dans ma résidence ? Si toutefois vous n'êtes pas déjà engagé…

— Je vais me libérer, promit Malko. À tout à l'heure.

*
*

C'était somptueux. Une véranda face à une impeccable pelouse, de magnifiques bananiers bien taillés, un maître d'hôtel sorti tout droit des *Trois Lanciers du Bengale* et des côtes d'agneau sûrement venues par avion de la mère patrie, pour être de telle qualité. Fidèle au gin, mais hôte parfait, le représentant du MI 6 avait néanmoins sorti une bouteille de Defender 5 ans d'âge et une de Stolychnaya. Toujours aussi pétulant, Andrew Teck, depuis l'arrivée de Malko, ne disait que des banalités, exaltant la solidarité americano-britannique, mise en valeur dans la lutte contre Oussama Ben Laden. Ce n'est qu'à l'*apple crumble* qu'il redescendit sur terre.

— Votre enquête bouclée, vous faites un peu de tourisme, *I presume* ? demanda-t-il avec son sourire inoxydable.

— Un peu, dit Malko. J'ai visité le stupa Swayambunath.

— Excellent, approuva le Britannique. Il y a des tas de choses à voir à Katmandou, quand on a un peu de temps…

Le maître d'hôtel apparut, portant un plateau d'argent sur lequel se trouvaient une bouteille de cognac Otard XO et deux verres. Pour qu'Andrew Teck abandonne le traditionnel sherry britannique, il fallait vraiment qu'il veuille séduire Malko. Pendant qu'il réchauffait le cognac entre ses doigts, Andrew Teck demanda d'un ton négligent :

— Quand allez-vous quitter Katmandou ? Si nous en

avons le temps, j'aimerais organiser un dîner pour vous à l'ambassade.

Voilà l'explication de ce déjeuner, se dit Malko.

— Je ne pense pas m'éterniser, répondit-il. J'irai peut-être faire un tour en avion pour admirer l'Everest. Il faut que je termine mon rapport pour Langley, qu'il parte d'ici, avec l'approbation de Larry Doolittle. Tout cela va prendre deux ou trois jours...

Andrew Teck regarda sa montre, termina son Otard XO d'un trait et se leva.

— *Well*, je dois retourner à l'ambassade. Si je peux faire quoi que ce soit pour vous...

Ils quittèrent ensemble la résidence, chacun dans leur voiture. La réponse de Malko semblait avoir satisfait le représentant du MI 6. Pour la médaille d'or de l'hypocrisie, on aurait eu du mal à les départager.

Un message attendait Malko au *Yak and Yeti*. M. Thana avait appelé pour dire qu'il serait à quatre heures au *Vajra*, sur la terrasse au dernier étage.

***

La vue était magnifique et le dôme doré du stupa Swayambunath brillait dans le soleil couchant, sur la colline d'en face. Malko regarda autour de lui : la petite terrasse était vide. Comme, de la réception du rez-de-chaussée au cinquième, il n'avait croisé personne, il s'apprêtait à redescendre lorsqu'une voix demanda derrière lui :

— Vous êtes l'ami de Badal ?

Il se retourna. Un homme venait de surgir de l'escalier. Un Népalais plutôt corpulent, avec des cheveux gris rejetés en arrière, un gros nez, l'air affable. Vêtu d'un *dhoti* et d'une veste grise, il portait une grosse serviette de cuir noir à la main.

— Vous êtes Thana Giri ?
— Oui.

Les deux hommes se serrèrent la main et s'installèrent

sur la terrasse, face au stupa. Thana Giri posa sa serviette et se plaça de façon à surveiller l'escalier. Lorsque sa veste s'ouvrit, Malko aperçut la crosse d'un pistolet glissé dans son vêtement.

— Je suis prudent, expliqua le Népalais. J'ai pas mal d'argent sur moi. Cela pourrait donner de mauvaises idées à certains policiers de l'Internal Security Wing. Ils sont tellement corrompus...

— Vous avez retiré de l'argent dans une banque ? demanda Malko, faussement naïf.

— Non, corrigea le Népalais, ce sont les contributions volontaires remises par les sympathisants de notre mouvement. Pour acheter des armes, des munitions et gérer les zones libérées.

— Je vois, dit Malko.

— Que puis-je faire pour vous ? demanda Thana Giri.

— J'enquête sur le massacre du palais Nakayanhiti le 1er juin dernier, dit Malko. Qu'en pensez-vous ?

— C'est un complot, répliqua sans hésiter le Népalais. Pour se débarrasser de l'ancien roi Birendra.

— Qu'est-ce qui vous fait dire cela ?

Thana Giri lui jeta un regard étonné.

— M. Doolittle ne vous l'a pas dit ? Les Américains nous ont soutenus dès le début. Ils avaient compris que la monarchie absolue et absolument corrompue allait dans le mur. Ils ont fait pression sur le roi Birendra pour qu'il abandonne une partie de ses pouvoirs. Cela, c'était le premier point. Hélas, le gouvernement corrompu n'a fait aucune réforme. Alors, en 1996, nous avons lancé notre mouvement, pour faire bouger les choses. En vain. Le roi Birendra n'a pas utilisé l'armée contre nous, ce qui nous a permis de progresser jusqu'à être présents dans 45 districts sur 75. Face à cette extension des territoires sous notre contrôle, le roi Birendra, poussé par les États-Unis, a incité le Premier ministre à former un gouvernement d'union nationale auquel nous pourrions participer. Seulement, il a été assassiné avant que ce projet ne prenne forme et le nouveau roi a une attitude tout à fait différente. Il a déployé l'armée dans tout le pays, avec ordre de nous liquider. Les négociations entre le nouveau Premier ministre et notre mouvement continuent, mais en réalité, le pouvoir ne veut pas aboutir.

— Comment la situation va-t-elle évoluer ?

Thana Giri eut un geste fataliste.

— Nous allons reprendre la lutte armée. Et, à terme, deux ou trois ans, nous prendrons le pouvoir et la monarchie sera balayée.

— À qui cela profitera-t-il ?

— À nous d'abord. Ensuite au pays. Nous lutterons contre la corruption (Il regarda sa montre.) Voilà, il faut que je vous quitte. Je dois partir en zone libérée.

— Ce complot du 1er juin aurait été monté par qui ? interrogea Malko.

Le Népalais eut un geste vague.

— Beaucoup de gens y avaient intérêt. Des politiques corrompus qui ne veulent pas perdre leurs prébendes, mais surtout l'armée qui enrageait de ne pas avoir d'ordres pour lutter contre nous.

— Mais ce n'est pas un militaire qui a tué le roi Birendra, c'est son fils...

L'argument ne sembla pas ébranler Thana Giri.

— C'est peut-être un sosie. Lui, on l'a tué, avant ou après. De toute façon, même si c'est lui, on l'a manipulé. Il était toujours avec des Gurkhas. Ici, la seule force, c'est l'armée.

— Il n'y aurait pas eu d'intervention étrangère ?

Thana Giri secoua la tête.

— Non, je ne crois pas. Les Indiens, peut-être...

Malko n'insista pas. Visiblement, le Népalais en savait beaucoup moins que lui sur le complot.

— Comment puis-je vous revoir ? demanda aussitôt Malko.

— Vous me laissez un message ici. Mais je peux être absent plusieurs jours...

Il se leva.

— En tout cas, faites attention. Cette affaire met en jeu de très gros intérêts.

C'était la seconde personne à le mettre en garde. Il avait l'impression de plonger la main dans un nœud de vipères. Certes, les propos de Thana Giri renforçaient la thèse du complot, mais l'homme du NPC ne lui apportait aucun fait précis. S'il ne retrouvait pas Kumar Dixit, il n'aboutirait à rien. Il broya du noir tout le temps du trajet jusqu'au *Yak and Yeti*. La nuit tombait lorsqu'il entra dans l'hôtel. Le pianiste en queue-de-pie jouait déjà ses valses viennoises pour les rares clients du bar. Il aperçut Anna Dickens en grande conversation avec trois Népalais. Il allait se résoudre à prendre une vodka au bar quand un employé de la réception lui fit signe, brandissant un téléphone.

La communication était tellement mauvaise qu'il eut du mal à reconnaître la voix de Santosh Pokharel, le représentant de Boeing.

— Je crois avoir une information pour vous, annonça le Népalais au milieu des crachotements, mais je préfère ne pas en parler au téléphone.

— Venez ici.

— Non, mais nous pouvons nous retrouver vers sept heures pour dîner à l'hôtel *Shanghai*, c'est juste derrière le vôtre. Au dernier étage, il y a un bon chinois.

— Pas de problème. À tout à l'heure, promit Malko.

Du coup, il alla boire sa Stolychnaya avec un meilleur moral. Il ne voulait pas trop y croire, mais, dans son métier, il y avait parfois des miracles.

*
* *

Le restaurant du *Shanghai*, éclairé par des néons rosâtre derrière des vitres poussiéreuses, était totalement vide, à part le marchand d'hélicoptères et de meubles Claude Dalle. Pourtant, on dînait tôt à Katmandou. Ils attendirent d'avoir commandé à un Chinois qui ressemblait à un boat-people tant il était dépenaillé pour engager la conversation.

— Vous avez appris quelque chose ? demanda Malko.

Le Népalais baissa la voix.

— Oui. Je vous avais dit que je téléphonerais à un de mes copains, un colonel de Gurkhas. Il était au courant du marché avec Heckler & Koch et savait aussi qu'un Britannique était venu ici pour aider à arracher ce deal, avec l'appui du prince Dipendra.

Jusque-là, il n'y avait rien de nouveau.

— C'est tout ?

— Non, souffla Santosh Pokharel. Cet homme se trouve toujours à Katmandou.

Le pouls de Malko monta en flèche.

— Vous savez son nom ?

— Non, mais il m'a dit qu'il demeurait à l'hôtel *Summit*, à Patan. Un petit hôtel pas cher où vont beaucoup de Britanniques. Vous devriez le trouver facilement là-bas.

Malko dissimula sa déception. Trouver quelqu'un dont il ne connaissait ni le nom ni le signalement, un Britannique dans un hôtel où il n'y avait que des Britanniques... Il remercia néanmoins, et demanda, par acquit de conscience :

— Pourquoi votre ami vous en a-t-il parlé ?

Le Népalais eut un large sourire.

— Il n'a pas touché sa commission.

***

À Patan, au sud de Katmandou, le *Summit* était un modeste établissement juché au sommet d'une colline, auquel on accédait par un véritable sentier de chèvres. Une douzaine de véhicules étaient garés dans le parking en face de l'entrée. En contrebas se trouvait une piscine avec un restaurant en plein air où Malko s'était installé, commandant un breakfast. Comme tous les matins, le ciel était encore dégagé. Les nuages n'arrivaient que vers midi.

Tout en beurrant un toast, Malko réfléchissait. Il était venu là sans trop d'espoir. Il ne voyait pas pourquoi l'envoyé de H&K serait resté à Katmandou. Presque quatre mois s'étaient écoulés depuis la tuerie du palais Nakayanhiti. En plus, même si l'information était exacte, comment identifier cet homme ? Il ne pouvait quand même pas aller à la réception demander quelqu'un dont il ne connaissait pas le nom.

Un bruit de voiture lui fit tourner la tête vers l'esplanade en face de l'hôtel, en surplomb par rapport à lui. Il vit un taxi s'arrêter. Une femme en sortit. Il aperçut d'abord des cheveux blonds et son pouls fit un bond brutal. La femme en train de régler le taxi était Anna Dickens.

CHAPITRE VIII

Instinctivement, Malko eut envie de rentrer sous terre, mais la jeune Britannique ne regardait pas dans sa direction et un parasol dissimulait en partie Malko à sa vue. Après une brève discussion avec le chauffeur de taxi, elle se dirigea d'un pas rapide vers l'hôtel où elle disparut.

Le taxi attendait. Donc, Anna Dickens n'allait pas s'attarder. Effectivement, quelques instants plus tard, elle réapparut et remonta dans la voiture qui repartit aussitôt. Malko attendit quelques minutes avant de quitter son poste d'observation. Il remonta l'escalier menant à l'entrée et pénétra dans l'hôtel. À droite se trouvait la réception, où un unique employé était en train de montrer quelque chose sur une carte à deux clients.

Malko s'approcha et balaya du regard les casiers à clefs. Dans le casier 22, il y avait un papier plié. Il regarda autour de lui, comme s'il cherchait quelqu'un, et ressortit, regagnant la terrasse. Une heure plus tard, son breakfast terminé, il en était au même point. Le fait qu'Anna Dickens soit venue déposer un message ou s'enquérir de quelqu'un n'avait aucune signification. Elle pouvait très bien avoir un ami à l'hôtel. Impossible de rester là sans éveiller l'attention. Au moment où il demandait l'addition, il aperçut une voiture qui grimpait le raidillon menant au parking. Un 4×4 blanc qui se gara devant l'hôtel. Il le suivait d'un regard neutre lorsqu'il aperçut le sigle sur la calandre : c'était une Subaru. Son conducteur en descendit. Un Blanc aux cheveux courts grisonnants, l'allure sportive, vêtu d'un T-shirt et d'un short long très anglais, arrivant à mi-mollets. Il disparut à l'intérieur de l'hôtel. Malko n'avait plus envie de s'en aller : c'était une Subaru blanche qui rôdait autour de la maison de Kumar Dixit, l'A.D.C. du prince Dipendra, le jour où Malko avait rendu visite à sa femme. Le 4×4 avait une plaque népalaise aux chiffres rouges impossibles à déchiffrer : c'étaient des chiffres sanscrits. Malko se rassit et commanda un autre café. Dix minutes plus tard, le conducteur de la Subaru réapparut et remonta dans sa voiture. Trente secondes plus tard, il dévalait le raidillon. Malko attendit qu'il soit hors de vue pour entrer à nouveau dans l'hôtel. D'un seul coup d'œil, il vit que le papier plié dans la case 22 n'était plus là. Donc, l'occupant de la chambre 22 et le conducteur de la Subaru ne faisaient vraisemblablement qu'un.

Il ne restait plus qu'à l'identifier.

* * *

Andrew Teck fumait nerveusement, ce qui lui arrivait rarement. Il se demandait si, pour la première fois de sa carrière, la chance ne l'avait pas abandonné. Lui qui avait planifié un plan de carrière avec les plus hauts espoirs et était déjà, à trente-six ans à peine, le numéro deux de l'ambassade, en bon terme à la fois avec le Foreign Office et sa Centrale, se sentait tout d'un coup en porte-à-faux. Pour l'instant, il n'y avait pas péril en la demeure, mais tant que cet agent de la CIA serait sur le sol népalais, il ne dormirait pas tranquille.

Il se remit à griffonner sur son buvard, réfléchissant aux contre-mesures possibles. Il était obligé d'être d'une prudence extrême, le mieux étant souvent l'ennemi du bien. Or, jusqu'ici, absolument *rien* ne le reliait à des événements fâcheux. Quand même, il se félicitait d'avoir gardé sous la main sa « force de frappe », nécessaire pour mettre un point final à son opération. En bon Britannique, il ne faisait pas totalement confiance aux Népalais. Certaines choses devaient rester entre citoyens de la mère patrie. La précaution qu'il avait prise se révélait désormais doublement utile. Le Britannique écrasa sa cigarette et se prépara à gagner l'ambassade de l'Inde, où se tenait une réunion régionale. Cela lui changerait les idées.

**

— La chambre 22 du *Summit* est occupée par un Britannique arrivé ici depuis plus de six mois, annonça Prativa. Il l'a louée au mois. Il a une vie très régulière et les gens de l'hôtel pensent qu'il travaille avec l'armée, parce qu'il a reçu de nombreux coups de fil d'un camp militaire. Il conduit une voiture immatriculée ici, qu'on lui a prêtée, dit-il. Il ne reçoit que de rares visites, et ne téléphone jamais lui-même.

Malko n'en revenait pas de telles précisions. La jeune femme reprit de son gâteau, une forêt-noire, et un peu de thé.

— Comment avez-vous appris cela ? demanda-t-il.

En revenant du *Summit*, il avait appelé la jeune femme, lui expliquant son problème. Prativa, après l'avoir écouté, lui avait simplement dit qu'elle pensait avoir une solution et lui avait proposé de le retrouver pour le thé au *Yak and Yeti*. Ce qu'il avait fait. La jeune femme sourit.

— J'ai simplement envoyé ma bonne à l'hôtel *Summit*. Soi-disant pour chercher du travail. Bien sûr, ils n'en avaient pas, mais elle a bavardé avec l'employé de la réception.

— Elle n'a pas pu obtenir le nom de ce client ?

— Elle n'a pas essayé, cela aurait éveillé sa méfiance. Mais il lui a dit que cet homme devait partir hier et qu'il avait brusquement annoncé qu'il prolongeait son séjour.

Ce changement de programme avait-il un lien avec la visite d'Anna Dickens ? En tout cas, il fallait coûte que coûte identifier l'inconnu à la Subaru blanche. Tandis que Prativa terminait sa forêt-noire, Malko échafauda un plan dans sa tête. Il attendit que Prativa soit rassasiée pour lui expliquer ce qu'il attendait d'elle.

* *
*

Il faisait aussi beau que la veille et le soleil inondait le restaurant en plein air du *Summit* où Malko prenait pour le second jour consécutif son breakfast. Avant de s'installer, il avait vérifié d'un coup d'œil que la Subaru blanche se trouvait bien au parking.

Au moment où il baissait les yeux sur sa Crosswind pour regarder l'heure — 8 h 45 —, le conducteur de la Subaru sortit de l'hôtel et gagna sa voiture. Il attendit que celle-ci s'engage dans le sentier en pente menant à la route principale en contrebas pour prendre le portable local loué la veille posé sur la table et lancer son appel.

— Il arrive.

* *
*

La petite Maruti rouge surgit de l'avenue Kupundole au moment où le 4×4 Subaru débouchait du chemin en pente raide descendant du *Summit*. La conductrice de la petite voiture freina trop tard et son avant vint s'encastrer sous le pare-chocs de l'autre véhicule.

Le choc ne fut pas très violent mais les deux véhicules s'immobilisèrent. Le conducteur de la Subaru blanche sauta à terre, visiblement furieux. Déjà, quelques badauds s'attroupaient autour des deux véhicules encastrés l'un dans l'autre comme des chiens en chaleur. Au Népal, lorsqu'il y avait des blessés, il était préférable de prendre la fuite après un accident. Le premier réflexe des témoins était de brûler le véhicule responsable de l'accident...

Une jeune femme en sari émergea à son tour de la Maruti, l'air affolé. Le conducteur de la Subaru l'apostropha, furibond.

— Vous ne m'aviez pas vu !
— Vous alliez trop vite, répliqua la jeune femme d'une voix mal assurée. Je n'ai pas pu freiner à temps...

Il y avait déjà une trentaine de personnes autour d'eux. le conducteur de la Subaru vint examiner la Maruti encastrée sous son énorme pare-chocs.

— Essayez de reculer, dit-il.

La femme remonta dans la petite voiture et parvint à faire marche arrière, dans un grincement de tôles froissées. Les dégâts n'étaient pas très importants mais l'aile était quand même bien pliée. La Subaru, elle, n'avait rien.

— *Well*, cela ne semble pas trop grave, remarqua son conducteur.

— Il faut faire une déclaration à l'assurance, répliqua la jeune femme d'un ton ferme.

— À combien estimez-vous les dégâts ? demanda aussitôt l'autre conducteur.

La jeune femme eut un sourire d'excuse.

— La voiture n'est pas à moi mais à une amie. Vous devez me donner votre nom et celui de votre assurance.

Les badauds commençaient à faire des commentaires désagréables, prenant fait et cause pour la Népalaise. Résigné et furieux, le conducteur de la Subaru remonta dans son véhicule chercher ses papiers. Mieux valait mettre fin au plus vite à l'incident, avant de se faire brûler sa voiture. Encore heureux qu'il soit tombé sur quelqu'un qui parle anglais.

***

— Il s'appelle Timothy Mason et il est porteur d'un paseport britannique n° 6547 FD 987. Émis le 4 janvier 1996. J'ai vu ses visas, il a pas mal voyagé.

Pour plus de discrétion, ils s'étaient retrouvés à l'appartement de Prativa, après « l'accident ». Sa préparation n'avait pas été trop difficile. Malko avait loué deux portables « locaux » pour donner le « top » à Prativa et elle avait emprunté la Maruti à sa copine Gupta, qui serait évidemment dédommagée.

Malko nota les coordonnées du conducteur de la Subaru. Elles ne lui disaient rien. La Subaru était enregistrée au nom d'une société britannique, la Sandline Corporation, immatriculée à Katmandou.

— Je crois qu'il ne s'est douté de rien, conclut Prativa.

Malko le souhaitait aussi. Car, désormais, Timothy Mason avait l'identité de Prativa. Restait à découvrir qui il était et ce qu'il faisait à Katmandou. Pour l'instant, il n'avait pas la preuve absolue qu'il soit celui qui surveillait la maison de Kumar Dixit. Il n'y avait pas qu'une Subaru blanche à Katmandou. Mais Larry Doolittle pourrait probablement l'aider à l'identifier.

— Je vais à l'ambassade américaine, dit Malko.

***

Malko patientait depuis vingt minutes dans le bureau du chef de station de la CIA, devant une tasse de café imbuvable, quand enfin l'Américain revint de sa réunion avec l'ambassadeur, les bras chargés de dossiers.

Malko lui résuma la manip' qui lui avait permis d'identifier l'homme qui avait été en contact avec le prince Dipendra et lui tendit la carte sur laquelle il avait noté son nom et le numéro de son passeport. Larry Doolittle y jeta un coup d'œil et se figea comme un chien à l'arrêt.

— Timothy Mason ! Vous êtes sûr du nom ? C'est le type qui a sévi en Papouasie-Nouvelle-Guinée ?

Ce fut au tour de Malko de tomber des nues.

— Vous le connaissez ?

— Si c'est celui auquel je pense, oui. C'est un mercenaire britannique, ancien colonel des SAS, héros des Malouines. Sabre d'honneur[1] de la Royal Military Aca-

---

1. Premier de sa promotion.

demy de Sandhurst, passé depuis à l'action clandestine !
Un des meilleurs *assets* du MI 6.

Malko n'arrivait pas à croire à sa chance. Il tenait enfin le lien entre le MI 6 et le prince Dipendra.

— Vous êtes certain qu'il s'agit du même ? insista-t-il.

— On va le vérifier très vite, affirma le chef de station. J'envoie un message à Langley. Ils ont sûrement tout sur lui. Je préviens aussi notre station de Londres. Je vous apporterai tout ce soir à votre hôtel. On pourra dîner là-bas. Il y a un bon restaurant, avec des T-bone steaks importés d'Australie.

Malko prit congé, partagé entre l'euphorie et le doute. Si Timothy Mason avait été impliqué dans un complot visant à liquider le roi Birendra, pourquoi se trouvait-il encore au Népal, plus de trois mois après cette manip' ? Normalement, il aurait dû filer tout de suite après la réussite de l'opération. Il pouvait très bien être l'homme identifié par Larry Doolittle, mais se trouver au Népal pour une autre tâche.

***

— Vous allez me dire si c'est lui, dit Larry Doolittle.

Il sortit de sa serviette plusieurs photos couleurs, prises d'assez loin mais très nettes. Malko n'eut pas une seconde d'hésitation : c'était bien l'homme du *Summit*.

— C'est lui, dit-il.

L'Américain se rengorgea.

— Il a travaillé en Angola, en Sierra Leone, en Papouasie, en Irlande du Nord et en Bosnie. C'est un élément brillant, qui se charge de différentes « covert operations » pour le compte du MI 6. Il a même créé une société de recrutement de mercenaires, qu'il a été obligé de dissoudre, parce que c'était un peu trop voyant. La station de Londres me dit qu'il ne se trouve pas en Grande-Bretagne pour le moment, mais ils ignorent son point de chute.

— Le Népal, assura Malko. Qu'est-ce qu'il fait ici ?

— Il y a peut-être une explication toute simple, suggéra l'Américain. L'armée népalaise est en pleine réorganisation. Nous leur donnons un million de dollars par ans. Timothy Mason est peut-être venu les entraîner.

Malko sourit, ironique.

— Il n'a pas le profil.

— C'est vrai, reconnut l'Américain, mais alors...

Ils se regardèrent tandis qu'on amenait deux énormes T-bone steaks vendus au poids de l'or. Les vaches étant sacrées au Népal comme en Inde, il était interdit de les tuer et encore plus de les manger. La viande d'Australie arrivait congelée. Le restaurant était vide : un steak coûtait un mois de salaire d'un Népalais moyen. L'Américain jouait avec son Zippo-pipe en faisant claquer le capot, visiblement déstabilisé.

— Vous pensez donc que ce Tim Mason peut avoir quelque chose à voir avec le massacre du 1ᵉʳ juin ?

— À ce stade, je ne peux pas l'affirmer, avoua Malko. Mais il y a quand même une série de coïncidences troublantes. D'abord sa présence secrète. Étant donné son *back-ground,* il n'est pas venu faire du trekking. D'après votre ami Santosh Pokharel, il était en contact avec le prince Dipendra pour une affaire d'armes. Il avait donc accès au palais royal.

L'Américain soupira.

— Je n'arrive pas à croire que les «Cousins» nous aient fait un coup pareil. Et pour le compte de qui ? Les Indiens ?

— Rien n'est impossible, répondit Malko. Il faudrait surveiller ce Tim Mason, savoir ce qu'il fait *maintenant*. Peut-être qu'il y a une explication très simple à sa présence. Après tout, il ne se cache pas. Qu'il soit encore ici plus de trois mois après le drame est troublant, s'il y a été mêlé. Peut-être vais-je en savoir plus très vite par une amie de feu le prince Dipendra.

Prise par «l'accident», Prativa avait transformé son

déjeuner avec sa copine Gupta en dîner. Ils se séparèrent sur cet espoir.

Malko avait à peine regagné sa chambre que son téléphone sonna. C'était Prativa, la voix vibrante d'excitation.

— J'ai dîné avec mon amie, annonça-t-elle. Elle m'a raconté des choses *passionnantes*. Retrouvez-moi pour déjeuner, demain, à Thamel. Au *Rum Doodle*. Vers une heure.

*
**

Le quartier de Thamel, à l'ouest du palais royal, n'était qu'un immense bazar parcouru par des hordes de « back pack », touristes aux revenus modestes qui venaient se faire masser par les salopes locales en fumant de la *ganja*. Il n'y avait que des changeurs de bars, des restaurants, des boutiques de souvenirs. La plus grande partie du quartier était piétonnière. Malko trouva facilement le *Rum Doodle*, un enchevêtrement de tonnelles et de terrasses. Prativa était déjà installée à une terrasse dominant le jardin. Avant même que Malko ait eu le temps de s'asseoir, elle lui jeta :

— Timothy Mason m'a téléphoné !

Malko s'assit, partagé entre l'inquiétude et l'étonnement.

— Comment a-t-il eu votre numéro ?

— C'est bien ce qui m'étonne, dit la jeune femme, je ne le lui avais pas donné et je ne suis pas dans l'annuaire. Il lui a fallu l'aide d'un service de police.

— Que voulait-il ?

— C'est encore plus bizarre : rien de particulier. Savoir si je n'avais pas été trop choquée. Il était très gentil. Il m'a proposé de prendre un verre à son hôtel demain. J'ai eu l'impression qu'il me faisait la cour. Pourtant, je ne le « sens » pas. Ce n'est pas son style. Qu'en pensez-vous ?

— Rien de bon, reconnut Malko. Il se méfie, il se doute de quelque chose. C'est un professionnel du renseignement, donc, tout événement insolite éveille sa méfiance. Il veut savoir s'il s'agissait d'un véritable accident ou non. Grâce à votre identité, s'il est en contact avec Andrew Teck, il peut vous relier à moi.

Prativa pâlit.

— Mon Dieu ! J'ai peur ! Si c'est lui qui est responsable de la mort de Dipendra, il peut...

— Vous ne risquez rien, la rassura Malko. Déclinez son invitation, c'est plus sûr. Ça m'étonnerait qu'il insiste.

Prativa était perturbée. Elle appela le garçon et commanda un double Defender sur de la glace. Malko s'en voulait un peu de l'avoir entraînée dans le marécage du monde parallèle, mais il n'avait pas tellement d'alliés à Katmandou. Tim Mason cependant ne s'attaquerait pas à elle, il était trop prudent pour cela.

Prativa but une grande gorgée de son Defender et Malko la laissa se détendre avant d'affirmer :

— N'ayez pas peur, Prativa, il ne vous touchera pas. Maintenant, parlez-moi de votre amie Gupta.

Prativa baissa les yeux, embarrassée.

— À présent, je ne sais plus si je dois vous répéter ce qu'elle m'a dit ! Je ne comprends plus rien et je découvre des choses qui m'effrayent.

— Parlez, dit Malko. C'est très important. D'abord, qui est votre amie ?

— Elle est divorcée et vit dans une grande maison près du *Hyatt*, avec sa fille. Elle est vaguement cousine avec les « royals », parce que c'est une Rana. Elle a des amants et a eu une aventure avec Dipendra cette année. Elle m'en avait parlé. Il l'emmenait en cachette dans son bungalow, au palais, dissimulée sous une couverture pour que les Gurkhas ne la voient pas. Personne n'a le droit de pénétrer dans l'enceinte du palais sans une permission du secrétaire du roi... Ils restaient toute la journée dans sa chambre à fumer de la *ganja* et à faire l'amour. Avec elle, il se sentait en confiance parce qu'elle n'a pas d'ambition et qu'elle ne lui demandait rien, sinon de bien lui faire l'amour.

— Il lui a parlé de sa vie ? De ses projets ?

— Oui, dit-elle à voix basse. Il l'appelait tous les jours sur son portable, ils flirtaient au téléphone. Elle était au courant pour l'affaire des armes. Dipendra lui a acheté une bague avec une partie de sa commission. Et il lui avait dit un jour que s'il devenait roi, il continuerait à la voir.

— Il sortait avec elle en même temps qu'avec Devyani ?

— Oui. Devyani lui plaisait mais elle était trop ambitieuse. Il se sentait plus à l'aise avec Gupta.

Jusque-là, on était dans le courrier du cœur.

— C'est tout ce qu'elle vous a dit ? insista-t-il.

— Non, Gupta m'a raconté que Dipendra lui avait confié avoir rencontré un homme qui le prenait enfin au sérieux, qui ne le traitait pas en petit garçon comme sa mère. Un homme qui lui avait soufflé que, s'il le voulait, il pouvait devenir le roi du Népal.

CHAPITRE IX

Malko n'osait pas croire à sa chance. Peu à peu, il remontait une filière opaque, apercevant une vague lueur au bout d'un tunnel tortueux.

— Qui était cet homme? demanda-t-il.
— Elle ne sait pas son nom. Un Britannique.
— Un militaire ou un civil?
— Elle l'ignore, mais il a des liens avec les Gurkhas car il a été présenté au prince par son A.D.C., Kumar Dixit. Et il se trouvait très souvent dans le camp d'entraînement militaire de Channi, à l'ouest de la ville. Au départ, il s'est présenté au prince Dipendra comme un marchand d'armes. Dès sa première visite, il lui a apporté un pistolet-mitrailleur et lui en a fait cadeau. Bien entendu, Dipendra, qui adorait les armes, a été ravi. Aussi, il a fait pression sur l'état-major pour que l'armée en achète une certaine quantité. D'autant que cela lui rapportait une commission. Ensuite, lui et cet étranger se sont liés davantage. Il a emmené Dipendra à des séances de tir, puis à des balades en hélicoptère militaire. Il devait être très puissant, car il n'y a que quatre hélicoptères dans l'armée népalaise. Kumar Dixit participait à toutes ces activités. Peu à peu, et Gupta ne sait pas à l'initiative de qui, Dipendra s'est mis à fumer des pétards d'une composition nouvelle : du tabac et de la *ganja* comme d'habitude, et une poudre blanche. Quand Dipendra fumait

cela, il devenait comme fou, et ensuite, il retombait, très abattu.

— C'était de la cocaïne, remarqua Malko.

Prativa secoua la tête.

— Non, je ne crois pas, il n'y en a pas à Katmandou. C'était une poudre chimique, pense Gupta.

Malko songea aussitôt à « l'angel dust », le P.C.P., une drogue synthétique. En tout cas, ce que décrivait Prativa ressemblait beaucoup à une mise en condition par différents moyens, psychologiques et chimiques. Un vrai lavage de cerveau.

— Le jour du drame, continua Prativa, Dipendra a téléphoné à Gupta. Il était dans un état d'excitation incroyable et il lui a dit qu'il aurait bientôt une très grande nouvelle à lui annoncer.

— Donc, il avait déjà décidé de tuer sa famille, continua Malko. C'était bien prémédité, cela correspond à ce que la princesse Ketaki m'a dit : il avait insisté pour savoir qui venait et ne venait pas, en téléphonant à tout le monde. Quelque chose m'étonne : de toute façon, pour devenir roi, il fallait qu'il tue son père. Comment aurait-on pu couronner un parricide doublé d'un régicide ?

La Népalaise eut un sourire indulgent.

— Vous ne comprenez pas, nous sommes au Népal. Si Dipendra n'était pas mort, il serait monté sur le trône. Dès la mort de son père, il a été proclamé roi. Or, le roi est intouchable. Aux yeux des Népalais, les « royals » sont des dieux. Ils n'obéissent pas aux lois du commun des mortels.

— Donc, conclut Malko, lorsqu'il a fait cette promesse, il ne s'attendait pas à mourir. Juste à tuer son père. Et quelque chose d'imprévu est arrivé. Qu'en pense-t-elle ?

— Rien, avoua Prativa. Elle a peur qu'on ait écouté ses communications et qu'on vienne la tuer. Ici, la Military Intelligence est très puissante et n'a de comptes à rendre à personne, sauf au roi.

Malko l'écoutait à peine. Son enquête était en train de

faire un pas de géant. Deux témoignages lui confirmaient que le prince Dipendra avait été en rapport étroit avec un Britannique lié à l'armée. Un homme qui avait sur lui un ascendant important et l'avait probablement poussé à commettre le massacre du palais Nakayanhiti pour prendre le pouvoir. D'un autre côté, il avait identifié un agent du MI 6 spécialisé dans les « covert operations » : Timothy Mason. C'était tentant de conclure que les deux personnages n'en faisaient qu'un. Toutefois, à ce jour, il ne pouvait pas l'affirmer. Le seul lien ténu entre Timothy Mason et le Palais était la Subaru blanche aperçue devant le domicile de Kumar Dixit. C'était quand même léger.

Et comment imaginer qu'il soit resté au Népal s'il était responsable de cette manip' ? Il lui fallait une raison *très* sérieuse. On revenait toujours au même point : le seul qui pouvait lever ses doutes était l'A.D.C. envolé, Kumar Dixit.

Prativa se pencha vers lui et demanda à voix basse :

— Vous pensez que l'homme qui habite au *Summit* est responsable de ce massacre ?

— Ce n'est pas impossible, reconnut Malko, mais je n'ai aucune preuve.

Et Dieu sait s'il en aurait jamais. Il paya et ils redescendirent dans les rues animées de Thamel, racolés presque à chaque mètre par les boutiquiers, les instituts de massage, les bars...

— Gupta vous a tout dit ? demanda Malko.

— Oui, je pense.

À moins de faire tourner les tables, il y avait un mince espoir d'en savoir plus.

— Elle connaissait Kumar Dixit ?

— Elle l'apercevait parfois quand elle se rendait au palais, mais elle ne lui a jamais parlé.

— Il faudrait peut-être retourner voir sa femme, suggéra Malko. C'est le pivot de mon enquête. Il est le seul à pouvoir révéler ce qui s'est réellement passé le soir du 1er juin, et quel a été le rôle de ce mystérieux Britannique.

En marchant, un détail lui revint en mémoire : la chaleureuse poignée de mains d'Andrew Teck lors de leur première rencontre. Or, les Britanniques, contrairement aux Américains, ont horreur de ce contact physique. Ils ne s'y résignent que contraints et forcés. Pour endormir la méfiance d'un adversaire... Mais, évidemment, un tel raisonnement ne tenait pas devant un tribunal. Même au Népal.

— Je vais aller à l'ambassade américaine, dit Malko. Ce n'est pas très loin du domicile de Kumar Dixit. Vous pouvez m'y accompagner ? Ensuite, la voiture me déposera à l'ambassade et vous raccompagnera.

— Je veux bien, dit Prativa, mais qu'allez-vous lui demander ?

— Si elle a des nouvelles de son mari.

De nouveau, ils filèrent vers le nord. Dans la journée, la circulation était démentielle. À se demander comment il n'y avait pas un accident tous les trois mètres. Il leur fallut près de quarante minutes pour arriver devant la maison au portail vert. Malko sonna et, quelques instants plus tard, le domestique qu'ils avaient déjà vu vint ouvrir. Du coin de l'œil, Malko aperçut la voiture rouge devant le garage. Devi Dixit était chez elle. Prativa négocia avec l'employé qui repartit dans la maison. Il revint trois minutes plus tard pour annoncer que sa maîtresse était sortie... À quoi bon discuter ? La femme de l'aide de camp disparu fuyait le contact. Peut-être sur l'ordre de la hiérarchie de son mari. Malko battit en retraite.

Larry Doolittle semblait avoir reçu tout le malheur du monde sur la tête. Il avait écouté Malko exposer sa théorie en tirant sur sa pipe, les yeux mi-clos derrière ses lunettes, ses épaules s'affaissant au fur et à mesure que Malko détaillait le rôle possible des « Cousins ». Il lâcha une bouffée de fumée bleue et dit pensivement :

— C'est un récit extrêmement troublant ! Mais je ne vois pas quelle aurait pu être la motivation des « Cousins ».

— Moi non plus, dut avouer Malko. Mais si les choses se sont passées de cette façon, ce n'est ni Timothy Mason ni même Andrew Teck qui l'ont pris sous leur bonnet. Cela viendrait de Londres.

— Je vais quand même faire un rapport circonstancié à Langley, proposa l'Américain. Le problème, c'est qu'il n'y a aucune preuve. C'est juste une construction de l'esprit, qui a intérêt à ne pas être divulguée. Si les « Cousins » savaient que nous les soupçonnons et qu'ils sont innocents, je ne vous dis pas... D'autant qu'en ce moment, c'est l'union sacrée.

Les États-Unis et la Grande-Bretagne faisaient assaut de missiles de croisière sur l'Afghanistan dans leur croisade contre Oussama Ben Laden. Malko sentait bien que le lièvre qu'il avait levé était embarrassant pour la CIA. Son chef de station ne s'attendait sûrement pas à une telle découverte. Il laissa tomber avec un sourire désarmant :

— Ecoutez, je crois que vous avez fait le maximum. Tant qu'on n'aura pas remis la main sur ce Kumar Dixit, nous sommes bloqués. Donnons-nous quelques jours de réflexion. Attendons la réponse de Langley.

Impossible d'être plus royaliste que le roi. Malko prit congé de Larry Doolittle. Il était en somme en chômage technique ! Évidemment, il pouvait continuer à explorer le *Kama-Soutra* avec Prativa et jouer au touriste en explorant les innombrables stupas de Katmandou. Mais les vieilles pierres ne l'avaient jamais excité. À son retour au *Yak and Yeti*, l'employé de la réception lui tendit un message : Anna Dickens demandait qu'il l'appelle. Apparemment, elle lui avait pardonné son viol. Il composa le numéro de sa chambre et elle répondit aussitôt.

— Vous êtes là ? Je descends tout de suite.

Elle surgit de l'ascenseur quelques instants plus tard et l'embrassa comme du bon pain. Cette étreinte réveilla la libido de Malko, qui la serra sournoisement contre lui.

— Malko ! dit-elle. Je suis si contente de vous voir. *So happy!*

C'était presque une déclaration d'amour.

— Moi aussi, dit-il sans la lâcher. On pourrait dîner ensemble ce soir.

— Ce soir, je ne peux pas, prétendit la jeune Britannique, mais je voulais vous inviter à une expédition.

— Une expédition ? Où ça ?

— Pas très loin, 25 kilomètres au nord de Katmandou. C'est dans une zone « libérée » par les maoïstes. On y accède par une piste. Ma boîte m'a demandé d'aller voir si on pouvait tourner là-bas. C'est un aspect peu connu du Népal. On m'a prévu une voiture et un chauffeur, mais j'ai peur d'y aller seule. Ça vous ennuierait de m'accompagner ? On fait l'aller-retour dans la journée...

Elle était touchante, le visage levé vers lui, les seins en avant, involontairement sexy, mais pleine de retenue... Sans même réfléchir, Malko s'entendit dire :

— Mais avec plaisir ! À quelle heure voulez-vous partir ?

— Sept heures. Ce n'est pas trop tôt ?

— Non, non, je regrette de ne pouvoir dîner avec vous.

Anna Dickens baissa les yeux, embarrassée.

— Ce soir, fit-elle, je dîne avec Andrew Teck à notre ambassade. Il a réuni des personnes que je voulais rencontrer pour mon reportage.

Malko faillit lui demander si c'était le Britannique qui l'avait envoyée porter un message à Tim Mason, mais il se retint. Ils auraient tout le temps de bavarder le lendemain.

— Nous nous rattraperons demain soir, dit-il.

— Absolument ! promit Anna, avec un regard qui en disait long sur ses intentions.

Malko se dit que, cette fois, il n'aurait pas à la violer. En attendant, cette balade sur les terres maoïstes allait lui changer les idées.

*
* *

Le vieux 4×4 d'un blanc sale, un Mahindra fabriqué en Inde, crachait une fumée noire à chaque reprise et réclamait de l'eau tous les deux kilomètres comme un ivrogne réclame du vin. L'embrayage, définitivement grippé, forçait le conducteur — un Népalais très foncé aux yeux bridés — à un combat féroce contre la boîte de vitesses, qui se traduisait par des hurlements aigus de pignons martyrisés à chaque changement d'allure.

Et Dieu qu'il y en avait !

Depuis qu'ils avaient quitté la route vaguement goudronnée, au nord de Katmandou, pour emprunter la piste menant au village de Samudradevi, dans le district de Nuwakot, il n'y avait pas dix mètres sans un virage. La piste escaladait des collines couvertes de jungle, hérissée de bosses, creusée de fondrières, piquetée d'énormes morceaux de rocher. Le 4×4 tanguait comme un bateau ivre, rebondissait, s'arrêtait presque quand la pente était trop forte, puis repartait dans un hurlement de moteur. Agrippé à son volant, les dents serrées, le chauffeur faisait l'impossible pour maintenir l'engin sur la piste, frôlant tout le temps le précipice qui la bordait invariablement d'un des deux côtés.

— C'est encore loin ? demanda Anna Dickens, serrée entre le chauffeur et Malko.

Ils formaient tous les trois un magma humain secoué comme une salade dans un panier, assourdis par les rugissements du vieux diesel, asphyxiés par les nuages noirs de l'échappement. Les amortisseurs ayant rendu l'âme depuis longtemps, ils rebondissaient jusqu'au pavillon à chaque cahot. Ils avaient quitté Katmandou une heure plus tôt et cela semblait un siècle.

— Deux heures ! lança le chauffeur, avant d'aborder un nouveau virage en épingle à cheveux.

Malko avait posé sur le plancher la sacoche de cuir noir contenant le vieux Webley, emmené à tout hasard. Une main autour des épaules d'Anna, l'autre accroché à un montant de la portière, il comptait les virages. Depuis un kilomètre, on ne voyait plus aucune habitation, la jungle descendant jusque sur la piste. Par contre, les nids-de-poule atteignaient des profondeurs inouïes.

Soudain, une odeur de brûlé envahit l'habitacle et le moteur se mit à hoqueter. Paisible, le chauffeur annonça avec un sourire embarrassé :

— *Needs water*[1].

**

Il n'eut pas à s'arrêter, le moteur avait calé. Il sauta à terre et ouvrit le capot d'où s'échappa une épaisse fumée. Ils se trouvaient en pleine forêt. À l'aide de bouteilles stockées à l'arrière, il remplit le radiateur, après l'avoir laissé refroidir. Malko et Anna étaient restés dans la voiture.

— Je suis moulue ! soupira la jeune femme, je ne pensais pas que ce serait aussi dur.

Dix minutes plus tard, ils repartaient pour une nouvelle étape de montagnes russes. Soudain, au détour d'un virage, il virent en travers de la piste une barrière gardée par un soldat.

— C'est le dernier poste militaire, expliqua Anna Dickens. Ensuite, nous entrons dans le territoire tenu par les maoïstes. Mais, comme c'est un parc naturel, il faut payer pour continuer.

Le chauffeur partit s'acquitter de ce péage kafkaïen dans une petite guérite et ils sortirent se dégourdir les jambes. Plusieurs soldats surgirent de baraquements dissimulés dans la jungle, les regardant comme des bêtes curieuses.

— Ce n'est pas dangereux d'aller chez les maoïstes ? demanda Malko. Il paraît qu'ils tuent tous les policiers...

Anna Dickens eut un rire charmant.

— Oui, c'est vrai, les policiers et les représentants du gouvernement, mais ils n'ont jamais touché aux étrangers,

---

[1] Il a besoin d'eau.

jusqu'ici. Et puis, un de leurs responsables nous attend là-bas pour nous faire visiter le village…

Tout était dans le « jusqu'ici »…

Ils repartirent, laissant le camp militaire derrière eux. La piste était de plus en plus raide : un vrai sentier de chèvre… Le chauffeur se lançait à toute vitesse pour prendre de l'élan, dérapant, frôlant le précipice, s'enfonçant dans des ornières boueuses jusqu'au moyeu. Il y eut encore deux arrêts-eau. La vision était limitée par la jungle épaisse, sauf lorsque, dans un virage dégagé, on découvrait des collines moutonner à l'infini jusqu'à l'horizon montagneux de l'Himalaya. Enfin, après deux heures et demie de supplice, ils aperçurent en contrebas quelques maisons en pierre sèche clairsemées, cernées de collines avec des rizières en espalier, comme à Bali, et des champs de maïs. Le chauffeur s'arrêta en terrain découvert, en face d'une masure à moitié effondrée.

Un drapeau rouge, orné de la faucille et du marteau, flottait au bout d'un long bambou agité par le vent, planté sur le toit de la masure. Un homme émergea de celle-ci, en tenue vaguement militaire, un vieux fusil Lee-Enfield 303 accroché à l'épaule, une casquette sur la tête. Il leva le bras droit, le poing fermé, et lança un sonore « *Lal salal* ».

Cinq autres guérilleros sortirent à leur tour, regardant curieusement les visiteurs.

— *Gentlemen comrades*, lança le premier, qui baragouinait l'anglais ; bienvenue dans le Népal libéré.

Peu à peu, surgis de nulle part, des dizaines de gamins et de femmes, toutes en sari, un foulard sur la tête, les entourèrent en silence. Les soldats disposèrent sur une grande planche des assiettes en aluminium et le chauffeur sortit les rares bouteilles d'eau minérale qui n'avaient pas été avalées par le radiateur. Une vieille femme arriva avec un faitout plein d'une pâte assez répugnante d'aspect : un mélange de lentilles, de riz gluant et de morceaux de poulet où il y avait plus de pattes que de blanc…

Comme ils mouraient de faim, ils mangèrent. Avec

leurs doigts, l'usage des couverts n'étant pas parvenu jusque-là.

Le paysage était magnifique — des collines à perte de vue, d'un vert insolent — et la misère poignante. Les hommes étaient vêtus de guenilles, les femmes de saris rapiécés ; pieds nus, édentés, tous visiblement en mauvaise santé. C'était le Moyen Âge à deux heures de piste de Katmandou. Le rêve impossible des écologistes : pas de poteau électrique, pas d'eau courante, pas d'électricité, donc pas de télé, pas de médecin, pas de pharmacie. Les villageois vivaient de troc grâce à leurs cultures et à leur élevage. Depuis peu, une école s'était ouverte grâce à une ONG, « Planète Enfants ». Mais les écoliers continuaient à aller pieds nus car, faute d'argent, il fallait faire un choix entre les livres de classe et les chaussures.

Plus de cinq mille personnes vivaient dans cette vallée, mais pour gagner les autres hameaux, il fallait marcher... Des heures. Les pistes étaient impraticables, même aux 4×4.

Anna Dickens ouvrait de grands yeux stupéfaits. Leur guide commença à leur montrer les habitations, les quelques buffles, l'école où piaillaient des jeunes gens en uniforme qui n'avaient plus le droit de chanter l'hymne national népalais, sous peine de se faire couper la tête. Ensuite, on les promena dans des sentiers de chèvre qu'il fallait grimper pratiquement à quatre pattes. Ils terminèrent leur balade par une maison de pierre peinte en vert, au toit de tôle ondulée, au milieu d'un champ de maïs. Nettement mieux que les autres masures. Gravement, leur guide expliqua :

— Ces gens-là, les propriétaires de cette maison, ont vendu leurs deux filles de douze ans à un bordel de Bombay, 6 000 roupies chacune, pour s'acheter un toit. Mais bientôt, elles vont revenir.

— Ah bon, s'extasia Anna, elles ont pu s'échapper ?

— Non, fit le guide, on les renvoie dès qu'elles ont le sida.

Cela jeta un froid.

Anna Dickens était muette d'horreur. Les fillettes la suivaient, médusées : elles n'avaient jamais vu de blonde. Malko regarda la jungle qui descendait très bas.

— L'armée ne vient jamais ici ? demanda-t-il.

— Jamais, affirma le guide. Ils ont peur.

Ils regagnèrent leur point de départ, où ils avaient laissé le 4×4, au prix d'une nouvelle marche harassante. Malko regarda sa Crosswind : trois heures. La nuit tombait tôt ; il était prudent de reprendre la piste. Anna Dickens était ravie.

— Ça va être formidable à filmer, dit-elle. Ces gens sont tellement pauvres. Ils n'ont *rien*.

Ils laissèrent un peu d'argent, des bouteilles d'eau minérale, et firent le plein du radiateur à une source. Contre toute attente, le diesel du Mahindra consentit à redémarrer après de longues hésitations. La piste parut à Malko encore plus effroyable qu'à l'aller. Épuisée, Anna dodelinait de la tête contre son épaule.

Soudain, le 4×4 patina et se mit en travers de la piste. À cet endroit, elle se creusait pour remonter ensuite brutalement. À gauche, une pente raide, à droite, la jungle épaisse. Le chauffeur se lança : le 4×4 recula. Une seconde fois : il cala au milieu de la pente, le capot dangereusement proche du précipice. Anna s'était réveillée et paniquait.

— Je suis désolée de vous avoir entraîné là-dedans, dit-elle à Malko

Le chauffeur se retourna vers eux, gêné.

— Je crois qu'il va falloir que vous descendiez. Je n'arriverai pas à monter la côte avec vous.

— En avant, soupira Malko.

Il attrapa sa sacoche et sauta sur le bas-côté boueux, tendant la main à Anna qui tomba sur lui. Ensuite, ils se lancèrent dans la montée, évitant les plus grosses flaques d'eau, la main dans la main. Malko se retourna : les glaces couvertes de boue du 4×4 étaient si sales qu'il ne distinguait même pas le chauffeur ! Celui-ci fit rugir son moteur et le Mahindra se lança bravement à l'assaut de la côte.

Il n'avait pas parcouru trois mètres qu'une rafale d'arme automatique claqua, assourdissante. Le pare-brise éclata, pulvérisé, ainsi que les glaces latérales, côté montagne. Médusé, Malko aperçut le corps du chauffeur affalé sur son volant. Une seconde rafale claqua, perçant les tôles du véhicule immobilisé.

On essayait de les tuer.

CHAPITRE X

Malko scruta l'épais mur de jungle qui descendait jusqu'à la piste. Impossible de voir ses agresseurs. Apparemment, ceux-ci les avaient crus encore tous à l'intérieur du 4×4. Anna Dickens, tétanisée, semblait clouée au sol. Malko l'attrapa par la main et l'entraîna dans la pente raide, en contrebas de la piste. Très vite, ils ne purent plus contrôler leur course, rebondissant d'arbre en arbre, roulant pour terminer au fond d'un petit ravin dominé par la route. Malko rampa jusqu'à un tronc abattu, tirant Anna, et leva la tête vers la piste.

Aucun signe de vie, le silence.

— Qu'est-ce qui se passe ? balbutia Anna Dickens, qui tremblait comme une feuille.

— On a tenté de nous tuer, dit Malko. Des gens qui pensaient que nous étions dans le 4×4. Le chauffeur nous a sauvé la vie en nous faisant descendre. Hélas, je crois qu'il est gravement touché.

— Mais qui a pu faire cela ? Andrew Teck m'avait dit…

Malko écarta la question.

— On verra plus tard.

— Mon Dieu, qu'est-ce qu'on va faire ?

Malko poussa une brève exclamation.

— Attention !

Une silhouette en vert venait d'apparaître brièvement en bordure de la piste. Leurs agresseurs avaient dû découvrir qu'ils ne se trouvaient pas dans le Mahindra et les cherchaient. Malko réalisa soudain que sa sacoche était encore accrochée à son poignet. Il l'ouvrit et en sortit le vieux Webley de Prativa. Anna poussa un cri :

— Vous êtes armé !

Malko n'eut pas le temps de lui répondre. Une rafale venait de claquer, provenant de la piste, et des projectiles ricochèrent autour d'eux. Ils entendirent des appels en népalais. Une autre silhouette apparut, en surplomb, beaucoup plus haut. Tenant son arme à deux mains, Malko appuya sur la détente. Le gros revolver fit un boucan d'enfer et la silhouette disparut aussitôt.

Le silence retomba.

Évidemment, la partie n'était pas égale : un revolver avec encore cinq cartouches contre des fusils d'assaut, l'issue était claire. Mais entre la chasse au lapin et celle au sanglier, il y a une différence de nature. Traquer des gens désarmés ou quelqu'un qui peut se défendre, ce n'est pas la même chose. Abrité derrière un arbre, Malko guettait la route. Ceux qui avaient tiré sur eux étaient obligés de se découvrir pour venir les chercher. Ce n'étaient peut-être pas des héros...

Les minutes s'écoulèrent dans un silence pesant. Il jeta un coup d'œil à sa Breitling Crosswind : vingt minutes s'étaient déjà écoulées depuis qu'ils étaient là. Seulement, leurs agresseurs pouvaient très bien les attendre.

— Qu'est-ce qu'on fait ? souffla Anna.

— Essayons de bouger.

Ils partirent vers le fond du ravin, parallèlement à la piste, protégés par l'épaisse végétation. Plus aucun signe de leurs adversaires et la nuit tombait. Ils arrivèrent assez vite au bout du ravin. Ou ils partaient dans l'inconnu, ou ils étaient obligés de remonter sur la piste.

— Allons-y, décida Malko. Attendez-moi. Vous me rejoindrez ensuite. Si cela se passe mal, restez tapie ici jusqu'à demain matin.

Anna Dickens se jeta littéralement sur lui.

— Non, non, j'ai trop peur, je viens avec vous.

Ils commencèrent à gravir la pente escarpée, s'arrêtant pour souffler. Malko parvint le premier au niveau de la piste. Après avoir écouté et entendu seulement quelques cris de perroquet, il risqua un œil. D'abord vers la droite, d'où ils venaient. L'endroit où devait se trouver le 4×4 était caché par un virage et la jungle devant lui était totalement impénétrable... Il attendit, le cœur battant, puis se hissa sur la piste, laissant Anna accroupie en contrebas.

Rien ne se passa.

Il lui tendit la main. On n'entendait que des cris d'oiseaux. Aucun bruit suspect. Comme si rien ne s'était passé.

— Si on allait chercher le 4×4 ? suggéra la jeune femme.

Malko la dissuada aussitôt.

— C'est peut-être là qu'ils nous attendent, remarqua-t-il. En plus, il a été atteint, rien ne dit qu'il marche encore. Il vaut mieux partir à pied. Il doit y avoir une dizaine de kilomètres jusqu'au poste militaire.

Il chuchotait, le regard fixé sur la muraille verte qui les dominait. Il prit la main de la jeune femme et se mit en route. Au moins, ils ne risquaient pas de se perdre. Pendant qu'ils marchaient, la nuit tomba brutalement. Il ne restait plus que la clarté des étoiles et de la lune.

Ils progressaient en silence, dérapant dans les ornières, le cœur battant la chamade, guettant le moindre bruit, s'arrêtant parfois pour écouter. Anna Dickens se laissa soudain tomber sur un talus et se mit à pleurer.

— On n'y arrivera jamais !

Malko la remit sur ses pieds et l'entraîna. Elle avançait comme une automate. Tout en progressant sur la piste, il se demandait ce qui s'était passé. Apparemment, l'expédition d'Anna Dickens avait été mal organisée. Quelque chose avait déplu aux maoïstes qui avaient fait une première : tirer sur des étrangers.

*
**

— Voilà le camp ! lança Malko.

À travers la végétation, il venait enfin d'apercevoir des lumières. Anna Dickens ne répondit même pas. Elle dormait debout. Si Malko ne l'avait pas traînée, elle serait restée sur place. La bouche ouverte, respirant comme un soufflet de forge, elle avançait avec de grands *floc*, tombant tous les cent mètres.

Un cauchemar.

Mais ils n'avaient plus été menacés. Malko avait remis le vieux revolver dans sa sacoche et se concentrait sur la marche. Tous ses muscles lui faisaient mal. La piste montait et descendait sans arrêt, ils pataugeaient dans la boue. Même la nouvelle que le camp était proche ne parvint pas à stimuler la jeune Britannique. Heureusement, après un virage brutal, la piste descendait. Ils débouchèrent brusquement devant un embranchement marqué par des pierres blanches. La bifurcation menait au poste militaire. Soudain, une silhouette surgit devant eux. Un soldat népalais, armé d'un antique pistolet-mitrailleur Bren. Malko s'arrêta net. L'autre ne s'attendait sûrement pas à voir arriver des gens à pied.

— *We have been attacked*, dit-il.

Le soldat reconnut des étrangers mais il ne parlait pas anglais. Il fallut gagner la cabane du péage pour trouver un gradé auprès de qui ils purent s'expliquer. À la lueur d'une lampe à pétrole, Malko raconta ce qui s'était passé. Un officier de Gurkhas arriva et leur jeta un regard de commisération. Anna Dickens dormait, la tête sur la table.

— Je vais envoyer une patrouille, immédiatement, dit l'officier. Ce sont sûrement les maoïstes. Ils n'osent pas s'attaquer à nous, alors ils se sont vengés.

Une patrouille dans cette nuit noire et cette jungle avait à peu près autant de chances de trouver les terroristes que d'attraper une bactérie avec un filet à papillon.

— Auriez-vous un véhicule pour nous faire reconduire en ville ? demanda Malko. Notre voiture est très loin d'ici et probablement hors d'usage. Si le chauffeur n'avait pas été tué, il serait reparti.

Après moult conciliabules, on les mit enfin dans une jeep encore plus brinquebalante que leur 4×4.

Une demi-heure plus tard, ils pénétraient dans le hall du *Yak and Yeti*. Des fantômes couverts de boue, méconnaissables, hâves, épuisés. Sans un mot, Anna Dickens se jeta dans l'ascenseur, sans même dire au revoir à Malko. Lui gagna sa chambre et fila sous une douche. Il mourait de faim et aurait bien posé quelques questions à Anna. Elle avait failli mourir avec lui, mais pourtant, quelque chose le tracassait. Pourquoi s'était-elle jetée à sa tête la veille pour lui demander de l'accompagner ? S'il n'avait pas eu le revolver prêté par Prativa, ils seraient probablement morts tous les deux. Les rafales tirées sur le 4×4 ne le visaient pas lui spécialement.

Il s'endormit, en se disant que sa soirée d'amoureux avec Anna était remise *sine die*.

Malko s'était réveillé tôt, avec une idée fixe. Il appela l'hôtel *Vajra*.

— Je voudrais laisser un message à M. Thana, dit-il.

Il y eut un blanc et l'employé annonça :

— *Mister Thana is here. You want to talk to him*[1] ?

C'était inespéré. Dès qu'il eut le collecteur de fonds des maoïstes en ligne, Malko ne perdit pas de temps.

— Je voudrais vous voir tout de suite. C'est important.

— D'accord, fit le Népalais, mais pas ici, je partais. Je vous attends à Bagh Bazar, une maison juste à côté de l'hôtel *Holyday Taj*. La porte à côté du magasin de photos. Dans une demi-heure. Ce n'est pas loin de votre hôtel.

Effectivement, ce n'était pas loin, dans le prolongement du Dilli Market. Un quartier populaire, plein d'échoppes variées. L'immeuble jouxtant le *Holiday Taj* n'avait qu'un étage, un toit de tôle et une façade lépreuse,

---

[1]. M. Thana est là. Vous voulez lui parler ?

rongée par l'humidité, d'où partaient des faisceaux de fils électriques enchevêtrés jusqu'à un pylône électrique supportant un transformateur. À peine Malko avait-il pénétré dans un couloir sombre qu'un homme jeune apparut et lui fit signe de le suivre. Thana Giri était assis sur un vieux tapis, dans une pièce nue, en train de classer des papiers.

— Que se passe-t-il ? demanda-t-il.

Malko lui raconta sa mésaventure de la veille et termina par une question :

— Pourquoi les maoïstes ont-ils tiré sur nous ?

Thana Giri n'hésita pas.

— Ce ne sont pas les maoïstes, dit-il. Pour plusieurs raisons. D'abord, nous sommes en pleine négociation avec le gouvernement, nous ne voulons pas envenimer les choses. Ensuite, notre politique est de ne pas nous attaquer à des étrangers. Et surtout, nous n'avons pas de détachement armé dans cette région.

— Pourtant, dans le village, j'ai vu des miliciens de chez vous. Armés.

— C'est exact, reconnut Thana Giri, mais ils ont l'interdiction de quitter le village. Et surtout d'engager le combat contre l'armée. En plus, vous avez entendu des armes automatiques ?

— Oui.

— Ils n'en ont pas.

— Ce ne peut pas être une autre unité ? insista-t-il. Qui nous aurait pris pour des agents gouvernementaux ?

Le Népalais ne sembla pas convaincu.

— Non, dit-il, c'est impossible. Nous avons un très bon service de renseignements, un membre de la cellule de Katmandou travaille au *Yak and Yeti* où nous l'avons fait engager. Si vous aviez été la cible d'une opération, il l'aurait su. Et *je* l'aurais su. Mais si vous voulez, je peux faire une enquête.

— Quand saurez-vous quelque chose ?

— Ce soir. Revenez ici, à six heures. C'est une de nos bases en ville, car il y a plusieurs sorties.

Malko se retrouva dans la rue grouillante d'animation, perplexe. Si ce n'étaient pas les maoïstes, qui était responsable de cette véritable embuscade ? On les attendait. On connaissait leur voiture. Il fallait mettre Larry Doolittle au courant.

**

Le chef de station de la CIA était visiblement abasourdi par le récit de Malko.

— Mais cette piste est parfaitement sûre ! protesta-t-il. Les maoïstes sont ravis que des étrangers viennent visiter leur village, si près de Katmandou. J'y suis allé moi-même, l'ambassadeur de France aussi. Une ONG française, Planète Enfants, y est implantée, avec l'accord des maoïstes. Ce qui vous est arrivé est incroyable.

— Doublement, souligna Malko. Parce que je ne crois pas, à ce stade, représenter un danger pour les comploteurs du 1er juin. Même si j'ai échafaudé une hypothèse, sans preuve, je suis dans l'impasse. À tel point que j'ai dû stopper mon enquête.

— C'est en effet incompréhensible, reconnut l'Américain. Vous êtes certain que *vous* étiez visé ?

— Notre véhicule en tous cas. Il n'y a pas tellement de circulation sur cette piste... Sans le revolver prêté par Prativa, nous y passions.

— Vous auriez dû me demander une arme...

— Là n'est pas le problème, coupa Malko. Vous n'avez vraiment aucune idée des coupables possibles ?

— En dehors des maoïstes, il n'y a aucun groupe armé au Népal.

— Ce ne serait pas une bavure de l'armée ?

— Ça m'étonnerait *beaucoup*. Les Gurkhas sont bien entraînés et très disciplinés. De plus, ils connaissaient votre présence sur cette piste.

— Donc, c'est un mystère, conclut Malko. Vous n'avez pas encore envoyé votre rapport à Langley ?

— Pas encore, reconnut l'Américain, j'ai été débordé. Je vais faire cela demain.

Anna Dickens avait enfin fait surface ! En maillot deux-pièces, elle récupérait à la piscine, encore choquée par son aventure de la veille.

— J'ai prévenu Andrew, dit-elle en voyant Malko. Il pense que ce sont les maoïstes. Ils se sont déjà attaqués à des véhicules d'ONG pour les détruire. Seulement, ils faisaient descendre les occupants avant.

— Et l'agence qui vous a fourni le 4×4 ?

— Ils ne sont au courant de rien. Ils pensaient que tout s'était bien passé. Ils ont envoyé quelqu'un récupérer la voiture et voir ce qui est arrivé au chauffeur.

Malko s'allongea au soleil, à côté d'elle. Il n'y avait rien à faire jusqu'à son rendez-vous avec Thana Giri.

***

Thana Giri attendait Malko dans une autre pièce, un peu mieux aménagée, avec de vieux canapés défoncés, une table basse, une lampe et un tapis dont on voyait la trame.

— Vous avez pu obtenir des informations ? demanda Malko en s'asseyant.

Le collecteur de fonds hocha affirmativement la tête.

— Oui. À cause des négociations avec le gouvernement, beaucoup de commandants et de camarades responsables locaux sont en ville. Je peux vous affirmer que *personne* de chez nous ne s'est attaqué à vous. Cette visite a été approuvée par le camarade Khrisna Mahara, le responsable du district de Nuwakot. Ce sont d'autres gens qui vous ont attaqués.

Malko médita cette réponse quelques instants. Par acquit de conscience, il insista pourtant :

— Il n'y a *aucun* risque d'erreur ?

— Aucun, affirma Thana Giri. Nos unités sont très bien tenues en main et ne prennent jamais d'initiatives. En plus, il y a un consensus absolu pour ne pas s'en prendre aux étrangers.

— Alors, qui peut avoir tiré sur nous ?

Le Népalais eut un geste évasif.

— Je l'ignore. Mais les seuls qui se hasardent dans cette zone sont des unités du détachement qui tient le check-point sur la piste de Samudradevi. Entre le village de Budhamilkanta et nous, il n'y a qu'eux.

— On a retrouvé le 4×4 ?

— Oui. C'est le bus quotidien qui relie Samudradevi à Katmandou qui l'a trouvé. Son conducteur était mort. La voiture a été criblée de balles, plusieurs dizaines d'impacts. Elle est désormais au village, car nous l'avons réquisitionnée.

Finalement, ce tas de boue était plus solide qu'il n'y paraissait...

Malko en savait assez. Ce qu'il venait de découvrir était assez effrayant. Thana Giri lui jeta un regard inquisiteur.

— Et vous ? demanda-t-il. Vous avez une idée de ceux qui ont tenté de vous tuer ?

— Peut-être, fit Malko évasivement. Vous restez en ville ?

— Je pars dans le Nord-Est, à Dhulikhal, où nous avons une réunion. Je serai de retour dans deux jours. Vous pourrez me joindre au *Vajra*.

— Merci, dit Malko.

Anna Dickens prenait le thé dans le *lobby*, lorsqu'il regagna l'hôtel. Malko n'avait pas très envie de lui faire part de ses informations. Il commençait à avoir une idée très précise de ce qui s'était passé. Et cela faisait froid dans le dos.

— Si on allait dîner ? proposa-t-il. Le dîner qu'on devait faire hier soir.

La jeune Britannique rayonna instantanément.

— Quelle bonne idée ! Je vais me changer.

**

Anna Dickens s'était mise sur son trente et un. Ses longs cheveux blonds cascadant dans son dos, un maquillage discret mais efficace qui accentuait le bleu de ses yeux et la robe bleue boutonnée devant, dans laquelle Malko l'avait violée. Heureux présage.

— On va au *Hot and Fire* ? proposa-t-elle, un restaurant italien de Thamel. Les « royals » y vont souvent.

Le chauffeur connaissait. C'était situé dans une impasse, juste à l'entrée de Thamel. En fait d'italien, c'était une minuscule pizzéria au décor de chalet, avec d'atroces odeurs de cuisine prouvant au moins qu'il y en avait une. Il y avait peu de monde. Malko commença par un Bloody Mary et Anna par un Defender Success sans glace, bien tassé. Elle n'était pas encore remise de ses émotions. Après avoir commandé des pizzas, ils se regardèrent et les yeux de la jeune femme s'embuèrent.

— Vous m'avez sauvé la vie, hier ! Sans vous, je me serais affolée. Mais d'où teniez-vous cette arme ?

— Un cadeau, dit Malko, que je n'avais pas voulu laisser traîner à l'hôtel. C'est *lui* qui nous a sauvé la vie. Parlons d'autre chose.

Ils s'attaquèrent à leur pizza. Malko ne pouvait s'empêcher d'avoir le regard attiré par le décolleté carré avec sa vue imprenable sur les seins blancs de la journaliste. Celle-ci jeta un long regard à Malko et dit soudain, à voix basse :

— Je ne sais pas ce que j'ai. Je crois que j'ai envie de faire l'amour avec vous.

— Nous l'avons déjà fait, remarqua Malko.

Anna fit la grimace.

— Non. Vous m'avez violée, ce n'est pas la même chose. Je n'ai pas eu l'impression d'être infidèle à mon *boy-friend*. Maintenant, c'est différent.

Elle repoussa sa pizza à peine entamée.

— Je n'ai pas très faim...

— Moi non plus, fit Malko en écho.

Il faut dire que ce temple de la gastronomie royale était totalement infect... Durant le trajet jusqu'au *Yak and Yeti*, ils n'échangèrent pas un mot et gagnèrent directement la chambre de la jeune femme. À peine entrée, celle-ci se retourna et étreignit Malko des genoux aux épaules, l'embrassant avec une violence juvénile, les bras noués sur sa nuque. Elle s'écarta juste assez pour qu'il puisse défaire sa robe de haut en bas. Puis elle le regarda pendant qu'il se déshabillait, le regard humide et flou. Dès qu'il fut nu, avec un naturel parfait, elle s'agenouilla en face de lui et le prit dans sa bouche, les cheveux dans les yeux. Malko tressa ses longs cheveux blonds dans sa main et elle couina de bonheur, le suçant avec encore plus d'enthousiasme. À tâtons, elle prit sa main et la posa sur sa nuque, comme pour le forcer à appuyer sur sa tête. L'éducation britannique des *finishing schools* était parfaite.

Discrètement, Malko défit le soutien-gorge, libérant les seins gonflés et commençant à jouer avec. Anna gémit de satisfaction. Il la remit debout et, tout en l'embrassant, fit glisser sa culotte de dentelle le long de ses cuisses.

Quand il la prit, il s'enfonça d'un trait et sans effort dans son buisson blond. Appuyée au mur, le regard noyé, le bassin en avant, Anna continuait à l'embrasser, uniquement vêtue de ses escarpins.

Malko la retourna, l'appuyant au mur, les jambes ouvertes puis, se glissant derrière elle, l'embrocha à nouveau jusqu'à la garde.

— *Oh my God!*

Elle s'était penchée en avant, la croupe offerte, les mains plaquées au mur, les seins battant la mesure des coups de boutoir de Malko. Il la prit ainsi longtemps, les doigts crochés dans ses hanches. Anna donnait des coups de reins de plus en plus violents, venant au-devant de Malko. Puis, il se retira, s'attirant un petit « oh ! » déçu, et entraîna Anna pour l'agenouiller au bord du lit. Dans cette position, il pouvait s'enfoncer en elle encore plus loin. Les mains appuyées au lit, les reins creusés, la journaliste gémissait de plus en plus et ses fesses dansaient un ballet endiablé autour du sexe qui l'emmanchait. Cette fois, elle trompait vraiment son *boy-friend*...

Malko se retira. C'était trop tentant. Anna Dickens ne frémit même pas lorsqu'elle comprit ce qu'il voulait, enfonçant simplement un peu plus ses ongles dans les draps. Elle était moins souple que Prativa mais subit néanmoins l'assaut de Malko sans protester. Fiché tout au fond de ses reins, celui-ci en profita pleinement, continuant ensuite à la chevaucher, comme un animal. Anna tremblait de tout son corps. Malko s'aperçut qu'elle avait discrètement glissé une main sous elle et se caressait frénétiquement. Ce qui lui permit de jouir au moment précis où Malko se déversait au fond de ses reins.

Ils demeurèrent emboîtés l'un dans l'autre, reprenant leur souffle. L'esprit clair, Malko espérait que cette séance de défoulement sexuel avait mis la jeune femme en condition.

Car il était persuadé qu'elle pouvait lui livrer la clef de la mystérieuse attaque dont ils avaient été victimes.

***

Allongée sur le lit, la tête niché dans le creux de l'épaule de Malko, Anna Dickens, patriote, regardait les *news* de BBC World. Toujours la « guerre » contre Ben Laden et les talibans. Elle cuvait son orgasme. Malko demanda d'une voix égale :

— Anna, vous réalisez que vous avez failli mourir, hier ?

La Britannique sursauta.

— Bien sûr ! Je n'ai jamais eu aussi peur de ma vie. Pourquoi me demandez-vous cela ?

— Je ne vous ai pas dit tout ce que je savais, précisa Malko. Aujourd'hui, j'ai rencontré à deux reprises un responsable du mouvement maoïste. Il m'a juré qu'ils ne sont pour rien dans cette attaque.

— Ils mentent ! s'exclama Anna.

— Je ne crois pas.

— Mais alors, qui nous aurait attaqués ?

Visiblement, elle était innocente comme ses grands yeux bleus. Malko ne lui répondit pas immédiatement. C'était le moment de frapper un coup décisif, mais il ne fallait pas se tromper.

— Anna, dit-il, qui vous a demandé de porter un mot à Timothy Mason, à la chambre 22 de l'hôtel *Summit* ?

La stupéfaction figea les traits de la jeune femme.

— Timothy Mason. Qui est-ce ?

Là encore, elle respirait la sincérité. C'était encore plus tordu que ce que Malko avait imaginé.

— Vous n'êtes pas allée au *Summit* il y a trois jours ?

— Si, si, bien sûr, dit-elle. Andrew Teck m'avait remis un mot adressé à la chambre 22, mais j'ignorais le nom de la personne. Il n'avait pas le temps de se déplacer et c'était urgent. Mais comment le savez-vous ?

— Je vous ai vue, dit Malko.

— Et quel serait le lien avec l'attaque d'hier ?

— Andrew Teck était bien au courant de cette expédition ? demanda Malko sans répondre directement.

Encore une fois, Anna Dickens sembla tomber du ciel.

— Mais bien sûr, puisque c'est lui qui a tout organisé ! Il a trouvé le chauffeur et la voiture. Des gens qui travaillent régulièrement avec l'ambassade britannique. Quand il m'a parlé de ce village, j'ai tout de suite pensé que c'était une bonne idée pour mon émission.

— Est-ce aussi lui qui vous a suggéré de m'emmener ?

La jeune femme semblait se recroqueviller sous les questions de Malko. Son regard dérapa.

— Oui, admit-elle. Il m'a dit que cela vous amuserait

sûrement et que vous seriez un excellent compagnon de route. Il a même ajouté que vous aviez un peu de temps libre et que vous seriez ravi de me faire la cour. Mais pourquoi me posez-vous toutes ces questions ?

— Pour trouver qui a voulu nous tuer hier, sur la piste, répliqua Malko

La jeune Britannique le fixa, du désarroi dans les yeux.

— Vous ne pensez tout de même pas qu'Andrew Teck y est pour quelque chose ? demanda-t-elle d'un ton incrédule.

Malko baissa les yeux sur les gros seins blancs encore marbrés de traces de doigts.

— Si, dit-il, je le pense.

Anna Dickens posa sa main devant sa bouche, son regard devint fixe et le sang se retira de son visage.

— *My Goodness !* murmura-t-elle. C'est impossible !

CHAPITRE XI

— C'est, hélas, tout à fait possible, insista Malko. Je vais vous confier un secret : j'appartiens à la Central Intelligence Agency et Andrew Teck au MI 6, les services britanniques.

— Je croyais qu'il était diplomate, objecta Anna Dickens.

— Il est *aussi* diplomate. J'ai été envoyé à Katmandou pour éclaircir le massacre du palais royal, le 1er juin. La CIA trouve la version officielle peu crédible. Or, ici au Népal, les Américains sous-traitent la recherche d'informations aux Britanniques, beaucoup mieux implantés depuis très longtemps. C'est donc Andrew Teck qui a communiqué à Larry Doolittle, le représentant de la CIA à Katmandou, tous les éléments de cette enquête. Lorsque j'ai commencé mes recherches, je pensais son rapport tout à fait sincère, puis j'ai commencé à découvrir des éléments bizarres, des incohérences qui tendent à me faire croire que cette affaire n'était pas un crime passionnel, mais un complot politique. Les éléments que j'ai découverts m'ont, à ma grande stupéfaction, orienté vers Andrew Teck.

Anna Dickens se leva pour s'envelopper dans une robe de chambre et prit une cigarette que Malko lui alluma avec son Zippo armorié. Elle s'assit en tailleur à côté de lui. Les cernes du plaisir se mêlaient sur son visage à la tension nerveuse. Malko reprit :

— L'homme à qui vous avez porté un mot à l'hôtel *Summit* est un mercenaire britannique connu, spécialiste des actions clandestines «pointues». Personne ne connaissait sa présence au Népal. Or, Andrew Teck n'a pas pu l'ignorer. Comme le fait que cet homme ait été très lié au prince Dipendra.

Anna ouvrit de grands yeux.

— Mais comment savez-vous tout cela ?

— C'est mon métier, dit Malko. Je pense qu'Andrew Teck a craint que mon enquête ne devienne embarrassante pour lui et qu'il a décidé de m'éliminer.

Anna Dickens secoua la tête, incrédule.

— C'est lui qui aurait tiré sur nous ?

— Bien sûr que non ! Peut-être Timothy Mason. C'est un officier de carrière, spécialiste des opérations spéciales, et au mieux avec l'armée népalaise. Ou alors un commando de Gurkhas, agissant sous ses ordres. Ce qui nous a sauvés, c'est que les glaces du 4×4 étaient sales. Le ou les tireurs ont cru que nous étions à l'intérieur.

— Vous voulez dire, fit Anna Dickens d'une voix étranglée, qu'Andrew a voulu me tuer, *moi aussi* !

Elle éclata en sanglots.

— Il ne cherchait sûrement pas à vous tuer, corrigea-t-il, mais il était obligé de le faire.

— Mais c'est impossible, protesta-t-elle. Il a couché avec moi ! Il est si gentil, si attentionné. C'est pour ça que je n'ai pas voulu faire l'amour avec vous, l'autre soir.

Andrew Teck avait vraiment le profil parfait du gentleman-espion et Anna Dickens avait encore beaucoup à apprendre sur la vie. Malko lui adressa un sourire rassurant.

— Je sais que c'est dur, admit-il. Mais je crains que ce ne soit la vérité.

Anna redressa la tête, l'air furibond. Les larmes avaient fait couler son Rimmel et la colère la rendait presque laide.

— Le salaud ! Je vais aller lui dire ce que je pense de lui !

Apparemment, Malko l'avait convaincue...

— Ne faites surtout pas ça ! recommanda-t-il. D'abord, il nierait tout et je n'ai aucune preuve, à part des déductions nées de votre témoignage. Ensuite, il chercherait de plus belle à vous éliminer.

— Qu'est-ce qu'il faut faire alors ?

— Rien, dit Malko. Continuer à faire semblant de croire que nous avons été attaqués par des maoïstes. Il ignore que j'avais le moyen de vérifier ce point. Donc, vous ne représentez pas un danger à ses yeux. Au contraire, il peut tenter de vous utiliser une nouvelle fois pour m'attirer dans un piège.

— Mais alors, pourquoi m'avez-vous raconté tout cela ?

— Je voulais être certain que vous ne m'aviez pas emmené par hasard, que c'était bien Andrew qui vous l'avait demandé.

Elle se mordit les lèvres.

— J'ai l'impression de faire un cauchemar. Moi qui étais venue pour raconter une belle et tragique histoire d'amour ! Alors, Dipendra n'était pas amoureux de cette Indienne ?

— Pas vraiment, dit Malko. Il voulait le pouvoir et a tiré les marrons du feu pour d'autres, en y laissant sa vie. Mais il ne faut quand même pas trop le plaindre : il a liquidé sa famille pour accomplir son rêve de pouvoir.

Accablée, Anna Dickens semblait ne plus l'entendre. Malko se dit que, grâce à son témoignage, il avait enfin quelque chose de concret contre Andrew Teck. Certes, ce n'était pas une preuve directe, mais cela suffisait pour contrer l'agent du MI 6. Les choses se mettaient en place. Malko se doutait désormais de la raison pour laquelle Anna avait porté un mot à Timothy Mason. Il s'agissait d'empêcher le mercenaire de quitter Katmandou avant d'avoir liquidé Malko.

— Qu'allez-vous faire ? demanda soudain Anna d'une voix blanche. Je voudrais avoir oublié tout ce que vous m'avez dit. Je ne vais plus oser sortir de ma chambre...

— Non, vous ne risquez rien, affirma Malko. J'ai réfléchi : je pense que si Andrew Teck est si inquiet, c'est qu'il reste un témoin qui connaît les dessous de cette affaire et, notamment, le rôle qu'il a joué. C'est très probablement la raison pour laquelle Timothy Mason est resté au Népal. Il faut éliminer ce témoin pour que l'opération soit bouclée.

— De qui voulez-vous parler ?

— Je ne veux pas vous le dire, fit Malko. Cela vous mettrait en danger.

Anna Dickens s'ébroua. Ses paupières se fermaient.

— Je n'en peux plus ! avoua-t-elle, il faut que je dorme. Vous ne m'en voulez pas ?

— Bien sûr que non, assura Malko.

Il se rhabilla et regagna sa chambre après un chaste baiser. Il avait certes progressé, mais ignorait encore ce qui s'était passé le soir du vendredi 1er juin au palais royal. Une seule personne pouvait l'aider : l'aide de camp de Dipendra, s'il était encore vivant. La logique voulait qu'il le soit. Sinon, Timothy Mason aurait quitté le Népal depuis longtemps.

Il prit le Webley et le plaça sur sa table de nuit. Il ne restait que cinq balles dans le barillet. C'était peu pour une lutte à mort contre un grand Service comme le MI 6 qui ne manquait pas d'imagination. Les Britanniques avaient toujours été des spécialistes de l'élimination des adversaires. De préférence, discrète.

Malko avait peu et mal dormi. Tournant et retournant les éléments de son problème, retombant toujours au même point : retrouver Kumar Dixit était la seule chance de résoudre cette énigme. Timothy Mason ne parlerait pas, le prince Dipendra était mort et les Népalais ne feraient aucune véritable enquête. Il plongea sous sa douche.

***

Assis à même le sol, face à face, dans la grande salle du restaurant *Bhojan Gripha*, Prativa et Malko faisaient tache au milieu des touristes. Sur l'estrade au milieu de la pièce, une poignée de danseurs, mâles et femelles, évoluaient gracieusement au son d'une mélancolique musique tibétaine. Prativa arborait un magnifique sari pourpre et ne soupçonnait visiblement pas l'infidélité de Malko.

— J'ai encore besoin de vous, annonça-t-il avant d'attaquer l'éternel curry de mouton.

— Pour quoi faire ?

— Il faut trouver un moyen d'approcher Devi Dixit. Elle sait *sûrement* où se trouve son mari. Votre amie Gupta, la maîtresse de Dipendra, la connaît peut-être ?

— Je peux lui demander, fit Prativa sans enthousiasme excessif. Mais Devi Dixit va avoir très peur.

— Il faut lui expliquer que je sais que son mari est en danger et que je veux l'aider.

— Je vais essayer, promit Prativa.

***

Il y avait foule à la réception donnée à l'ambassade de l'Inde, la plus grande de Katmandou. Des dizaines de femmes en saris multicolores, un orchestre indien, tous les diplomates en poste au Népal et quelques « civils ».

Un verre de Defender à la main, Anna Dickens faisait le tour des salons. Soudain, elle tomba nez à nez avec Andrew Teck, accompagné d'un diplomate allemand. La jeune femme eut l'impression que ses semelles se remplissaient de plomb et demeura figée sur place, muette, rougissante. Déjà, le Britannique la présentait avec force ronds de jambe. L'Allemand s'éclipsa au bout de quelques instants et Andrew Teck jeta à Anna un regard aigu.

— On ne se voit plus...

— J'ai beaucoup de travail, bredouilla la journaliste et puis, j'ai eu très peur l'autre jour.

Andrew Teck se rembrunit et dit d'une voix pleine de commisération :

— Ah oui ! Cette affreuse histoire sur la piste. J'ai fait un rapport au Foreign Office sur le changement de tactique des maoïstes. Désormais, il faudra déconseiller aux touristes de se risquer hors de Katmandou. Cela a dû être une horrible expérience, *indeed* ?

— *Indeed*, approuva Anna d'une voix mal assurée.

Elle s'était imaginée sauter à la gorge du diplomate, l'insulter, et maintenant elle se sentait toute petite, désarmée par son regard perçant et son sourire charmeur. Comme s'il avait lu dans ses pensées, Andrew Teck la prit par le bras et lui glissa à l'oreille :

— Restons ensemble, je ne vais pas faire de vieux os ici, c'est sinistre. Mais nous pourrions aller prendre un *drink* dans mon pavillon, non ?

Elle n'osa pas dire non. Il n'allait quand même pas l'étrangler... Une demi-heure plus tard, ils s'esquivèrent ensemble. Le chauffeur d'Andrew les déposa devant la porte latérale de l'ambassade de Grande-Bretagne, qui donnait directement sur le bungalow occupé par Andrew Teck, dont la famille se trouvait à Londres. Quelques Gurkhas, muets comme des carpes, veillaient discrètement autour de la résidence, prêts à égorger tout intrus. Andrew Teck sifflotait et semblait de parfaite humeur. Il prit le temps de remplir de glace deux verres et d'y ajouter une bonne dose de Defender 5 ans d'âge, puis leva son verre.

— *My dear!* fit-il, je crois que je vais céder une fois de plus à votre charme.

Anna se sentit fondre, le cerveau vide. Elle avala d'un coup le scotch et la glace pilée et, quand Andrew Teck la prit dans ses bras, elle était déjà inondée.

Il entreprit de la trousser sur le canapé du living-room comme une bonne. Sans même la déshabiller, il fit glisser sa culotte le long de ses cuisses, s'assura que sa virilité était en état de marche et l'embrocha, debout devant le canapé. Cet assaut brutal émut tant la jeune Britannique qu'elle eut même le temps de jouir, sa culotte accrochée à sa cheville gauche.

Comme il sied à un gentleman, Andrew Teck ne s'attarda pas et se rajusta rapidement, se retournant pudiquement pour que sa partenaire puisse en faire autant. Ensuite, ils reprirent la conversation là où ils l'avaient laissée. Mais Anna n'était pas dans son assiette. Elle adressa un regard éperdu à Andrew, puis se jeta dans ses bras.

Étonné et un peu choqué par cette démonstration déplacée, il lui tapota le dos sans lâcher son verre de scotch.

— *Well, dear*, qu'y a-t-il ?

Anna éclata en sanglots.

— Oh, Andrew, c'est horrible ! Je vous ai soupçonné. Je suis folle.

Le sang de l'agent du MI 6 se glaça dans ses veines. Il réussit à demander d'un ton extrêmement mondain :

— Soupçonner, *dear* ! Mais de quoi, *my God* ?

Au milieu des sanglots et des reniflements, elle le lui dit, reprenant mot pour mot les accusations de Malko. Droit comme un I, Andrew Teck réussit à demeurer impassible comme une statue. Décidément, il avait sous-estimé les Américains. Il fit vite une correction mentale : son adversaire était *européen*, ce qui était différent. Il laissa Anna pleurer jusqu'à la dernière larme, puis fit d'un ton badin :

— Tout cela n'a aucune importance, *dear* ! Ce garçon a eu très peur et a perdu la tête. Je suis certain que dans le fond de son âme, il ne croit pas un mot de ce qu'il vous a dit...

Anna leva des yeux rougis.

— Vous croyez, Andrew ?

— J'en suis sûr. C'est un *jolly good fellow*, un garçon

d'extrêmement bonne famille, je crois. Quelque chose comme un duc autrichien.

Il éprouvait un mépris sidéral pour le Nouveau Monde et ne manquait jamais de raconter une vieille anecdote datant de la dernière guerre : « Sur un transport de troupes, sont mêlés Américains et Britanniques. Un des Américains demande à un Britannique :

— Où sont les toilettes ?

— Au fond, à gauche, répond le Britannique. Il y a écrit "gentlemen" sur la porte, mais vous pouvez entrer quand même. »

Anna séchait ses larmes, rassérénée. Elle se jura de ne plus jamais ouvrir les cuisses devant un « alien »[1]. Malko était sa première expérience exotique. Andrew lui adressa un sourire rassurant.

— *Well, dear*, je vais être obligé de me briser le cœur. J'ai quelques télégrammes très ennuyeux à expédier. Mon chauffeur va vous raccompagner. Et, *please*, oubliez cette stupide histoire. Je remettrai les idées en place à ce gentleman d'Europe centrale.

Il la raccompagna, lui baisa la main et alla s'installer à son bureau. Il était urgent de se débarrasser de l'agent de la CIA, et cette fois, sans ratage.

---

1. Un étranger.

CHAPITRE XII

Malko avait eu une idée qu'il tenait à communiquer le plus tôt possible à Larry Doolittle, en attendant de voir si Prativa allait établir un contact enfin productif avec la femme de Kumar Dixit. Une fois de plus, il passa entre les mains des petites Népalaises de la sécurité de l'ambassade américaine et se retrouva dans le bureau de la triste secrétaire. Larry Doolittle était en réunion avec l'ambassadeur, probablement à propos du Tibet.

L'Américain surgit enfin, pipe au bec, détendu, mais se rembrunit en voyant Malko.

— Je n'ai pas fini mon rapport pour Langley, bredouilla-t-il.

Malko sourit : il avait compris depuis peu qu'aux yeux du chef de station de la CIA, il était un empêcheur de tourner en rond. Tout ce qui pouvait polluer le sacro-saint projet « Tibetan Uprising » était à écarter. Or, l'enquête de Malko risquait de créer des tensions avec le nouveau pouvoir de Katmandou. Malko le rassura aussitôt :

— Je n'étais pas venu pour cela, mais pour vous faire part d'une réflexion peut-être intéressante.

— Ah bon, entrez, fit l'Américain, visiblement soulagé. De quoi s'agit-il ?

— De l'attaque dont j'ai été victime sur la piste de Samudradevi. Je pense qu'elle avait un double but.

— Lequel ? demanda Larry Doolittle, après s'être installé sur le canapé et avoir rallumé sa pipe avec la flamme dirigée de son Zippo.

— Se débarrasser de moi d'abord, évidemment, expliqua-t-il. Mais si Anna Dickens et moi avions été tués, cela aurait fourni une excellente occasion de lancer l'armée sur les maoïstes.

L'Américain retira sa pipe de sa bouche et secoua la tête.

— *My God!* C'est exact. C'est diabolique. Mais alors, cela supposerait que l'état-major de l'armée népalaise est dans le coup. Vous vous rendez compte ?

— Pas forcément l'état-major, corrigea Malko. Mais au moins la Military Intelligence. S'il y a eu complot, ils sont obligatoirement au courant.

— Vous avez peut-être raison, reconnut Larry Doolittle, mais une fois de plus, il n'y a pas de preuves. Vous n'avez toujours retrouvé aucune trace de Kumar Dixit ?

— Pas encore, reconnut Malko.

L'Américain eut un geste fataliste.

— Dans ce cas... De toute façon, je termine mon rapport *aujourd'hui* et je l'envoie.

En redescendant vers le centre, calé à l'arrière de la Toyota, Malko se mit à ruminer sa mauvaise humeur. Larry Doolittle ne lui apporterait rien dans son enquête. Désormais, c'était une question personnelle entre Andrew Teck et lui. Il ignorait les motivations exactes de l'agent du MI 6, mais il avait horreur qu'on cherche à raccourcir le temps qu'il avait à passer dans cette vallée de larmes où il y avait parfois des éclaircies. Il eut une pensée fugitive pour la sculpturale Alexandra. Il ne se lassait pas de son éternelle fiancée, en dépit de leurs nombreuses entorses à la fidélité. Car il y avait quelque chose de magique dans leur relation amoureuse. Dès qu'il l'approchait, il avait toujours, en dépit des années, une furieuse envie de lui faire l'amour. Il faut dire qu'Alexandra y mettait du sien, offrant toujours un fantasme nouveau. À une de leurs dernières soirées, elle était arrivée avec un long manteau de cuir noir descendant jusqu'aux chevilles de Jean-Claude Jitrois, moulant comme une robe, sous lequel elle ne portait qu'une mini en cuir souple comme de la soie, du même couturier.

Et des bas résille très fins...

Il avait rongé son frein jusqu'au moment où il avait enfin pu l'attacher sur le lit à baldaquin de Claude Dalle, dans leur «chambre d'amour» du château de Liezen. Là, Alexandra s'était lâchée avec une obscénité flamboyante et naturelle, le faisant décoller pour un long et superbe délire érotique.

— *Where do you go, sir?*

La voix du chauffeur l'arracha à sa rêverie. Il était au Népal, pas au château de Liezen, et Alexandra se trouvait à des milliers de kilomètres.

— *Yak and Yeti*, dit-il.

Il n'avait plus qu'à attendre le résultat de la démarche de Prativa pour retrouver la trace de Kumar Dixit. S'il était encore vivant.

La foule des va-nu-pieds qui se rendaient au Kanti Hospital, situé au fond d'un chemin de terre donnant dans Lazimpat, au nord de Katmandou, ne prêtait aucune attention à la Rover grise stoppée sur le bas-côté, dont les glaces teintées très foncées interdisaient de voir l'intérieur. Les étrangers ne venaient jamais dans cet établissement réservé aux Népalais n'ayant pas les moyens de se payer un traitement décent dans des hôpitaux mieux équipés.

Au volant de la Rover, Andrew Teck, d'habitude si sûr de lui, sentait grandir son anxiété.

— Tim, répéta-t-il, *I really need you*[1] *!*

---

1 J'ai vraiment besoin de vous.

Timothy Mason demeura silencieux. Il était venu en taxi jusqu'au croisement avec la Ring Road où le représentant du MI 6 l'avait récupéré avec sa voiture. Avant sa mission au Népal, il n'avait jamais rencontré Andrew Teck, mais avait appris à l'apprécier pendant ces moments délicats. C'était un vrai professionnel, un homme comme il les aimait. Qui, jusque-là, lui avait semblé totalement fiable, ne bougeant pas le petit doigt sans le feu vert de sa Centrale. Lui non plus ne se lançait *jamais* dans une opération sans être sûr qu'elle avait l'approbation des Services britanniques.

Car Timothy Mason était un authentique patriote, qui avait consacré sa vie au service de son pays. Brillant officier de carrière, couvert de décorations, il avait décidé un jour de se mettre à son compte, après une conversation avec un des chefs du MI 6 sur Lawrence d'Arabie et la nécessité de « sous-traiter » certains problèmes délicats avec des hommes qui ne soient pas officiellement liés à la Couronne d'Angleterre mais qui lui soient fidèles. C'est ainsi qu'il avait fondé sa première société de mercenaires, financée en sous-main par le MI 6. Financement qu'il avait depuis longtemps remboursé.

Tout en rendant service à son pays, il gagnait très bien sa vie, car ses « clients » officiels avaient largement les moyens de le rétribuer. En Sierra Leone, les *traders* en diamants lui avaient fait un pont d'or pour débarrasser le pays des trafiquants et des milices noires qui massacraient à tour de bras une population impuissante. Et, en même temps, il avait rendu un fier service à Londres qui ne pouvait pas ouvertement s'engager trop loin.

Avant de répondre à la demande pressante d'Andrew Teck, il alluma une Players avec un Zippo porte-bonheur qui ne le quittait pas depuis les Malouines. Il lui avait sauvé la vie, arrêtant une balle argentine qui l'aurait tué à coup sûr. Et en plus, Zippo le lui avait remis en état gratuitement, le briquet étant garanti à vie.

— Andrew, dit-il enfin, je ne peux pas faire ce que vous me demandez.

Andrew Teck demeura impassible. Pas question de prendre de front un homme comme Tim Mason.

— Je sais que je vous demande beaucoup, reconnut-il, mais il ne faudrait pas que le merveilleux job que vous avez accompli soit gâché.

Tim Mason se permit un mince sourire. Avec son visage bronzé, ses yeux très bleus et ses traits réguliers, il avait un physique de play-boy.

— Je pense que mon job est terminé, dit-il. Quoi qu'il arrive, les événements suivront leur cours. Si on avait remis la main sur notre client, j'aurais fait le nécessaire, mais ce n'est pas le cas. J'ai fini d'apprendre quelques tours à nos Gurkhas. Ils sont tout à fait à même de venir à bout de ces *fucking red bastards*[1].

Là, il reprenait la terminologie militaire. Andrew Teck fit comme s'il n'avait pas entendu.

— Je sais que vous faites un boulot formidable, reconnut-il, mais il n'y a pas que cela. Si les « Cousins » découvraient notre petite manip', cela ferait des vagues. Ils n'ont pas la même conception des choses que nous.

Tim Mason sourit mentalement. Un homme qui parlait de « petite manip' » pour définir le meurtre d'une dizaine de personnes ne pouvait qu'être un gentleman. Et un gentleman très bien élevé pour manier avec autant de grâce l'*understatement*. Il sentit qu'il fallait quand même donner un argument à son interlocuteur.

— Andy, fit-il, je suis certain que vous allez très vite remettre la main sur notre client. Un « local » pourra très bien se charger de lui. Moi, je ne peux pas rester ici éternellement.

Il tira sur sa Players et le silence se prolongea un long moment. Andrew Teck sentait le sol se dérober sous ses pieds. Il avait absolument besoin de Tim Mason. Il se tourna carrément vers lui.

— Tim, fit-il d'une voix pressante, je suis désolé d'insister, mais il faut que vous me rendiez ce service. Après

---

1. Putains de salopards rouges.

tout, si nous en sommes là, c'est à cause d'un «cas non conforme» que vous n'avez pas maîtrisé.

Tim Mason sentit la moutarde lui monter au nez.

— Rien ne pouvait laisser prévoir ce qui s'est passé, répliqua le mercenaire. (Il eut un geste fataliste.) Tout cela est du passé. Moi, mon job est terminé, répéta-t-il.

— Mais..., commença Andrew Teck.

Tim Mason tourna vers lui un visage de marbre.

— Andrew, je voudrais *vraiment* vous rendre service. J'ai beaucoup apprécié de travailler avec vous. Il y a une façon très simple de résoudre ce problème : demander à Londres des instructions *écrites*. Dans ce cas, il n'y a plus de problème : je suis votre homme.

Fucking bastard[1], pensa Andrew Teck. Il savait très bien que *jamais*, au grand jamais, sa Centrale ne lui donnerait un feu vert pour éliminer un agent de la CIA, même non américain. La saine concurrence entre les services avait des limites. Surtout en ces temps de croisade anti-islamistes où Londres avait beaucoup à se faire pardonner.

— *That's a very good idea*, lança-t-il pourtant d'une voix aussi convaincue que possible. Je vais envoyer tout de suite un câble à Londres.

Il remit en route et s'apprêta à passer la marche arrière. Tim Mason l'arrêta d'un sourire.

— *Thank you*, Andy, je crois que je vais marcher un peu.

Avant que le représentant du MI6 puisse ouvrir la bouche, il avait ouvert la portière et sauté à terre. Il s'éloigna avec un petit geste amical de la main. Furieux intérieurement.

Andrew Teck l'avait baisé une fois, il ne recommencerait pas. Lorsqu'il lui avait proposé l'opération consistant à tuer les occupants d'une voiture dans une zone maoïste, afin de déclencher une réaction de l'armée népalaise, il s'était bien gardé de lui dire de *qui* il s'agissait. Tim Mason n'avait appris que par la suite qu'il s'agissait d'une Britannique — journaliste de surcroît — et d'un

---

1. Putain d'enculé !

agent de la CIA ! Autant dire que s'il avait réussi, sa carrière était terminée. Dans son métier, il fallait rester dans les clous. Sinon, on était fini. Il en voulait à ce petit salaud de bureaucrate de ne pas lui avoir dit la vérité. C'est comme ça qu'un jour, quelqu'un, des mois ou des années plus tard, vous poussait sous un métro à un moment où on ne s'y attendait plus. Tuer lui était absolument égal : c'était son métier depuis qu'il était sorti major de Sandhurst. Mais pas tuer n'importe qui.

Ou alors, il fallait les autorisations adéquates. Timothy Mason était un homme d'ordre.

***

Andrew Teck était tellement perdu dans ses pensées qu'il faillit emboutir, sur le pont enjambant la Vishnonmaté River, un « tuk-tuk » électrique dont le chauffeur l'agonit d'injures. Dans cette ville moyenâgeuse, on se préoccupait de la pollution, en mettant en service des engins électriques !

Le Britannique se dégagea et tourna à gauche dans la Ring Road. Finalement, la façon la plus rapide d'atteindre l'hôtel *Soaltee*.

Tim Mason ne dirait rien, mais ne ferait rien. Andrew Teck était livré à lui-même. Or, après le Népal, en récompense de sa brillante manip', il était appelé à de hautes fonctions. Il n'avait pas envie de voir ses espoirs s'évanouir et de se retrouver ambassadeur en Azerbaïdjan.

Arrivé au *Soaltee*, il fonça à la réception et annonça :

— Je désire voir Son Excellence le prince Bahadur.

Devant la réticence visible de l'employé, il prit une de ses cartes et la lui tendit.

— Faites-lui porter ceci, je *sais* qu'il est là.

***

— Je crois que vous allez être content, annonça la voix douce de Prativa.

Le pouls de Malko monta en flèche. Trois heures d'inaction à tourner dans sa chambre lui avait mis le moral à zéro.

— Devi Dixit accepte de nous rencontrer ? demanda-t-il.

— J'ai parlé à mon amie Gupta et elle m'a donné le téléphone personnel de Kumar Dixit. Le prince Dipendra le lui avait donné lorsqu'elle était sa maîtresse, car il venait parfois la chercher chez elle pour la conduire au palais. J'ai appelé et j'ai pu parler à Devi Dixit. Je lui ai expliqué que j'étais une amie de Gupta et que j'avais quelque chose d'important à lui dire à propos de son mari. D'abord, elle a été très réticente, puis, finalement, elle a accepté de me rencontrer.

— Chez elle ?

— Non, chez un marchand de saris, près de Durbar Square. Aujourd'hui à six heures.

— Vous lui avez parlé de moi ?

— Non, mais vous pouvez venir. Si tout se passe bien, je vous présenterai

La maison, au cœur de Durbar Square, semblait prête à s'écrouler. Deux siècles plus tôt, elle avait sûrement été ravissante, mais les encadrements de bois sculpté de ses fenêtres pourrissaient, la façade lépreuse noircie était rongée par l'humidité et la cour intérieure servait visiblement de poubelle à tous ses habitants. Le rez-de-chaussée était occupé par une sorte de quincaillerie et il fallait emprunter un escalier de bois étroit et noir de crasse pour déboucher dans le « magasin » de saris : une seule pièce rectangulaire donnant directement sur le palier, dont les murs disparaissaient sous des piles de saris pliés de toutes les couleurs. Plusieurs hommes étaient assis à même le sol, sur des tapis, pieds nus, maniant les saris avec une dextérité de prestidigitateurs. Quatre Népalaises étaient assises en rang d'oignons devant eux, habillées du même sari aux motifs marron.

— Elles travaillent dans la même banque, expliqua Prativa. C'est leur tenue de travail. Devi Dixit n'est pas encore arrivée. En l'attendant, je vais regarder des saris.

Elle s'installa sur un petit tabouret, Malko restant debout derrière elle, et engagea le dialogue avec les vendeurs. L'un d'eux commença à saisir des pièces de tissu pliées et à les jeter devant elle, dans un chatoiement de couleurs vives. Prativa lança à Malko, amusée :

— Ce sont des Indiens du Rajastan, les juifs de l'Inde : ils vendraient des bosses à un chameau.

En quelques minutes, le sol fut jonché de saris de toutes les couleurs. Malko et Prativa admiraient. On leur apporta du thé. Inlassablement, les vendeurs déployaient de nouveaux saris. Soudain, une femme drapée dans un sari mauve apparut sur le palier, très tranquille.

C'était Devi Dixit. Elle regarda autour d'elle. Malko souffla à l'oreille de Prativa :

— Elle est là.

Abandonnant ses tractations, Prativa se leva et s'approcha de la nouvelle venue. Les deux femmes bavardèrent à voix basse quelques instants puis, sans s'occuper de Malko, s'installèrent en face des vendeurs. Le marchandage recommença. Elles se repassaient les tissus, les tâtaient, les rejetaient. Finalement, elles se décidèrent pour le même sari, d'un magnifique vert jade. Nouvelle discussion sur le prix, puis, après avoir payé et pris leur petit paquet, elles s'engagèrent dans une nouvelle discussion, à voix basse, sur le palier. Sans arrêt, Devi Dixit lançait des regards inquiets à Malko, demeuré à l'écart.

Finalement, Prativa se rapprocha de lui, un peu soucieuse.

— Elle ne comprend pas ce que nous lui voulons. Elle

me demande ce que je voulais lui dire sur son mari. Qu'est-ce que je fais ?

Malko ouvrit la bouche et la referma, arrêté brutalement par une question : de quel côté était Devi Dixit ? Le fait qu'elle soit venue à ce rendez-vous le décida. Il fallait plonger.

— Dites-lui que je sais que son mari est en danger et que je voudrais l'aider, dit Malko. Qu'il faut *absolument* que je lui parle.

Nouveau conciliabule. Visiblement, Prativa avait du mal à convaincre Devi Dixit des bonnes intentions de Malko. Elle se rapprocha de nouveau de lui.

— Elle promet de vous prévenir dès qu'elle le verra.

Ça, elle l'avait déjà fait... Malko sentait que s'il la laissait partir, c'était fichu. Il jeta sa dernière carte.

— Dites-lui que c'est une question de vie ou de mort. Qu'on a essayé de me tuer parce que je suis à la recherche de son mari. Il faut qu'elle me croie. Sait-elle où se trouve son mari ?

Bref échange à voix basse, puis un seul mot tomba des lèvres de Devi Dixit :

— *Hoïna*[1].

Malko jubilait intérieurement. Sa construction intellectuelle se révélait exacte. Comme celle du savant qui a découvert l'existence d'une planète grâce à ses calculs et la voit dans son télescope. Mais ce n'était pas suffisant.

— Il faut qu'elle nous en dise plus, insista-t-il. Je veux savoir la vérité. Tout ce qui s'est passé depuis le 1er juin.

Prativa traduisit sa question. D'abord, Devi Dixit ne répondit pas. Elle avait pâli et s'appuya au mur pour ne pas tomber. Les quatre Népalaises en sari marron passè-

---

1. Non.

rent près d'eux dans un envol de soie. Dès qu'elles se furent engagées dans l'escalier, Devi Dixit sembla reprendre un peu de force et prononça une longue phrase d'une voix cassée.

— Elle n'a pas revu son mari depuis le 1er juin, traduisit Prativa. Il est rentré chez eux vers dix heures, il était blessé à l'épaule. Il était très calme mais lui a expliqué qu'on avait voulu le tuer et qu'il était obligé de disparaître quelque temps, qu'elle ne devait pas s'inquiéter. Il a pris quelques affaires, de l'argent, il a laissé sa voiture pour partir à pied. Depuis, il n'est jamais revenu et elle n'a aucune nouvelle.

CHAPITRE XIII

Malko n'avait pas imaginé une seconde ce qu'il venait d'entendre. Il demanda :

— Qui a voulu le tuer ?

Prativa traduisit la question et la réponse.

— Il ne lui a pas dit.

— Que s'est-il passé ensuite ?

Désormais, Devi Dixit semblait soulagée de parler. Elle se lança dans un long monologue, traduit au fur et à mesure par Prativa.

— Tard dans la nuit, le 1ᵉʳ juin, deux officiers inconnus d'elle, qui lui ont dit appartenir à la Military Intelligence, se sont présentés dans sa maison, à la recherche de son mari. Ils lui ont expliqué qu'il avait commis une faute très grave et qu'il était recherché. Ils ont fouillé la maison, interrogé le personnel et elle a dû leur avouer qu'il était repassé en fin de soirée. Blessé. Elle-même a été interrogée longuement. Ces officiers voulaient absolument lui faire dire où se trouvait son mari. Ils sont partis à l'aube, après lui avoir interdit de parler à qui que ce soit de leur visite. Il lui ont intimé l'ordre de dire à tout le monde qu'il avait été affecté à une garnison dans la région de Dipayal, à l'ouest du pays. Et surtout, de les prévenir dès qu'elle aurait de ses nouvelles. Ils lui ont laissé un numéro de téléphone à appeler à n'importe quelle heure...

Prativa se tut. Les vendeurs de saris commençaient à regarder d'un air intrigué le petit groupe qui chuchotait sur le palier, mais Malko n'en avait cure. Ce qu'il était en train d'apprendre était d'une importance capitale.

— Quel est ce numéro ? demanda-t-il.

— 371432, traduisit Prativa. Elle ne l'a jamais utilisé.

— C'était il y a trois mois et demi, remarqua-t-il. Depuis, que s'est-il passé ?

— Rien, fut la réponse traduite par Prativa. Régulièrement, « on » lui téléphone pour savoir si elle a des nouvelles de son mari. Elle a remarqué des gens qui rôdent autour de sa maison. Elle est sûre que son téléphone est sur écoutes. Elle s'efforce de mener une vie normale, pour ses filles... Une seule fois, il y a quelques jours, elle a reçu la visite d'un officier de Gurkhas qui lui a dit qu'il s'agissait d'une affaire d'État, qu'elle serait surveillée toute sa vie, mais que si elle se conduisait bien, rien ne lui arriverait. Cet homme a encore essayé de lui faire dire qu'elle savait où se trouve son mari. En vain, évidemment, parce qu'elle ne le sait pas.

— Elle n'en a vraiment *aucune* idée ?

— Aucune. Elle pense qu'il est mort. Qu'ils l'ont retrouvé, mais qu'ils ne le lui disent pas.

— Dites-lui qu'il n'est pas mort, demanda Malko.

— Comment pouvez-vous le savoir ? questionna Devi Dixit dès que Prativa eut traduit.

— S'il était mort, lui fit répondre Malko, on n'aurait pas essayé de me tuer pour m'empêcher de le retrouver.

Désormais, il avait la preuve absolue de la collusion entre le MI 6 et la Military Intelligence népalaise. Il lui manquait encore le principal : que s'était-il passé au palais Nakayanhiti le soir du 1er juin ? Pourquoi avait-on esayé de tuer l'A.D.C. du prince Dipendra ? Et qui, surtout ? Et qui avait tué Dipendra ? L'aide de camp ne pouvait pas ne pas savoir. C'était la raison pour laquelle on avait voulu le liquider. Il ne restait plus rien de la belle histoire d'amour qui avait mobilisé les tabloïds britanniques et indiens. Même Anna Dickens jouait un rôle dans ce théâtre d'ombres. Le documentaire qu'elle s'apprêtait à tourner accréditerait la thèse officielle, l'hitoire du prince fou d'amour au royaume du Népal.

Du très beau travail qu'une intuition des analystes de la Central Intelligence Agency risquait de faire capoter. À deux conditions : que l'on retrouve Kumar Dixit et que Malko réussisse à rester vivant. Dès que ceux qui le surveillaient seraient au courant de sa rencontre avec Devi Dixit, ils redoubleraient d'efforts pour l'éliminer.

Devi Dixit dit quelques mots d'une voix lasse.

— Elle doit s'en aller, maintenant, traduisit Prativa. Il ne faut pas chercher à la revoir. Même si elle ne doit jamais revoir son mari, elle veut élever ses filles en paix.

Devi Dixit avait déjà un pied dans l'escalier. Malko l'arrêta d'une voix pressante.

— Attendez ! Qu'elle ne parte pas encore.

Prativa traduisit. Malko enchaîna :

— Dites-lui que la seule chance de survivre de son mari est que nous entrions en contact avec lui *avant* les autres. Il faut qu'elle nous prévienne immédiatement, surtout pas par téléphone, si elle a de ses nouvelles.

Il y eut à nouveau une longue conversation entre les deux femmes. Finalement, Prativa traduisit :

— Elle est certaine que son mari est mort, mais si elle a de ses nouvelles, elle me fera porter un mot par quelqu'un de sûr.

Malko avait l'impression que Devi Dixit promettait cela surtout pour se débarrasser d'eux. Il pensa à un argument qui la motiverait davantage :

— Expliquez-lui qu'en coopérant avec nous, elle sauvera aussi ses deux filles et elle. S'ils liquident son mari, ils les tueront tous. La seule raison de la laisser vivante, maintenant, est qu'elle serve d'« appât ».

Une nouvelle fois, Prativa fit l'interprète.

Devi Dixit semblait épuisée mais Malko eut l'impression que ses arguments portaient. La Népalaise lui tendit la main, molle comme si elle n'avait pas d'os, avant de disparaître dans l'escalier.

*

Prativa et Malko avaient attendu quelques minutes avant de descendre à leur tour. Il faisait nuit noire. Tandis qu'ils cahotaient sur le sol inégal des ruelles encombrées, Prativa secoua la tête.

— Cette histoire est incroyable !

— Effectivement, reconnut Malko. Mais c'est un complot bien monté. Où Kumar Dixit pourrait-il se cacher ?

— Je ne vois pas, avoua la jeune Népalaise. Je ne pense pas qu'il soit dans un village. Chez les maoïstes, ce serait trop dangereux. Ailleurs, il risquerait d'être dénoncé. En Inde, ce n'est pas facile, il ne doit pas avoir beaucoup d'argent. Il doit être terré quelque part à Katmandou. S'il est vivant...

— Mais qui a pu soigner sa blessure ?

— Je ne sais pas, avoua-t-elle. Un médecin privé.

Avant d'arriver chez elle, Malko se retourna pour voir si on les suivait. Prativa intercepta son regard.

— Vous pensez que je suis en danger ?

— Pas pour l'instant, dit-il. Pas tant que cet homme n'a pas refait surface. Mais ensuite... Je vous ferai quitter le pays, au moins pour quelques mois, si besoin est.

— Merci, dit-elle, mais je ne peux pas bouger.

Ils se quittèrent sur un chaste baiser. Le Kama-Soutra n'était pas d'actualité. Malko regagna sa chambre au *Yak and Yeti*, posa le Webley sur la table de nuit et s'allongea sur son lit. Il avait en face de lui des gens sans pitié et retors. Étaient-ils déjà au courant de sa rencontre avec la femme de Kumar Dixit ?

*

Timothy Mason avait passé sa soirée à boire des bières, seul dans sa chambre du *Summit*, ce qui ne lui arrivait jamais. Il ne décolérait pas depuis qu'il avait claqué la portière de la Rover d'Andrew Teck. C'était la première fois qu'il se retrouvait dans cette situation : avoir à désobéir aux ordres d'un « opérationnel » représentant la Centrale de Londres. Il ne s'était posé aucune question sur la première partie de l'opération : abattre un prince népalais n'était pas plus difficile que d'égorger un soldat argentin ou un rebelle sierra-léonais... Pour lui, tous les adversaires de la Couronne étaient des insectes dont il fallait se débarrasser sans les faire souffrir, comme on abat un animal malade. Les Britanniques aimaient beaucoup les animaux.

Ce que venait de lui demander l'agent du MI6 était d'une nature totalement différente. Une sorte de parjure. Il connaissait le soin que mettent les grands Services à ne pas se heurter, sauf cas de force majeure. Et dans ces cas, les décisions remontent au sommet de la pyramide. Or, il ne pouvait pas croire que David Speeding, l'homme à la tête du MI6, signe un « executive order » pour assassiner un agent de la CIA.

Il se dit qu'il ferait un rapport dès son retour à Londres. Ce petit ambitieux d'Andrew Teck en serait pour ses frais... Machinalement, il écrasa sa boîte de bière et se leva pour fermer les rideaux. Pendant une fraction de seconde, il devina plus qu'il n'aperçut une silhouette dans la pénombre, devant sa chambre, et son sang se figea tandis qu'il tirait les rideaux.

Son pouls montait en flèche, comme lorsqu'il se préparait à attaquer une position argentine aux Malouines, et il jura entre ses dents, furieux contre lui-même. Il aurait dû réaliser qu'à la seconde où il disait « non » à Andrew Teck, ce dernier chercherait à se débarrasser de lui. C'était le jeu. Il laissa sa rage se calmer, la colère étant mauvaise conseillère. Puis, il se mit à réfléchir. Un homme prévenu en valant deux, il ne risquait pas grand-chose, même s'il n'avait pas d'arme à feu sous la main.

Mais il ne voulait pas qu'on le prenne pour un con.

Après quelques minutes, il alla prendre dans son sac de

voyage un magnifique *kukri* d'apparat qui lui avait été offert par un officier gurkha et le sortit de son étui. Le manche était d'ébène poli, mais la lame redoutablement aiguisée. Tout à fait opérationnelle. De nouveau, Tim Mason se sentait d'un calme glacial. Il retrouvait ses vieux réflexes. Il posa le poignard et se releva pour aller entrouvrir la fenêtre, comme s'il avait besoin d'air frais. Ensuite, il éteignit, comme il le faisait tous les soirs avant de se coucher. À pas de loup, il ouvrit alors la porte du couloir et s'éloigna vers la réception, à l'opposé de sa chambre.

La nuit était assez claire et Timothy Mason se déplaçait sans difficulté. C'était son métier. Il accomplit un large cercle pour revenir vers le *Summit* par la façade arrière. Ensuite, il s'accroupit et observa les lieux. Il lui fallut un peu de temps pour repérer une silhouette accroupie le long du mur, non loin de la fenêtre de sa chambre. Une tache sombre visible sur le mur plus clair.

Il retint un claquement de langue : son métier ne l'avait pas trahi. L'homme qu'il observait ne pouvait être qu'un assassin envoyé par Andrew Teck

Silencieux comme un chat, il se rapprocha. L'homme, concentré sur la fenêtre, ne surveillait pas ses arrières. Avec une froide jubilation, Timothy Mason le vit écarter doucement les volets et commencer à escalader la fenêtre. En trois enjambées, il fut sur lui. De la main gauche, il lui enserra le cou, le tirant en arrière. Totalement surpris, l'homme offrit peu de résistance. Il tenait dans la main droite un poignard recourbé semblable à celui de Timothy Mason, mais n'eut pas le temps de s'en servir.

D'un geste sûr, le mercenaire britannique venait de lui enfoncer le sien dans les reins, comme il l'avait fait tant de fois. Le tueur se raidit dans ses bras. Le Britannique retira son arme et frappa un peu plus haut, sectionnant l'aorte abdominale. Puis, il laissa le corps tomber à terre et regarda autour de lui.

La nuit était toujours aussi calme.

Timothy Mason se pencha sur l'homme, vérifiant qu'il ne respirait plus. Ensuite, il récupéra son poignard et l'essuya sur les vêtements de sa victime, dont il entreprit de traîner le corps sur une centaine de mètres, s'éloignant de l'hôtel, jusqu'à un petit ravin où il le fit basculer. Il jeta son poignard sur le corps et revint vers l'hôtel. Il n'y avait personne à la réception, comme toujours la nuit, et il gagna sa chambre sans encombre.

Le temps de boire une bière, il prit son téléphone et appela la ligne directe d'Andrew Teck.

Ce dernier décrocha en une fraction de seconde, ce qui fit sourire Timothy Mason. L'autre attendait le résultat des courses.

— Andy, fit-il de sa voix bien posée d'officier, c'est moi, Tim.

— Tim, mais..., commença l'agent du MI 6.

— J'ai vu votre messager, continua le mercenaire. Cela ne s'est pas bien passé pour lui. J'en suis désolé. À propos, j'ai décidé de regagner Londres dès demain. Du travail. Ravi de vous avoir connu.

Il raccrocha, ravi. Andrew Teck allait passer une mauvaise nuit. Timothy Mason avait pris sa décision : il ne dirait rien à personne. Inutile de faire des vagues et il n'était pas absolument certain du rôle du MI 6. Il avait fait le boulot pour lequel il était payé et cela suffisait. Il n'était pas là pour jouer les redresseurs de torts.

L'âme en paix, il referma sa fenêtre et se déshabilla, certain qu'il n'aurait pas d'autre visite. Andrew Teck était un garçon qui comprenait vite. Avant de s'endormir, il eut une pensée pour l'homme qu'on lui avait demandé d'assassiner. Lui souhaitant mentalement bonne chance. Après tout, c'était un honorable collègue, un *spook*[1] comme lui.

---

1. Espion.

*
**

Malko n'arrivait pas à trouver le sommeil, tournant et retournant dans sa tête les éléments du problème. Où trouver l'A.D.C. disparu dans une ville qu'il connaissait à peine ? La CIA n'y avait de réseau et le MI 6, aidé de complicités locales, ne l'avait pas découvert en plus de trois mois. C'est qu'il était bien caché.

La raison lui disait qu'il finirait par contacter sa femme, mais cela pouvait durer encore longtemps, surtout s'il avait quitté le pays, comme c'était possible. Le seul endroit où il pouvait se cacher était l'Inde. Il n'était sûrement pas au Tibet. Il faudrait recontacter Thana Giri, afin de vérifier qu'il n'était pas dans les zones tenues par les maoïstes. Avec de l'argent, on arrangeait beaucoup de choses.

Comme Malko s'ennuyait, il mit d'abord CNN. Puis appela Liezen pour parler à Alexandra. Hélas, elle était partie à la chasse pour quarante-huit heures... De guerre lasse, il composa le 440. La voix endormie de Anna Dickens fit « allô ».

— C'est moi, dit Malko.

— Quelle heure est-il ?

— Tard, reconnut Malko. Je n'arrive pas à dormir et j'ai envie de vous.

— Vous êtes fou ! protesta la Britannique. Je dormais à poings fermés et, d'ailleurs, je ne souhaite pas vous revoir.

— Ce n'est pas l'impression que j'ai eu la dernière fois, fit Malko, amusé.

— Je me suis trompée sur vous ! cria la jeune femme, tout à fait réveillée. Vous êtes un sale type !

Elle avait dit ça avec une énorme conviction et Malko comprit aussitôt.

— Vous avez renoué avec votre ancien amant ?

Furieuse, elle raccrocha et il rappela aussitôt, pour en avoir le cœur net.

— Anna, dit-il, je suppose que vous avez parlé à Andrew Teck...

— Parfaitement, confirma-t-elle. Et je sais désormais à quoi m'en tenir sur vous et vos affabulations...

— Bien, je ne chercherai pas à vous convaincre. Mais si j'étais vous, je quitterais le Népal. Vous en savez trop pour être en sécurité.

Il raccrocha. Cette fois, c'est la jeune femme qui rappela, trente secondes plus tard.

— Salaud ! cria-t-elle, Andrew est un vrai gentleman, *lui*. Je vous interdis de me parler à nouveau.

Il n'insista pas. Énervé, il se leva et gagna la porte-fenêtre donnant sur le jardin. Il l'ouvrit pour profiter de la fraîcheur de la nuit. Il leva la tête vers les étoiles. La température était délicieuse. Il allait refermer quand il vit une silhouette plaquée contre le mur, à deux mètres de lui.

Elle se détacha du mur et pénétra dans la zone éclairée. Malko distingua un homme jeune au nez busqué, plutôt beau, vêtu d'un T-shirt marron. Il leva le bras à l'horizontale et Malko vit le pistolet qu'il serrait dans sa main droite. Il n'eut pas le temps de se rejeter en arrière. Bras tendu, l'inconnu tira sur lui. Il fut ébloui par la lumière jaune du coup de feu et sentit une brûlure lui traverser le crâne. En une fraction de seconde, il se dit qu'il allait mourir.

CHAPITRE XIV

Le sang inonda en un instant le visage de Malko, coulant dans ses yeux, brouillant sa vision. Il tituba, n'en revenant pas d'être vivant ! Il rentra dans la chambre, saisit à tâtons le Webley et ressortit dans le jardin. Un des gros canards qui avaient élu domicile là détala sous ses pieds mais son agresseur avait disparu.

Pris de vertige, il faillit tomber en regagnant la chambre et appela la réception. Il avait l'impression qu'on lui avait ouvert le crâne en deux d'un coup de hache.

— J'ai été attaqué, annonça-t-il. On a tiré sur moi, je suis blessé.

Ensuite, il composa le numéro de Larry Doolittle, qui mit un temps infini à répondre. La voix ensommeillée de l'Américain fit enfin « allô » et Malko, qui continuait à saigner comme un bœuf, annonça :

— On a tiré sur moi. Ce n'est pas grave, je pense, mais j'ai besoin d'un médecin. Venez le plus vite possible.

Il raccrocha et se dirigea vers la salle de bains.

Il n'avait pas envie, après avoir vu le Bir Hospital, d'aller se faire soigner dans un hôpital népalais où on entrait avec un rhume pour ressortir avec le sida. On frappa des coups affolés à sa porte tandis qu'il était devant la glace en train d'éponger le sang de son visage. Il devait quand même avoir un aspect assez effrayant, car les deux employés eurent un mouvement de recul en le voyant.

— *Doctor ! Doctor !* bredouilla l'un d'eux.

— C'est fait, assura Malko. Fermez la porte-fenêtre.
Il revint dans sa chambre et s'étendit sur le lit, la tête surélevée, une serviette pressée contre sa blessure. La tête lui tournait.

**

— Vous avez eu de la chance ! remarqua le docteur Graham Jones, médecin attaché à l'ambassade américaine. Le projectile a ouvert le cuir chevelu jusqu'à l'os, sans entamer celui-ci. Quelques millimètres plus bas, la balle vous faisait exploser le crâne. Dans une semaine, vous pourrez ôter les *stitches*. Pour le moment, reposez-vous.

— Oui, reposez-vous, répéta Larry Doolittle en écho. Voulez-vous que je vous envoie un garde ?

— Ça ira, assura Malko. Je vous appelle à mon réveil.

Les points de suture le tiraient affreusement, il avait un mal de crâne épouvantable, le sillon à vif le brûlait. Heureusement, on ne lui avait pas bandé tout le crâne, protégeant simplement la blessure avec un pansement adhésif collé sur les cheveux, ce qui était loin d'être confortable...

Le directeur de l'hôtel, un Australien charmant qu'on avait réveillé pour la circonstance, s'approcha de son lit.

— J'ai prévenu la police, dit-il. Il s'agit sûrement d'un cambrioleur, les employés de la réception l'ont vu s'enfuir, il a traversé le *lobby* en venant du jardin.

— Merci, dit Malko, je crois que je vais me reposer.

Dès qu'il fut parti, Larry Doolittle demanda :

— Vous avez vu votre agresseur ?

— Oui, c'était un Népalais, jeune.

— Vous pensez que...

— Évidemment, confirma Malko. Hier soir, j'ai rencontré la femme de Kumar Dixit. Je voulais vous en parler demain matin. Les autres ont dû me faire suivre et ont réagi.

Le chef de station de la CIA semblait de plus en plus perturbé. Il soupira.

— Hélas, nous n'avons toujours *aucune* preuve.

— J'en trouverai, promit Malko. Kumar Dixit est en fuite, traqué par les auteurs du complot. J'ai une petite chance de le retrouver.

— O.K., vous me raconterez, conclut l'Américain.

Malgré la morphine, Malko n'arrivait pas à se détendre. Il jeta un coup d'œil à son poignet. Les aiguilles lumineuses de sa Breitling indiquaient 3 h 35. Il composa le numéro de Prativa. Il commençait à s'inquiéter quand la jeune femme décrocha à la septième sonnerie.

— Désolé de vous réveiller, s'excusa Malko. On vient de tirer sur moi. Je voulais être certain qu'il ne vous était rien arrivé...

Il lui raconta l'attaque dont il avait fait l'objet et lui recommanda de se barricader.

— Vous êtes seul ? demanda la jeune femme.

— Oui.

— Je viens, dit-elle.

Elle raccrocha avant de lui laisser le temps de protester. Il n'arrivait pas à trouver le sommeil. Son cuir chevelu le brûlait et il avait une migraine effroyable. Il allait enfin trouver le sommeil lorsque le téléphone le fit sursauter. Il décrocha et entendit la voix douce de Prativa.

— Je suis à la réception, fit-elle simplement.

Allongé sur le dos, la tête un peu surélevée, Malko ne sentait presque plus les élancements de son crâne suturé. Prativa n'avait pas retiré son sari bleu mais s'était agenouillée sur le lit à côté de lui. Ses deux mains étaient refermées en conque autour de la base de son sexe, sa bouche allait et venait avec une lenteur exquise le long de sa hampe. Elle n'avait pas prononcé une parole en entrant dans la chambre, examinant seulement le pansement de

Malko. Ensuite, elle lui avait massé longuement tout le corps, terminant par cette fellation royale et sophistiquée. Quand elle le sentait près de jouir, elle s'arrêtait et soufflait sur lui. Puis recomençait.

— Je vais jouir ! fit soudain Malko d'une voix étranglée.

Aussitôt, Prativa desserra ses doigts et il sentit la sève jaillir, recueillie par la jeune femme jusqu'à la dernière goutte. Elle resta ainsi collée à lui comme une ventouse, puis se redressa.

— Il faut dormir maintenant, dit-elle.

Malko se sentait si bien qu'il eut l'impression de s'endormir avant même qu'elle ne quitte la pièce.

***

Le manager de l'hôtel intercepta Malko dans le *lobby* du *Yak and Yeti*.

— La police n'a rien trouvé, annonça-t-il. Ils continuent leurs recherches.

— Merci, fit Malko, sans illusions.

Son cuir chevelu lui faisait horriblement mal et il pouvait à peine l'effleurer. Il terminait son petit déjeuner quand on vint le prévenir d'un appel pour lui à la réception. Il fut surpris en reconnaissant la voix de Thana Giri. Le Népalais lança tout de suite :

— Vous avez été victime d'un attentat cette nuit...

— Comment le savez-vous ? demanda Malko, stupéfait.

— Je vous l'expliquerai. Venez à midi à Bagh Bazar.

***

Un jeune Népalais au type asiatique emmena Malko, par un couloir crasseux, jusqu'à une petite pièce donnant sur un jardin, à l'arrière du Q.G. maoïste de Bagh Bazar.

Thana Giri étudiait des papiers, assis derrière un petit bureau. Malko prit place en face de lui, et ne perdit pas de temps.

— Comment êtes-vous au courant de l'attaque dont j'ai été victime ? demanda-t-il.

— Nous avons fait engager des militants dans tous les grands hôtels, expliqua le Népalais. Celui du *Yak and Yeti* était de permanence cette nuit.

— Malheureusement, remarqua Malko, il n'a pas pu rattraper cet homme.

— Non, mais il l'a reconnu.

— Reconnu ? C'est un de vos militants ?

— Non. Avant d'être au *Yak and Yeti*, notre camarade a travaillé quelques mois au casino de l'hôtel *Everest*. Il y a vu le garçon qui a tiré sur vous. Il y vient de façon régulière et notre homme pense qu'il est l'amant de la directrice, une certaine Baba Tuladnar. J'ai pensé que cette information vous intéresserait.

— Vous avez son nom ?

— Son prénom seulement : Aman.

Enfin une piste à creuser... Si Malko retrouvait son agresseur, il pourrait peut-être remonter au commanditaire et obtenir des preuves contre le MI 6. Puisqu'il était là, il avait une autre question à poser.

— Si vous désiriez vous cacher à Katmandou, où iriez-vous ? demanda-t-il.

Il raconta l'histoire de Kumar Dixit. Thana Giri réfléchit quelques instants.

— Il y a beaucoup de possibilités, avança-t-il. D'abord, pour soigner sa blessure, il a peut-être fait appel à un médecin de notre organisation. Ce serait trop dangereux d'aller dans un hôpital. Je vais me renseigner. Pour se cacher, il peut être chez des amis, dans un temple ou sous la protection de bouddhistes. Ou encore réfugié dans un village. Si c'est dans la zone que nous contrôlons, je peux le savoir, mais cela prendra quelque temps, car les communications sont difficiles.

Soudain, un Népalais entra dans la pièce et vint mur-

murer quelques mots à l'oreille de Thana Giri, avant de ressortir. Le responsable maoïste se tourna vers Malko.

— Il vient de m'apprendre que deux agents de la Military Intelligence rôdent dans les parages.

— Ils vous cherchent ?

Thana Giri sourit.

— Non, je crois qu'ils *vous* cherchent. Ils n'oseraient pas s'attaquer à moi.

— Pourquoi ?

— Parce que nous détenons un certain nombre de policiers qu'il nous est facile d'exécuter, fit simplement le Népalais. Ils surveillent rarement des étrangers, mais faites attention. Je vais partir après vous, de cette façon on saura qui ils surveillent. Vous aurez bientôt de mes nouvelles.

***

Avant d'entrer au casino de l'hôtel *Everest*, situé sur le côté de l'hôtel, Malko planqua son Webley sous le siège de la Toyota. Il y avait des fouilles à l'entrée des casinos, par crainte des attentats maoïstes. Comme au *Casino Royale*, une ribambelle de portiers le salua avec componction. À peine était-il à l'intérieur qu'il se heurta presque à une ravissante pute népalaise en mini et décolleté avantageux, qui lui adressa un sourire direct. À Katmandou, c'était rare. Elle s'éloigna vers les tables de jeu avec un balancement de hanches suggestif et se retourna deux fois. On se serait cru aux premiers temps de Las Vegas... Il regarda autour de lui. La grande salle rectangulaire était loin d'être pleine. À gauche, il y avait un buffet, des tables et une estrade sur laquelle s'agitaient des danseuses derrière une chanteuse de jazz, à côté d'une télé branchée sur CNN sans le son.

Il alla faire un tour dans le casino proprement dit. Des Indiens à la mine lugubre entouraient quelques tables de roulette et de black-jack tenues par des croupières ultra maquillées. Quelques femmes, parées comme des arbres de Noël, jouaient aussi, drapées dans plusieurs épaisseurs de sari, d'innombrables bracelets brinquebalant à leurs poignets. On venait de Bombay ou de Delhi s'encanailler au Népal, le jeu étant interdit en Inde.

Une douzaine de putes traînaient entre les tables, sans grand succès. Les gens étaient là pour jouer. Malko revint vers le buffet et remarqua une table particulièrement bruyante occupée par plusieurs femmes, certaines en sari, d'autres en jean. Une bouteille de Defender VSR posée sur la table et déjà bien entamée expliquait leur gaieté. L'une d'elles semblait présider. Un visage qui avait dû avoir du charme, empâté, très maquillé, des bagues plein les doigts, une énorme poitrine moulée dans un sari rose, trois mentons et d'innombrables bourrelets... On aurait dit une sous-maîtresse de bordel d'entre les deux guerres. Toutes les femmes fixaient l'estrade en se tordant de rire, sans que Malko en comprenne la raison.

Il s'assit à une table voisine et commanda à boire, observant la salle. L'orchestre faisait un bruit d'enfer et les paroles de la chanteuse, recrachées par d'énormes baffles, faisaient trembler les murs. Et résonnaient douloureusement dans le cuir chevelu recousu de Malko. Pour s'éloigner un peu du bruit, il gagna une des tables de roulette. En un quart d'heure, il avait perdu 50 000 roupies [1].

Le show venait de se terminer et les danseuses se dispersaient. L'une d'elles, au lieu de disparaître en coulisses, gagna la table des femmes qui l'accueillirent avec des rires et des embrassades. Elle esquissa quelques pas de danse, ce qui sembla les ravir encore plus. Puis, à l'immense stupéfaction de Malko, elle se pencha et embrassa la grosse femme sur la bouche. Ensuite, d'un geste sûr, elle arracha sa perruque blonde, découvrant de courts cheveux noirs.

C'était un homme ! Celui qui avait tiré sur lui la nuit précédente.

---

1. Environ 75 euros.

***

Vivement, Mako se détourna pour qu'il ne risque pas de le reconnaître. Puis, il fit le tour de la table de roulette et l'observa, abrité derrière un gros Indien.

En riant, le jeune homme se débarrassa de ses oripeaux, apparaissant en T-shirt marron et en jean, ne gardant que son maquillage qui le faisait ressembler à un travelo.

C'était un très beau garçon, large d'épaules, les traits fins, le nez busqué, de pas plus de vingt-cinq ans. Visiblement très lié aux filles qui piaillaient autour de lui, il faisait des mines, les caressait, plaisantait avec elles. Surtout avec la grosse en sari rose. Il lui glissa quelques mots à l'oreille et elle gloussa de plus belle. Posant son verre, elle se leva et quitta la table, se dirigeant vers le fond de la salle, escortée du jeune homme. Une grosse tour rose. Avec vingt kilos de moins, elle aurait été appétissante.

Le couple disparut par une porte latérale qui devait donner sur l'hôtel *Everest*. Malko se faufila entre les tables de roulette et fonça derrière eux. Avec la ferme intention d'en apprendre plus sur l'homme qui avait voulu le tuer.

CHAPITRE XV

Au lieu de suivre le couloir qui menait au *lobby* de l'*Everest*, Baba Tuladnar bifurqua à gauche, dans un renfoncement desservant le local de la réserve de costumes pour les revues du casino. Elle ouvrit la porte avec la clef qui ne la quittait jamais. Ils traversèrent la resserre et Baba Tuladnar ouvrit une seconde porte, celle de sa « chambre d'amour ». Le meuble central en était un superbe lit à baldaquin très hollywoodien. Tout autour étaient entassées d'autres créations du décorateur parisien Claude Dalle, importées au Népal sans droits de douane. Baba Tuladnar les revendait aux riches Indiens qui venaient jouer à l'*Everest* et les passaient ensuite en fraude.

Aman se glissa derrière elle dans la pièce.

— Ça t'a excitée de me voir danser ? demanda-t-il, ravi

Il savait avoir quelque chose à se faire pardonner et avait décidé d'amadouer Baba par le seul moyen qu'il connaissait : le sexe. Son membre long, fin et légèrement recourbé faisait la joie de toutes les semi-putes du casino. Aman n'était pas regardant : né à Blakhapur où ses parents tenaient une minuscule épicerie, il n'en revenait pas d'être parvenu à se glisser dans le monde chatoyant des casinos. D'abord, il avait fallu qu'il fasse le siège de Baba Tuladnar, l'abordant humblement dans le parking, lui demandant si elle n'avait pas un petit job pour lui. Il ne frappait pas au hasard : un de ses copains, déjà employé par le casino, lui avait confié que la grosse Baba était folle du cul. Fille d'un businessman travaillant avec le nouveau roi, elle n'avait pas besoin d'argent, mais aimait s'encanailler dans l'atmosphère glauque de l'*Everest*, où elle pouvait boire, avoir des aventures et s'amuser avec ses copines, sans faire scandale. Elle s'était mise à grossir à la suite d'un dérèglement hormonal et son mari ne la touchait plus.

Elle avait engagé Aman comme homme à tout faire et, dès le premier jour, il avait payé son embauche. Sous prétexte de lui faire transporter des instruments de musique, Baba l'avait emmené dans cette resserre, avait fermé la porte à clef et s'était plantée devant lui. Empoignant ses parties sexuelles à pleines mains, elle lui avait lancé :

— Il paraît que tu as une grosse queue. J'espère que tu sais t'en servir.

Aman n'était pas très attiré par ce tas de gélatine, mais son avenir dépendait de Baba Tuladnar. Au prix d'un effort surhumain, il était parvenu à bander et avait culbuté la grosse femme sur un établi, s'enfonçant avec dégoût dans les replis de son ventre et de ses cuisses énormes. Elle en avait crié de bonheur et, depuis, il lui suffisait d'un regard pour que le jeune homme la suive jusqu'à leur « chambre d'amour ». C'était le prix à payer pour avoir une carte d'employé lui donnant accès au casino. Il y effectuait des petits boulots, dansait pour s'amuser et soutirait un peu d'argent aux jeunes putes employées comme entraîneuses. Sous la protection de Baba, qui était au mieux avec le chef de la police.

Aman se sentait un autre homme. Pour oublier ses prestations avec Baba, il se tapait sa meilleure copine, une brune plutôt maigre, vraie salope déchaînée. Mais hors du casino.

Il s'approcha de Baba, commençant le manège habituel. Elle le laissa se frotter un peu contre elle : c'était toujours délicieux, le contact de ce gros cylindre contre son ventre, à travers les épaisseurs de soie, mais excep-

tionnellement, elle ne l'avait pas entraîné dans leur
« chambre d'amour » pour cela. Elle le repoussa et lui jeta
un regard furibond.

— Petit con ! dit-elle simplement, tu n'as pas su faire
ce que je t'avais demandé.

Aman baissa la tête et bredouilla :

— Si, si, Baba, j'ai tiré sur lui, comme tu me l'avais
dit.

— Et tu l'as raté, trancha-t-elle d'une voix coupante.
Qu'as-tu fait du pistolet ?

— Je l'ai jeté dans la rivière.

— Imbécile ! Il pouvait encore servir. Il va falloir que
tu recommences.

Aman sentit son cerveau se liquéfier. C'était un petit
voyou, pas un tueur. Baba Tuladnar, pour obtenir de lui
cette prestation un peu spéciale, l'avait menacé de l'interdire de casino s'il refusait. Elle lui avait fourni une
arme et promis que, s'il se faisait prendre, elle le ferait
libéré très vite grâce à ses relations. Aman avait finalement accepté, tout en ne comprenant pas pourquoi Baba
voulait faire abattre un étranger.

Mais ce n'était pas ses affaires...

Il pâlit et protesta :

— Mais c'est impossible ! Ils m'ont vu, à l'hôtel.

— Il n'y a pas que l'hôtel, coupa-t-elle. On va s'arranger pour que cela se passe ailleurs. Et cette fois, il ne
faudra pas le rater. Sinon...

Il baissa la tête, se demandant comment échapper à ce
nouveau « contrat ».

— Bien Baba, promit-il humblement. Je ferai ce que
tu veux.

Satisfaite, la grosse femme retrouva ses pulsions habituelles

— Alors, qu'est-ce que tu attends ? demanda-t-elle
d'une voix sèche.

Aman sentit la panique l'envahir. Avant de venir au
casino, il avait baisé sa copine comme un fou, jouissant
deux fois. Il s'approcha pourtant, arborant son sourire de

pute, et commença à malaxer les gros seins à travers la soie du sari. Baba ferma les yeux de bonheur et plaqua ses doigts entre les cuisses du jeune homme. D'habitude, c'était très efficace. Mais là, elle eut beau faire de son mieux, le sexe d'Aman ne se déploya pas. Elle lui jeta, furieuse :

— Tu n'as plus envie de baiser, petit saligaud !
— Ça m'a fatigué de danser, bredouilla Aman.

Brutalement, elle ouvrit son jean et serra entre ses doigts le membre inerte. Si fort qu'il cria de douleur. Voyant qu'il n'y avait rien à faire, elle le repoussa.

— Bon ! Tu as encore une langue, non ?

Elle se hissa sur la table derrière elle, remonta son sari, écarta les cuisses et offrit son buisson fourni au jeune homme. Aman, réprimant son dégoût, enfouit son visage entre les cuisses énormes. Heureusement, quand sa langue commença à s'enrouler autour du clitoris de Baba, la grosse femme se mit à gémir. Elle appuyait la tête d'Aman contre son ventre, tandis qu'il se démenait comme un fou. Il crut qu'elle n'arriverait jamais à jouir. Enfin, les cuisses grasses se refermèrent sur ses oreilles et elle poussa un grognement avant de se laisser aller en arrière.

Avant qu'il puisse se relever, Baba l'attrapa par les cheveux et approcha son visage du sien.

— La prochaine fois, menaça-t-elle, si tu ne bandes pas, tu ne banderas plus jamais ! Quand tu es venu ici, tu n'avais que tes couilles. Quand tu repartiras, tu ne les auras même plus.

— Je te jure..., commença le jeune homme.
— Ne jure pas ! Va revoir celui à qui je t'ai envoyé pour le pistolet. Il t'en donnera un autre. Prend un *kukri* aussi, on ne sait jamais.
— Oui, Baba, fit-il, obéissant.

Baba Tuladnar rabattit son sari et reposa ses pieds par terre.

— Va-t'en, lança-t-elle à Aman.

Il gagna la porte et, dès qu'elle fut seule, la grosse

femme sortit de son sac un pétard de *ganja* et l'alluma. Cuvant son orgasme et chassant de son esprit le rendez-vous désagréable qu'elle devait affronter pour rendre compte de sa mission ratée.

**

Malko était à une table de roulette lorsqu'il vit réapparaître le jeune homme, seul. Il ne semblait pas dans son assiette et se dirigea vers le restaurant, accueilli par les autres filles. Au bout de quelques minutes, une brune aux cheveux frisés le prit par le bras et l'entraîna danser.

Une voix derrière Malko demanda :

— *You want a drink, sir ?*

Une « pit-girl [1] » se tenait derrière lui, avec un sourire timide, un gros chignon, des yeux de biche allongés au mascara, une robe marron très courte, avec un décolleté carré très bas et des yeux bridés. Sûrement une Tibétaine. Visiblement, elle n'était pas à son aise.

— *Yes*, dit Malko. *Bring me a vodka.*

Cela calmerait peut-être les démangeaisons de son cuir chevelu

La fille s'éloigna pour revenir quelques instants plus tard avec ce qu'il avait demandé. Il posa sur le plateau un billet de 1 000 roupies et demanda :

— Comment vous appelez-vous ?

— Guluth, *sir*.

Elle semblait morte de timidité.

— Guluth, dit-il, vous voulez prendre un verre avec moi, tout à l'heure ?

— Je ne sais pas, *sir*, je vais demander.

Il la vit s'approcher d'un des chefs de partie, lui parler et revenir ensuite.

— *Yes, sir, it's possible*, dit-elle. Quand j'ai fini mon travail. Après dix heures ce soir. Ce n'est pas trop tard ?

---

[1]. Serveuse réservée aux joueurs.

— Non, non, dit Malko. À tout à l'heure.

Il continua à jouer, discrètement surveillé par le chef de partie. Aman était parti avec la fille brune. Quelques minutes plus tard, la grosse femme vint reprendre place à sa table, saisit la bouteille de Defender et versa ce qui en restait dans son verre.

Bien sûr, Malko aurait pu prévenir la police et faire arrêter son agresseur, mais cela n'aurait probablement mené nulle part. Il fallait d'abord en apprendre plus sur lui. Ce qui serait peut-être possible par Guluth, la jeune « pit-girl », qui le connaissait sûrement. Il fallait remonter la filière, trouver le sponsor. Il termina ses 100 000 roupies et quitta le casino sous les courbettes du personnel. En ces temps de mauvaises affaires, un nouveau client était toujours bon à prendre.

— À l'ambassade américaine, dit-il à son chauffeur, en s'installant dans la Toyota.

***

Larry Doolittle tirait pensivement sur sa pipe. À la fois ravi et embarrassé.

— Que comptez-vous faire ? demanda-t-il à Malko.

Celui-ci réprima une furieuse envie de se gratter la tête. Les points de suture commençaient à bouger.

— Que savez-vous du monde des casinos ?

— Il y en a quatre, dit l'Américain : le *Casino Royale* au *Yak and Yeti*, le *Soaltee* au *Soaltee*, l'*Annapurna* et l'*Everest*. Tous sont contrôlés par la famille royale, mais les licences d'exploitation directement payées au gouvernement. C'est un Américain qui manage ces quatre casinos, un certain Dave Robins, mais je ne l'ai jamais rencontré.

— Où puis-je le trouver ?

— Je crois qu'il a ses bureaux au *Soaltee*. Mais attention, je ne suis pas sûr qu'il coopère. Il s'agit d'une affaire très délicate.

— Si c'est un Américain, remarqua Malko, vous pouvez demander à Langley de le «cribler». Au FBI également.

— Bien sûr, fit avec empressement l'Américain. Il doit savoir beaucoup de choses sur cet univers.

— Moi, je veux savoir qui a donné l'ordre à ce jeune homme de m'assassiner, dit froidement Malko.

Quand il ressortit de l'ambassade, il n'était que huit heures dix. Il avait le temps d'aller au *Soaltee*, avant de retrouver Guluth.

**

Au rez-de-chaussée, une dizaine de billards occupaient une salle vide. La salle de jeu se trouvait au premier étage auquel on accédait par un escalier majestueux. Malko aborda un employé.

— M. Robins.

— Au fond, après le restaurant, après les tables de roulette.

Il suivit ses indications et aboutit dans un bureau minuscule où un Népalais tapotait sur un ordinateur. Celui-ci leva la tête avec un sourire engageant.

— *Yes, sir ?*

— Je viens voir M. Robins, annonça Malko.

— Vous avez rendez-vous ?

— Non, mais il me connaît.

Il lui tendit sa carte. Impressionné, l'employé sourit de plus belle.

— M. Robins a un visiteur en ce moment, pouvez-vous attendre ?

Il lui désignait une banquette de moleskine face à son bureau. Malko s'assit. Vingt minutes plus tard, une porte coulissa sur un Indien à la peau très foncée et le secrétaire se précipita dans le bureau adjacent, ressortant aussitôt pour lancer à Malko :

— M. Robins vous attend.

Malko franchit le seuil de la porte coulissante et eut l'impression de pénétrer dans un igloo. Il devait faire 10 °C. La pièce carrée était toute petite, avec quelques diplômes encadrés au mur, une télé allumée sans le son et plusieurs écrans de contrôle, branchés sur les tables de jeu. Derrière un grand bureau trônait un homme corpulent au teint blafard et aux traits empâtés, avec de petits yeux malins noyés dans la graisse. Il était bizarrement vêtu, pour le pays, d'un costume croisé rayé sombre, avec une cravate. Il examina Malko d'un air curieux et demanda :

— Nous nous connaissons ?

— Non, reconnut Malko, mais j'avais besoin de vous voir.

— Qui êtes-vous ?

— Je travaille pour une agence fédérale américaine et je suis à Katmandou pour une enquête.

— Le FBI ?

— Non.

Dave Robins parut soulagé et peu soucieux de savoir pour *quelle* agence fédérale Malko travaillait.

— Que puis-je pour vous ? demanda-t-il.

— J'ai été victime d'une tentative de meurtre, expliqua Malko, commise par un employé d'un de vos casinos.

L'Américain l'arrêta d'un geste.

— Il y en a 2 500 ! Vous l'avez identifié ?

— Oui et non. Je l'ai *physiquement* reconnu, il travaille au casino de l'*Everest*, mais je ne connais pas son nom.

— Dans ce cas, conclut l'Américain, il faut aller voir la police, je ne suis pas responsable de ce que font mes employés, sauf s'il vous a agressé à l'intérieur du casino.

— Ce n'est pas le cas.

— Alors, je n'y peux rien. Désolé.

— Je ne veux pas voir la police.

— C'est votre problème, fit, impassible, Dave Robins. Il se leva et tendit la main à Malko.

— *Good by, sir. Have a nice evening.*

Malko se retrouva dans la salle de jeu, furieux et frustré. Il n'avait plus qu'à retourner à l'*Everest* retrouver Guluth, la « pit-girl ».

***

Il y avait nettement plus de monde au casino de l'*Everest*, malgré l'heure tardive pour Katmandou. Une chanteuse indienne crachait ses poumons sur l'estrade et la grosse femme avait disparu. La Crosswind de Malko indiquait 9 h 55. Il regarda autour de lui, cherchant la « pit-girl ». Celle-ci surgit, rayonnante.

— Je suis libre ! annonça-t-elle.

Elle avait un fort accent mais son anglais était compréhensible.

— Vous avez dîné ? demanda Malko.
— Non.
— Moi non plus, on peut aller à Thamel.
— Oh oui ! accepta-t-elle avec une joie non dissimulée. Je connais un restaurant thaï, le *Ying et Yang*.

Elle parut éblouie que Malko ait une voiture et s'installa voluptueusement sur la banquette, sa robe marron remontée sur ses genoux ronds. Pendant le trajet, elle posa des tas de questions à Malko, sur ce qu'il faisait à Katmandou, combien de temps il restait, etc.

Le *Ying et Yang* se trouvait dans une vieille masure dominant un jardin. Appliquant une recette qui avait merveilleusement fonctionné avec Prativa, Malko commanda une bouteille de Taittinger Comtes de Champagne Rosé millésimé 1995. La jeune entraîneuse ouvrit de grands yeux éblouis.

— Je n'ai jamais bu de champagne ! avoua-t-elle.

Dès qu'ils eurent commandé, il la questionna sur sa vie. Il fallait jouer le jeu. Elle lui expliqua qu'elle avait pris des cours d'anglais à l'université mais n'avait pas eu assez d'argent pour continuer, alors elle avait trouvé ce job au casino. Elle n'était pas payée, mais avait des pourboires et des cadeaux.

— Vous sortez souvent avec des clients ? demanda Malko.

Elle se troubla.

— Je ne travaille que depuis quinze jours. L'autre jour, un Indien a voulu m'emmener dans sa chambre à l'*Everest*, mais il refusait d'utiliser un préservatif. Alors, je n'ai pas accepté.

Au moins, elle annonçait la couleur, sans fioriture. Elle commençait une carrière de pute. Sournoisement, Malko remplissait sa flûte de Taittinger Comtes de Champagne qu'elle lapait comme un chat. Ce qui la rendait euphorique.

— J'aime bien travailler au casino, continua-t-elle, mais Baba Tuladnar est très dure.

— Que fait-elle ?

— C'est elle qui engage les filles, les danseuses et les croupières. Elle est là tous les jours, mais elle boit beaucoup et alors elle devient méchante. Je pense qu'elle est malheureuse parce qu'elle est grosse.

Malko sauta sur l'occasion.

— Je crois l'avoir vue aujourd'hui. Elle flirtait avec un garçon qui s'était déguisé en fille pour danser. Je me trouvais à la table voisine.

Guluth sourit.

— Ah oui, c'est Aman. Lui est gentil, mais il veut coucher avec toutes les filles pour rien ! Et il couche aussi avec Baba.

— Qu'est-ce qu'il fait ?

— Des petits boulots. Il traîne dans le casino, danse parfois, rend des services à Baba Tuladnar. Quand il y a un problème avec un joueur, Baba l'envoie pour l'intimider. Aman est très fort.

Donc, c'était probablement celle-ci qui l'avait envoyé tuer Malko. Mais pour le compte de qui ?

Guluth se tut, lui expédiant un regard langoureux. Malko vit dans ses yeux de biche qu'elle ne souhaitait

qu'une chose : lui faire passer une fin de soirée agréable.
En regagnant la voiture, il lui demanda :

— Où habitez-vous ?

— Oh, on ne peut pas aller chez moi, il y a toute ma famille, protesta la Népalaise.

— Je suis comme votre Indien, fit Malko avec un sourire, je n'ai pas de préservatif, nous nous verrons une autre fois.

Guluth parut horriblement déçue, puis lâcha :

— Mais ils vont me demander de l'argent !

— Qui ?

— Baba, avoua-t-elle timidement.

— Combien ?

— La moitié.

— La moitié de quoi ?

— Je dois demander 20 000 roupies.

Tandis qu'ils roulaient, il tira une liasse de sa poche et compta les billets.

— Les voilà, dit-il. Vous en garderez la moitié et nous nous reverrons ces jours-ci. Où habitez-vous ?

— À Patan.

Elle expliqua l'adresse au chauffeur et ils restèrent silencieux jusqu'à ce que la Toyota s'arrête près d'un terrain de football, en face d'une impasse. Guluth se tourna vers Malko.

— Merci, dit-elle. Vous reviendrez au casino ?

— Promis, dit-il. Demain ou après-demain.

Il reprit le chemin du centre, l'âme en paix. Son statut de « client » établi auprès de Guluth lui permettrait de la revoir et d'obtenir d'autres informations sur Aman et sa commanditaire. Mais cela pouvait prendre du temps.

*
* *

Malko n'avait pratiquement pas fermé l'œil de la nuit. Les démangeaisons de son cuir chevelu lui donnaient envie de s'arracher la tête. Ce qui valait quand même mieux que de ne plus avoir de tête du tout… À cause de sa blessure, il ne pouvait plus prendre de douche et s'était plongé dans le bain.

La sonnerie du téléphone l'en arracha.

— Passez me voir, demanda Larry Doolittle. J'ai reçu des informations sur notre «client».

C'est-à-dire Dave Robins.

***

Le chef de station de la CIA brandit un long télégramme avec un sourire ravi.

— Nous n'avions rien sur Robins à l'Agence, mais pour une fois, le FBI a collaboré.

Oussama Ben Laden avait réussi au moins un miracle : faire enterrer la hache de guerre entre la CIA et le FBI.

— Qu'est-ce qu'il a donné ? demanda Malko.

— Le pedigree de M. Dave Robins, annonça triomphalement le chef de station. Lisez.

Malko lut : Dave Robins était sujet américain, né à Baxter, dans le Nevada, le 12 février 1947. Ensuite, à part de courts séjours dans différentes écoles, il n'y avait que des condamnations… Extorsion de fonds, attaque à main armée, organisation de réseau de prostitution, infraction à la législation des jeux. Il était soupçonné de trois meurtres, mais avait obtenu des non-lieux.

Le rapport du FBI le disait lié à une des grandes familles mafieuses de la côte Ouest, les Vitelloni. On avait perdu sa trace depuis une dizaine d'années, mais la *gaming commission* du Nevada serait très désireuse de mettre la main sur lui…

Malko reposa le rapport et Larry Doolittle retira sa pipe de sa bouche.

— Je pense que M. Robins devrait se montrer coopératif, dit-il, sinon je balance son dossier aux Népalais. Il risque de se faire expulser. À vous de jouer.

Malko prit le dossier, euphorique. Son enquête avait

des chances d'avancer beaucoup plus vite qu'avec
Guluth. Un homme comme Dave Robins devait pouvoir
l'aider à remonter au commanditaire de la tentative d'as-
sassinat contre lui, ce qui mettrait à jour la partie népalaise du complot. Il quitta l'ambassade, regonflé à bloc.

*
* *

Le secrétaire de Dave Robins se rembrunit en voyant
Malko. Visiblement, il avait reçu des instructions. Il se
leva et annonça :
— M. Robins n'est pas...
Malko l'interrompit, lui tendant une enveloppe.
— S'il n'est pas là, trouvez-le et remettez-lui cette
enveloppe. J'attends.
Il s'assit sur la banquette en moleskine. Gêné, le secrétaire entra dans le bureau de son patron. Cinq minutes
plus tard, Dave Robins, toujours aussi impassible, apparut sur le seuil de son bureau, toisa Malko et dit simplement :
— Entrez.

CHAPITRE XVI

Pendant quelques secondes, les deux hommes se dévisagèrent en silence. Le rapport du FBI était étalé sur le bureau de Dave Robins. Ce dernier, les traits durcis, ressemblait à ce qu'il était : un gangster envoyé en mission pour la « Famille ». Malko rompit le silence :

— Monsieur Robins, je me moque de votre passé et de vos démêlés avec la *gaming commission* du Nevada. Et encore plus de ce que vous faites ici. Il s'agit d'un problème politique, intéressant la sécurité des États-Unis. En tant qu'envoyé d'une agence fédérale, j'ai accès à certaines sources, comme vous pouvez le constater. Mais nous n'avons rien contre vous. Si vous acceptez de coopérer, ce dossier ne sera jamais remis aux autorités népalaises et vous pourrez continuer à exercer votre profession normalement.

Il éternua : la température était vraiment glaciale. Dave Robins, ses mains grassouillettes à plat sur le bureau, était impassible comme un sphinx. Mais si son regard avait pu tuer, Malko aurait été transformé en poussière.

— Que voulez-vous ? demanda-t-il d'une voix posée, absente.

— Quel est votre rôle ici ?

— Je suis le boss, fit l'Américain. Je veille à ce que l'argent rentre et qu'on n'en vole pas trop. J'ai 2 500 employés et je paye une redevance de 200 000 dollars par an et par casino pour la licence des jeux. À cause des événements politiques, les affaires vont mal. Or, je dois rendre des comptes à mes actionnaires.

— Qui sont-ils ?

— Le prince, enfin, le roi Gyanendra. Un foutu imbécile. Comme tous les Népalais d'ailleurs. Je hais ce pays, les gens qui sont des incapables, le système, le climat. Tout.

— Pourquoi êtes-vous là, dans ce cas ?

Pour la première fois, Dave Robins esquissa un sourire et laissa tomber :

— *There is no gaming commission.*

Autrement dit, aucun contrôle de la loi. Tout en parlant, il gardait un œil sur les écrans de contrôle permettant de surveiller les mains des croupiers. Malko revint à ses moutons.

— Vous avez enquêté sur mon affaire ?

— Non.

— Bien, je vais vous la résumer.

Dave Robins ne l'interrompit pas, il semblait ailleurs, mais quand Malko eut terminé, il dit aussitôt :

— Je n'ai jamais entendu parler de ce garçon, mais, si je comprends bien, il n'est même pas employé par le casino *Everest*. Par contre, je connais très bien Baba Tuladnar.

— Qui est-ce ?

— Une grosse truie. Son père est depuis longtemps un des secrétaires particuliers du prince Gyanendra, qui est maintenant le nouveau roi. Il a donc placé sa fille dans le casino *Everest*.

— Pourquoi ?

— L'*Everest*, l'*Annapurna* et le *Soaltee* appartiennent à la famille royale. C'est Gyanendra qui était chargé par mon intermédiaire de les gérer et de faire remonter l'argent jusqu'aux « royals ».

— Pourquoi dites-vous « était » ?

— Parce que depuis qu'il est roi, il a confié ce job à son fils, ce petit salaud de prince Bahadur. Un vrai *creep*[1].

---

1. Une vraie merde

Une horreur, un fou furieux. Dès qu'il a bu, il ne se contrôle plus. Une fois, il est venu dans ce casino et s'est emparé de piles de jetons et a commencé à jouer. Avec *notre* argent. J'ai été obligé d'appeler les Gurkhas du palais pour qu'ils viennent le maîtriser. Cet infect petit salaud est capable de n'importe quoi. Il m'a même menacé, *moi*, une fois, parce que je lui refusais du crédit...

Sous l'empire de la fureur, il avait perdu son calme olympien. Malko engrangeait ces informations précieuses.

— Je veux savoir si cet Aman a été envoyé pour me tuer par Baba Tuladnar, dit Malko. Je suppose que vous avez des espions dans ce casino ?

— Évidemment, grommella l'Américain.

— Vous pouvez donc obtenir cette information ?

— Je pense, admit de mauvaise grâce Dave Robins. Mais il faut que je sois prudent, je ne veux pas perdre mon job. Ici, il n'y a ni indemnités de licenciement, ni sécurité sociale. Je suis trop vieux pour apprendre un autre métier.

— Soyez prudent, dit Malko, et vous n'en aurez pas besoin.

L'Américain lui jeta un regard plein de curiosité.

— Mister... Linge, dit-il en se penchant sur sa carte de visite, avez-vous un contentieux avec le Palais ?

Malko sourit.

— Je ne le pensais pas, mais je commence à le croire. À propos, vous connaissez un certain Andrew Teck ?

— Non, pourquoi ?

— Pour rien. Et que pensez-vous du massacre du 1er juin ?

Dave Robins se rejeta en arrière, avec une expression différente, et sourit.

— Ce que j'en pense n'est pas important. Ce que je sais l'est plus.

— C'est-à-dire ?

— Ce petit con de Dipendra s'est fait baiser. Il a dansé

sur une musique qu'il n'avait pas écrite. Il a vraiment zigouillé une partie de sa famille, mais ensuite, il a été liquidé lui-même.

— Par qui ?

— Je n'en sais rien et je ne veux pas le savoir.

— Vous pensez que le roi actuel a quelque chose à voir dans cette affaire ?

Le mafioso eut un sourire plein de sous-entendus.

— Dans les « familles », quand il y a des règlements de comptes, les sponsors ne sont jamais sur place.

— Que voulez-vous dire ?

— Rien de plus. Cherchez.

Ses yeux gris et froids étaient braqués sur Malko, sans aménité, fixant les limites de sa « collaboration ».

— J'ai des gens à voir, dit-il, revenez demain soir à partir de dix heures. Je suis ici toute la nuit, jusqu'à six heures du matin. Cet Aman peut très bien avoir été recruté par des voyous. Cela se fait couramment ici. En tout cas, faites attention : Baba Tuladnar est très liée au chef de la police. Elle a un gros pouvoir de nuisance.

Sans se lever de son bureau, il tendit une main froide et molle à Malko.

— À demain.

Lorsque Malko ressortit du bureau, le casino était presque mort, les croupiers bayaient aux corneilles. Il se dit que, sérieusement motivé, Dave Robins pouvait faire avancer son enquête d'un grand pas.

*
* *

L'employé de la réception du *Yak and Yeti* tendit un message à Malko. Quelques mots de Prativa griffonnés sur un bout de papier : « Retrouvez-moi *Chez Caroline*. Surtout, ne téléphonez pas. »

Il n'avait plus qu'à repartir. Lorsqu'il arriva à « Babarmahal Revisited » le vieux palais où était installé le restaurant, Prativa lui annonça rapidement :

— Devi Dixit m'a fait porter un message. Elle veut nous voir aujourd'hui, à six heures, chez le marchand de saris.

Le pouls de Malko grimpa en flèche.

— Elle a sûrement des nouvelles de son mari.

Cela allait être dur de patienter toute la journée.

*
* *

Les ruelles étroites, bordées de vieilles maisons de brique avec leurs poutres apparentes, étaient toujours aussi animées. Une odeur douçâtre de pourriture effaçait celle des fruits et des épices. Malko regarda autour de lui avant de s'engager avec Prativa dans l'escalier crasseux menant à la boutique de saris, mais la foule était trop dense pour qu'il puisse y repérer un suiveur.

Devi Dixit était déjà assise sur un tabouret, en train de discuter avec les vendeurs indiens. Elle leur jeta un bref coup d'œil mais continua son marchandage. Ils durent patienter dix minutes avant qu'elle ne se lève et s'engage dans l'escalier, où Prativa la rejoignit. Malko vit les deux femmes engager une conversation à voix basse entre les deux paliers. Puis Prativa remonta auprès de Malko.

— Elle a eu des nouvelles de son mari! chuchota-t-elle.

— Elle lui a parlé?

— Non. Un gamin a apporté chez elle un mot écrit de sa main. Disant qu'il quittait Katmandou.

— Il y était donc?

— Oui. Elle vient de m'avouer qu'elle nous avait menti. Depuis sa fuite dans la nuit du 1er juin, Kumar lui a régulièrement donné des nouvelles, toujours par des messagers. Une fois par semaine environ. Mais elle n'a jamais su où le joindre et il ne lui a jamais donné rendez-vous. Estimant probablement que c'était trop dangereux.

Malko ravala sa déception. Même s'il avait su que le fugitif était toujours à Katmandou, cela n'aurait pas changé grand-chose. Au moins, il était désormais certain que l'A.D.C. du prince Dipendra avait survécu. Mais ce n'était pas suffisant.

— Il ne dit pas pourquoi il quitte Katmandou ?
— Non.
— Ni où il va ?
— Non, elle est très inquiète. Il ne peut partir qu'en Inde ou dans les zones contrôlées par les maoïstes. Ailleurs, il serait immédiatement repéré.

Devi Dixit attendait au milieu de l'escalier, les traits tirés par l'anxiété.

— Bien, conclut Malko. Dites-lui de nous prévenir si elle a du nouveau. Qui a apporté ce mot ?

— Un enfant. Il l'avait lui-même reçu d'un autre enfant. Il venait de Patan. Là-bas, les gosses grouillent. Ils vendent des souvenirs aux touristes.

Kumar Dixit était prudent : même si ses adversaires s'emparaient du petit messager, celui-ci ne pourrait rien révéler. Les chances de Malko de retrouver le fugitif venaient de diminuer sérieusement. Sauf en activant Thana Giri pour «peigner» les zones maoïstes. Ce qui pouvait prendre des semaines.

*
**

Kumar Dixit avait du mal à respirer. Dans la soupente où il se terrait, il n'y avait pas d'air conditionné et le soleil tapait directement sur le toit de tôle ondulée, faisant monter la température à plus de 40 °C. Mais c'est tout ce que lui avait donné la communauté bouddhiste qui l'hébergeait. En plus, il était sans arrêt sur le qui-vive. À chaque bruit suspect, son pouls grimpait vertigineusement et il saisissait son arme de service, un Browning 9 mm qu'il avait heureusement conservé. Il y avait toujours une balle dans le canon et l'arme était posée à portée de sa main.

Depuis sa fuite, il vivait comme un animal. Après être repassé chez lui, il était allé à l'University Teaching Hospital où il s'était présenté à l'*Emergency Room*, expliquant qu'il y avait eu une fusillade au palais et qu'il avait été blessé. Comme il portait son uniforme d'officier de Ghurkas, personne n'avait osé poser de questions. Un chirurgien avait extrait la balle, il avait reçu une dose massive d'antibiotiques, avait été pansé et mis dans un lit. Théoriquement pour plusieurs jours.

Avant l'aube, il s'était enfui de l'hôpital en volant des antibiotiques et avait pris un taxi jusqu'à Patan, où il s'était réfugié chez une pute indienne chez qui il allait parfois se faire sucer. Étant elle-même en situation irrégulière, elle ne risquait pas de le dénoncer. D'ailleurs, elle n'avait pas posé de questions. Il était resté chez elle trois jours, le temps que sa blessure cicatrise à peu près et que sa fièvre tombe. Il suivait par les journaux l'évolution de la situation. Pas un mot sur lui, ni sur les *véritables* circonstances de la mort du prince Dipendra. Il avait alors réalisé qu'il était dépositaire d'un secret d'État. Lorsqu'il s'était enfui, après avoir manqué être tué par un homme en qui il avait une confiance totale, il n'avait pas réfléchi, pas compris non plus.

Désormais, il savait : c'était une machination diabolique. Il avait eu le temps de maudire sa crédulité, la façon dont il avait été manipulé. Mais il était trop tard pour les regrets, il fallait survivre. Sans pouvoir faire appel ni à ses amis ni à sa femme. Il n'avait pas de passeport et très peu d'argent.

Grinçant des dents intérieurement, il avait assisté, en lisant la presse, à l'installation du nouveau pouvoir. Un pouvoir qu'il avait involontairement aidé à mettre en place. Un moment, il avait pensé se rendre à l'*Himalaya Times* raconter son histoire. Seulement, aucun journaliste népalais n'était de taille à tenir tête au Palais et à l'armée. Il serait assassiné avant même que sa confession soit imprimée. Car même si son nom n'était mentionné nulle part, Kumar Dixit savait que, lui vivant, il représentait un danger mortel pour les comploteurs. D'autre part, il ne pouvait pas prolonger son séjour chez la pute indienne.

Son argent s'épuisait rapidement et il ne pouvait évidemment pas retourner chez lui.

Alors, il avait eu une idée : continuer à vivre dans la peau d'un *sadhou*, c'est-à-dire d'un ascète vivant de la charité publique, couchant dans les temples et exerçant comme seule activité la prière et la méditation religieuse. Le trident du dieu Shiva peint sur le visage, vêtus d'un unique *dhoti*, torse nu, les cheveux longs réunis en une sorte de chignon sur le sommet du crâne, ils étaient des milliers, en Inde et au Népal, à arpenter les rues. Été comme hiver, ils ne se couvraient jamais plus, parvenus grâce au contrôle de leur respiration à affronter froid et chaleur. Souvent, c'étaient des érudits qui avaient tout abandonné. Au Népal, il étaient nombreux, beaucoup venaient de l'Inde, à cause de la présence du temple de Pashupatinath, à Bhaktapur, consacré à Shiva, où de nombreux *sadhous* s'étaient sédentarisés. Ils se déplaçaient dans la journée pour quêter leur nourriture.

Kumar Dixit avait acheté un *dhoti* et un sac de toile où il avait mis quelques affaires, son pistolet et les 20 000 roupies qui lui restaient. Il avait peint sur son visage les traits verticaux du trident de Shiva avant de partir arpenter les rues de Patan. Au début, il ne voulait pas profiter de l'hospitalité d'un temple hindouiste où pullulaient les vrais *sadhous*. Il tenait d'abord à se familiariser avec sa nouvelle condition, dormant dans de petits temples où il arrivait la nuit tombée et repartant à l'aube. Sa survie s'était révélée relativement facile, bien que frugale.

Il mangeait à sa faim, obtenait un peu d'argent, ce qui lui permettait d'acheter pour quatre roupies un journal, de temps à autre. Ses cheveux poussaient et il avait appris en côtoyant d'autres *sadhous* les codes permettant d'évoluer dans cette communauté. Il s'était même aventuré jusqu'au grand temple de Pashupatinath, où séjournaient de nombreux *sadhous* indiens, récitant les mantras[1] à longueur de journée.

---

1. Paroles sacrées.

Ses nuits passaient plus lentement que ses journées. Il pensait sans cesse à Devi, sa femme, et à ses deux fillettes, mourant d'envie de les revoir tout en sachant que c'était impossible pour le moment. Finalement, il arpentait les rues de Patan ou de Katmandou sans très bien savoir où cela allait le mener.

Cette vie aurait pu continuer longtemps si un autre *sadhou*, hébergé au petit temple de Shiva de Patan, n'avait commencé à l'entreprendre sur un sujet religieux. Il avait été incapable de répondre. Il avait vu ensuite cet homme discuter avec le responsable du temple en le désignant. S'il le dénonçait à la police, ce pouvait être grave. Car si les gens de la Military Intelligence apprenaient sa ruse, ils finiraient par le retrouver. Alors, il avait pris peur et décidé de quitter Katmandou. Les maoïstes se gardaient bien de lutter contre les croyances religieuses des Népalais, se contentant d'expulser les missionnaires étrangers. Ils n'avaient rien contre les *sadhous* et, dans leur zone, le fugitif serait hors de portée de l'armée et de la police. Évidemment, il ne pourrait même plus faire parvenir à sa femme ses messages hebdomadaires. Mais il vivait au jour le jour. Donc, il avait quitté le temple et pris la route de Lamosagu, à une trentaine de kilomètres de Katmandou. Là, commençait une zone maoïste. Il n'aurait aucun mal à y pénétrer et à y survivre.

Sur tout le territoire du Népal, pays profondément hindouiste, les *sadhous* étaient respectés. Une fois en sécurité, il aviserait. Au pire, ses connaissances militaires pourraient éventuellement intéresser les maoïstes.

***

Malko pénétra dans le bureau glacé de Dave Robins, réprimant un frisson. L'Américain était exactement dans la même position que la veille, comme s'il n'avait pas bougé, semblant ne pas sentir le froid sibérien. Même cravate, même costume rayé, même visage de joueur de poker. Il ne tendit pas la main à Malko et lui jeta :

— Qu'avez-vous fait au prince Bahadur ?

— Le prince Bahadur ? s'étonna Malko. Rien, je ne le connais même pas.

— *Lui* vous connaît, dit l'Américain. Il sort de ce bureau. Il était pété, comme d'habitude. Regardez le plafond.

Malko leva la tête et aperçut un gros trou dans le plâtre. L'impact d'un projectile.

— Que s'est-il passé ?

— Bahadur est venu me dire que si je vous parlais, il me tuait, fit simplement l'Américain. Et que, de toute façon, il vous tuerait avant.

CHAPITRE XVII

Malko réussit à demeurer impassible. Chaque jour lui apportait la confirmation de sa théorie du complot. Mais, cette fois, il s'agissait d'un Népalais. Et pas n'importe qui : le fils du roi, miraculeusement réchappé du massacre. Un homme qu'il n'avait jamais rencontré. Dave Robins lui jeta un regard mauvais.

— Ne croyez pas que ce petit con plaisante ! Ici, il a droit de vie et de mort sur les gens ! Moi y compris. S'il vous croise dans la rue, il peut vous allumer sans problème : il est toujours armé.

— Pourquoi veut-il me tuer ? demanda Malko.

— Vous devez le savoir mieux que moi, jappa l'Américain.

— Je m'en doute, avoua Malko. Savez-vous si ce Bahadur est en bons termes avec les Britanniques ?

— Évidemment ! grogna Dave Robins. Tous les princes népalais ont fait Sandhurst ou des *finishing schools*. Mais je ne connais pas les liens particuliers de Bahadur.

— Où habite-t-il ?

— Il a un bungalow dans le palais de son père et il occupe une énorme suite au *Soaltee* dont il est le président. C'est là qu'il amène ses putes et fait ses orgies. En ce moment, il doit y être retourné.

— C'est lui qui aurait pu demander à Baba Tuladnar de me faire liquider ?

— C'est bien possible, reconnut l'Américain. Il a dû apprendre que vous étiez venu ici et il a réagi.

— Vous pensez que c'est le roi Gyanendra qui a mis ma tête à prix ? demanda Malko.

— Si c'est lui, fit Dave Robins, tirez-vous. Il trouvera, en plus de son fils, cinquante personnes pour lui faire plaisir.

Les choses commençaient à prendre forme. Malko essaya de chasser de son esprit une pensée désagréable : avoir contre lui le MI6 et le roi, dans un pays comme le Népal, limitait sérieusement son avenir. Mais il tenterait jusqu'au bout de retrouver l'A.D.C. disparu pour démonter les dessous de ce complot. Dave Robins s'ébroua.

— Bon, fit-il, pour solder nos comptes, je vais vous rendre un dernier service et nous serons quittes.

— Lequel ?

— Le type qui a tiré sur vous s'appelle Aman Kirtipur. C'est un petit voyou, un peu mac, qui traîne à l'*Everest*. Il se tape les filles *et* Baba Tuladnar. Je l'ai convoqué ce soir, sous prétexte de lui donner du boulot. À onze heures. Il suffit que vous arriviez à ce moment-là. Après, c'est à vous de jouer.

Il eut un sourire de malfaisant.

— Je pense que si vous lui mettez un calibre dans la bouche en lui demandant poliment qui l'a payé pour vous flinguer, il vous répondra. C'est ce que vous vouliez, non ?

— À peu près, reconnut Malko.

L'Américain s'en tirait bien. Il baissa les yeux sur l'énorme diamant de sa chevalière et soupira d'une voix lasse :

— O.K. ! J'ai gagné mon diplôme de *good guy*, non ?

— Je pense que oui, admit Malko. Je voudrais vous poser une dernière question. Est-ce que vous croyez Gyanendra capable d'avoir monté toute cette manip' pour monter sur le trône ?

Dave Robins eut un sourire méprisant.

— Non. *On* a pensé pour lui, qui n'est intéressé que

par le pognon. C'est un dur mais bien incapable d'avoir organisé un truc aussi compliqué.

— Vous paraissez en savoir beaucoup….

L'Américain ne détourna pas le regard.

— Oui, j'en sais beaucoup, mais je ne vous dirai rien. Je tiens à rester vivant. J'ai une femme jeune et bandante, un peu de blé. Je veux en profiter. Déjà, vous me faites prendre de sacrés risques. Alors, à ce soir, et soyez exact.

***

Devi Dixit descendit d'un taxi collectif au croisement de Lazimpat et du chemin menant à sa villa. Cent mètres à parcourir à pied. Maintenant qu'elle n'avait plus la solde de son mari, elle devait faire attention à l'argent. La nuit tombait brutalement, comme toujours. Elle aperçut devant chez elle deux silhouettes et son cœur battit plus vite. En s'approchant, elle reconnut deux Gurkhas qui avaient servi sous les ordres de son mari. Ils étaient en civil, petits, trapus, le teint très mat. Ils la saluèrent respectueusement et l'un d'eux annonça :

— Nous avons reçu l'ordre de vous emmener au quartier général de l'armée. Le général Malah Shah souhaite vous voir d'urgence.

Une voiture attendait dans l'ombre, un troisième homme au volant. Devi, le cœur battant, montra ses paquets.

— Bien sûr, je vais venir. Mais il faut d'abord que je pose mes paquets. Entrez avec moi.

Malgré tout, elle était inquiète. Ce genre de convocation ne lui disait rien qui vaille. Elle traversa le jardin et s'aperçut que la maison n'était pas éclairée. Le personnel devait être sorti. Les deux Gurkhas sur les talons, elle gagna la cuisine et posa ses paquets sur la table, avant de se retourner.

Elle eut tout juste le temps d'avoir peur.

Un des deux Gurkhas avait sorti de ses vêtements son

kukri. Sans hésiter, il le plongea dans le cou de la jeune femme, de haut en bas, l'enfonçant jusqu'au manche, tranchant la carotide. Le sang jaillit à l'horizontale, avec une force incroyable, inondant le carrelage. Les yeux déjà vitreux, Devi Dixit s'affaissa sans un cri. Son cerveau privé d'irrigation cessa de fonctionner. Elle fut agitée de quelques mouvements spasmodiques avant de rester immobile. Celui qui l'avait poignardée retira son *kukri*, l'essuya à un torchon et, suivi de son complice, s'engagea dans l'escalier. Il s'arrêta sur le palier pour écouter. Du bruit venait d'une des chambres où les deux filles de Devi faisaient leurs devoirs. Les deux Gurkhas poussèrent la porte et les fillettes levèrent la tête. D'abord, pas effrayées : elles avaient passé leur enfance avec des Gurkhas qu'elles reconnaissaient au premier coup d'œil.

Shanti, l'aînée, fit simplement :

— Maman n'est pas là, elle va rentrer.

Le Gurkha qui venait justement de tuer sa mère sourit sans répondre et s'approcha d'elle. Son camarade en fit autant en direction de sa sœur. Ils saisirent en même temps leur poignard. Prenant de la main gauche les cheveux longs des deux fillettes, ils les égorgèrent d'un seul mouvement de lame, détachant presque leur tête du corps, comme on le leur avait appris à l'entraînement.

Tandis que l'odeur fade du sang envahissait la pièce, ils laissèrent les cadavres des fillettes sur le sol et redescendirent aussi silencieusement qu'ils étaient venus, ressortant et regagnant leur véhicule qui démarra aussitôt. Ils n'échangèrent pas un mot, totalement indifférents à ce qu'ils venaient de faire. Depuis qu'ils s'étaient engagés, on leur avait appris à obéir aux ordres, sans réfléchir ni discuter. C'est à ce prix que leurs unités étaient considérées comme les meilleures de l'armée britannique et, probablement, du monde. Ils avaient reçu un ordre de leur chef direct et l'avaient exécuté. Aussi avaient-ils l'âme parfaitement en paix.

Le chauffeur ne les interrogea pas non plus : il ignorait

ce qu'ils étaient venus faire. Dans Lazimpat, un des deux Gurkhas lui demanda de s'arrêter pour acheter des cigarettes.

*
* *

Malko n'avait pas dîné. La tension nerveuse lui coupait l'appétit. Après trois espressos, il avait longuement regardé CNN qui relatait les exploits des «cruise-missiles» en Afghanistan, pour tuer le temps. Prativa, en pleine réunion politique, n'était pas joignable. Il jeta un coup d'œil à sa Breitling : dix heures trente. Il prit le Webley et sortit récupérer sa voiture.

— Au casino du *Soaltee*, lança-t-il à son chauffeur.

Le Webley, avec encore cinq cartouches, était glissé dans sa ceinture. Il pria pour que le conseil de Dave Robins se révèle judicieux. Si le jeune tueur refusait de parler, il *savait* qu'il ne lui ferait pas sauter la tête. Question d'éthique. Cependant, le gangster américain était sûrement de bon conseil. C'est ainsi que les choses se pratiquaient dans sa «famille». Évidemment, en plus, il faudrait à Malko une confession *écrite*.

Il y avait peu de voitures devant le *Soaltee* et la salle du casino était presque vide. Onze heures moins le quart. Il était en avance, aussi changea-t-il 20 000 roupies pour tuer le temps à une table de roulette. Il se retrouva après vingt minutes avec 150 000 roupies, touchant deux fois de suite le numéro plein. Il glissa les jetons dans sa poche et se dirigea vers l'antichambre du bureau de Dave Robins. L'habituel secrétaire était absent, sûrement pour peu de temps. Malko s'assit sur la banquette en moleskine. Au bout de quelques minutes, il s'étonna de ne pas le voir revenir. Il se leva et alla jeter un coup d'œil dans la salle de jeu, sans le voir. Intrigué, il revint dans le petit bureau et frappa à la porte coulissante de l'antre de Dave Robins. Pas de réponse. Il la fit coulisser suffisamment pour jeter un coup d'œil à l'intérieur du bureau.

Celui-ci, violemment éclairé, était toujours aussi glacial. Les écrans de contrôle allumés, comme la télé, son coupé. L'Américain était dans son bureau, à sa place habituelle, le corps légèrement de travers, affaissé comme s'il dormait. Le manche noir d'un poignard émergeait de son flanc droit, comme une excroissance monstrueuse, et sa chaise n'était plus qu'un plastron de sang. On l'avait saigné comme un porc, lui ouvrant le ventre juste au-dessus de la ceinture, d'un flanc à l'autre. L'aorte abdominale sectionnée, il avait dû mourir presque instantanément. Machinalement, Malko entra et referma la porte derrière lui. Il fit le tour du bureau, examina le buvard. Il n'y avait que du papier blanc. Le sang gouttait sous le fauteuil, imprégnant la moquette, seul bruit troublant le silence...

Malko toucha le visage de l'Américain : il était encore tiède ; le crime remontait à moins d'une heure. Il regarda longuement le cadavre. Dave Robins avait largement payé sa dette au FBI et à la CIA réunies. Le jeune Aman avait sûrement été trop bavard.

Malko jeta un dernier coup d'œil au cadavre du mafioso et ressortit, tirant la porte derrière lui. Adieu le rendez-vous avec Aman. La salle de jeu lui sembla atrocement bruyante et il se hâta vers la sortie. Arrivé sur le perron du casino, il s'immobilisa. Prakash, son chauffeur, surgissait dès qu'il se montrait. Ne le voyant pas venir, Malko se décida à gagner l'immense parking aux trois quarts vide. Surprise : la Toyota n'y était pas. Intrigué, il alla interroger le chauffeur d'une Mercedes, lui demanda s'il avait remarqué une Toyota blanche.

— *Gone !* fit le Népalais avec un geste expressif.

Bizarre ! Jamais Prakash ne lui avait fait ce coup-là. Et dans ce coin perdu, il n'y avait pas de taxi ! Furieux, il retourna vers le casino pour en faire appeler un. L'employé à qui il s'adressa lui dit que c'était très difficile, que le mieux était d'en attendre un qui arrive avec un client et de le prendre...

Personne heureusement ne semblait avoir découvert le

meurtre de Dave Robins. Malko aperçut une cabine téléphonique et décida d'appeler Prativa au secours. *Elle* pouvait venir le chercher avec un taxi. À peine l'eut-il en ligne qu'elle lui dit :

— J'ai essayé de vous joindre au *Yak and Yeti*.

— Je n'y suis pas, dit Malko, je suis au *Soaltee*. Il se passe...

Prativa l'interrompit d'une voix bouleversée.

— Il s'est passé une chose épouvantable ! Devi Dixit et ses deux filles ont été assassinées !

— Assassinées ! Comment le savez-vous ?

— Par la radio. Sa bonne, en rentrant vers sept heures, a trouvé sa patronne égorgée dans la cuisine. Les deux fillettes, au premier étage, avaient été, elles aussi, massacrées dans leur chambre. La police pense qu'il s'agit d'un crime crapuleux. Un cambrioleur dérangé.

Malko sentit sa gorge se nouer.

— Non, dit-il. Ils ont dû retrouver Kumar Dixit et, n'ayant plus besoin de sa femme, ils s'en sont débarrassés.

— C'est possible, reconnut la jeune femme, mais c'est horrible.

— Abominable, renchérit Malko.

Il ne pouvait s'empêcher de revoir le sourire chaleureux d'Andrew Teck et son regard plein d'assurance. C'était *lui* l'organisateur de cette série de meurtres, depuis le 1er juin. Les Britanniques n'avaient jamais, au cours de l'histoire, hésité à verser le sang, à condition que ce ne soit pas le leur. Et ils avaient toujours fait preuve d'une cruauté glaciale quand il s'agissait de préserver leurs intérêts. Lors de la révolte des Cipayes, au siècle dernier, les officiers de l'armée des Indes n'avaient pas hésité à attacher les meneurs devant la bouche d'un canon et à faire feu. Cela devant le front des troupes, afin de décourager les vocations...

Une rage froide avait envahi Malko. Il n'avait jamais pu supporter que des innocents pâtissent des combats de l'ombre. Il se jura de ne pas quitter le Népal, si Dieu lui prêtait vie, avant d'avoir confondu le représentant du MI 6. Et pas seulement pour remplir la mission confiée par la CIA.

— Prativa, demanda-t-il, vous pouvez venir me chercher ? Mon chauffeur m'a planté au *Soaltee*.

Il lui raconta comment Prakash avait disparu avec la Toyota et la jeune femme parut très surprise.

— Il ne font jamais cela, dit-elle. Une fois, j'en ai oublié un toute une nuit, eh bien, je l'ai retrouvé le lendemain matin... Ils sont très craintifs. Ici, il n'y a pas de lois sociales.

— Comment expliquez-vous cette défection, alors ?

— Je ne sais pas, fit-elle, mais c'est bizarre. On dirait que quelqu'un a voulu vous retenir au *Soaltee*, je ne sais pas pourquoi. Je vais prendre un taxi et venir vous récupérer dans une demi-heure. Il faudra m'attendre devant le casino puisque je n'ai pas le droit d'y entrer en tant que Népalaise.

— D'accord, dit Malko. Je vous attends.

À peine eut-il raccroché que le bruit d'une discussion violente lui fit tourner la tête. Cela venait de l'escalier imposant qui menait à la salle de jeu. Un groupe en émergea : un Népalais moustachu au visage empâté d'une trentaine d'années, coiffé du classique *tepi*, avec une veste blanche sans manches. Plusieurs employés l'entouraient, essayant visiblement de le convaincre de quelque chose. L'un d'eux se plaça devant lui, lui barrant la route. Sans hésiter, l'inconnu plongea la main dans sa poche et en sortit un pistolet automatique qu'il braqua sur l'importun. Celui-ci fit un bond en arrière. Pourtant, l'homme, levant son arme, tira un coup dans le plafond !

Tous les joueurs se figèrent et un silence de mort tomba sur le casino. Les employés s'étaient respectueusement écartés de l'énergumène. Celui-ci, son arme toujours à la main, se balançant sur place comme un ours, promenait le regard de ses yeux injectés de sang sur les tables. Malko comprit en un clin d'œil trois choses.

D'abord, qu'il s'agissait du prince héritier Bahadur, le

fils du roi, l'homme qui avait promis à Dave Robins qu'il tuerait Malko. Ensuite, que le départ de son chauffeur était bien, comme le pensait Prativa, volontaire. Enfin, qu'on lui avait tendu un guet-apens.

Il était la prochaine cible. Jamais deux sans trois : Devi Dixit et sa famille, Dave Robins et, maintenant, lui. Ce soir, ceux qui avaient mis le roi Gyanendra au pouvoir, au prix d'un bain de sang, étaient décidés à terminer le travail. Malko éliminé, Kumar Dixit repris, sa famille exterminée et Dave Robins mort, ils allaient pouvoir dormir sur leurs deux oreilles.

Andrew Teck présidait un dîner de vingt couverts assis à l'ambassade de Grande-Bretagne. Un de ses invités de marque était le chef d'état-major, le général Sadip Shah. Un homme qui lui avait rendu de nombreux services et qui se préparait à mettre en pratique la nouvelle politique royale : l'éradication totale et féroce des maoïstes. Les ordres étaient clairs : pas de prisonniers. Tout village arborant le drapeau rouge serait rasé et ses habitants exécutés sommairement. En trois mois, l'ordre serait revenu dans le pays.

Il était temps : les investigations de l'agent Linge devenaient gênantes, et même dangereuses. Andrew Teck savait qu'il était remonté jusqu'à lui, sans avoir, heureusement, aucune preuve. Mais le fait qu'il ait compris la nature du complot, même s'il lui manquait des éléments, représentait un danger mortel pour Andrew Teck qui, dans cette affaire, avait outrepassé les instructions de Londres. Dans ces cas-là, si tout se passait bien, on était décoré. Dans le cas contraire, c'était l'exil discret dans un poste de merde...

Or, cette soirée devait marquer la fin de ses soucis. Une opération combinée grâce au général Prajwal Shumsher Rana, patron de la Military Intelligence, qui allait mettre un point final à ses soucis. Seul Kumar Dixit demeurait dans la nature, mais il finirait bien par se montrer. Le massacre de sa famille avait pour but de le faire sortir de sa tanière. Il ne pourrait pas résister à l'envie de clamer tout ce qu'il savait. Et là, on le ferait taire définitivement. Avec Gyanendra au palais et le général Sadip Shah à la tête de l'armée, ils avaient la situation en main.

Andrew Teck attendit que le maître d'hôtel ait versé du Taittinger Comtes de Champagne dans les verres de tous ses invités pour lever sa coupe.

— Buvons au nouveau roi, proposa-t-il. Sa Majesté Gyanendra Shah. *Long live to the King !*

— *Long Live to the King !* répétèrent les invités en chœur.

En se rasseyant, Andrew Teck adressa un discret clin d'œil à Anna Dickens, assise à une table voisine, et la jeune productrice en rougit d'émoi. Le champagne français lui avait toujours fait tourner la tête. Elle échangea un regard complice avec Andrew Teck, et le Britannique se dit que cette soirée serait décidément parfaite. Anna Dickens était très appétissante et savait à merveille se servir de sa bouche mutine.

Ils se retrouveraient dans le discret petit bungalow. Pour fêter la mort de son dernier et plus dangereux ennemi.

***

Le prince Bahadur avançait entre les tables de jeu, tanguant comme un bateau ivre, dans un silence de mort. Ses yeux injectés de sang ne quittaient pas Malko, dont les cheveux blonds tranchaient sur les chevelures uniformément noires des clients du casino. On aurait entendu une mouche voler. Malko s'était immobilisé à côté du téléphone, non loin d'une table de roulette dont la croupière était au bord de l'évanouissement. À la fois calme, déterminé et lucide. Vivant un de ces moments dont on se souvient toute sa vie, si on en réchappe.

Le Népalais fit un pas de plus vers lui, son Glock 9 mm toujours à bout de bras.

D'un geste calme, Malko ouvrit sa veste d'alpaga noir, de façon à ce que l'autre aperçoive la crosse du Webley glissé dans sa ceinture. Son regard chercha celui du prince népalais. C'était la minute de vérité et il n'avait le choix qu'entre deux *très* mauvaises solutions. Soit il tirait le premier et se retrouvait en prison pour quelques années, ou pire. Soit il ne tirait pas et le prince Bahadur le tuait sans hésitation. Comme il avait déjà tué quatre personnes. Pour le prince héritier de la couronne, abattre un étranger n'était guère plus grave qu'écraser un chien. Il était Dieu. Bahadur fit un pas de plus et commença à lever son arme. Malko se mit à compter mentalement. À cinq, il tirerait le premier. Dans sa famille, on avait l'habitude de mourir les armes à la main.

CHAPITRE XVIII

Malko sentait le sang cogner dans ses tempes. Toute l'activité du casino s'était paralysée. Les joueurs ne pariaient plus, les croupiers ne lançaient plus leurs boules, ne distribuaient plus de cartes. Même les « pit-girls », figées avec leur plateau, renforçaient cette impression de château de la Belle au bois dormant. Les agents de sécurité, prudemment regroupés près de l'escalier, essayaient de toutes leurs forces de ne pas regarder du côté du prince Bahadur. Celui-ci, parvenu face à Malko, lui lança une brève interjection dans sa langue, puis sa lèvre supérieure se retroussa dans un rictus bizarre. Il n'était visiblement pas dans son état normal, comme le montraient ses pupilles anormalement dilatées.

Avec une lenteur calculée, il commença à relever son bras droit, serrant toujours son pistolet. Malko posa les doigts sur la crosse du Webley et bloqua sa respiration. Tout allait se jouer à un dixième de seconde.

L'avantage d'un revolver, c'est qu'il ne risquait pas l'incident de tir. Soudain, il entendit un piétinement et un brouhaha dans l'escalier. Cinq hommes en uniforme vert bouteille, coiffés d'un chapeau de feutre à bande rouge, armés de pistolets-mitrailleurs MP 5, en jaillirent, faisant irruption dans le casino. Des Gurkhas du palais.

Sans hésiter, ils se dirigèrent vers le prince Bahadur qui sembla enfin les apercevoir.

Son visage se crispa de fureur et il brandit son arme,

mais cette fois dans leur direction. L'officier qui commandait les Gurkhas ne sembla pas impressionné. Il s'arrêta à un mètre du prince héritier et, d'une voix déférente mais ferme, s'adressa à lui, la main tendue, attendant que Bahadur y dépose son pistolet. Les quatre soldats qui l'encadraient, impassibles, braquaient leurs armes sur le prince héritier. Les traits de ce dernier se crispèrent de fureur. Il apostropha violemment l'officier, puis, comme ce dernier ne bronchait pas, se mit à vider son chargeur dans le plafond, sous le regard neutre des Gurkhas qui, de toute évidence, en avaient vu d'autres...

La culasse du Glock claqua, restant ouverte. L'arme était vide. Le bras de Bahadur retomba. L'officier fit un pas en avant et voulut le prendre par le bras. Bahadur se dégagea si violemment que son *tepi* tomba à terre. Tandis qu'il se baissait pour le ramasser, les quatre Gurkhas, sur un ordre bref de leur chef, se ruèrent sur lui, des cordelettes à la main. En un clin d'œil, ils l'eurent ficelé comme un saucisson, ne laissant libres que ses jambes. Deux Gurkhas le prirent par les bras et l'entraînèrent vers la sortie. Il écumait de rage.

La tension retomba brusquement. Malko aurait donné son château pour une vodka bien glacée.

Il mit quelques secondes à réaliser qu'il avait été sauvé par le gong et referma machinalement sa veste. Quelqu'un du casino avait dû alerter les Gurkhas qui étaient venus ventre à terre, habitués aux débordements du prince Bahadur.

La vie reprenait avec le cliquetis des jetons, les exclamations des joueurs, la litanie des croupiers. Un moustachu poli s'approcha de Malko et lui dit à voix basse :

— *Sir, you should go now. His Highness may come back*[1]...

Malko n'avait pas la moindre envie de rester au casino, surtout avec le cadavre de Dave Robins dans son bureau. Il se dirigea vers les escaliers et se heurta presque à Pra-

---

[1]. Monsieur, vous devriez partir. Son Altesse peut revenir...

tiva qui montait ! La jeune femme, tendue, le visage crispé, lui lança :

— J'ai un taxi, partons vite !
— Il n'y a plus d'urgence, la rassura Malko.

Ils redescendirent ensemble, s'engouffrèrent dans le taxi qui attendait et Malko lui raconta ce qui venait de se passer. Les derniers morceaux du puzzle se mettaient en place. L'intervention du prince Bahadur, après celle, plus que probable, de Baba Tuladnar, prouvait que la famille du nouveau roi collaborait avec le représentant du MI 6. Le prince Bahadur ne pouvait avoir reçu que de son père ou d'Andrew Teck l'ordre de tuer Malko.

Seulement, celui-ci n'avait toujours aucune preuve. Le jeune Aman devait avoir été mis à l'abri ou tué, Dave Robins était mort et personne n'interrogerait le prince Bahadur. Il manquait toujours Kumar Dixit, la pièce décisive qui compléterait le puzzle diabolique.

Sans même s'être rendu compte de la longueur du trajet, il vit que le taxi s'arrêtait devant la maison de Prativa. Distrait, il heurta le sommet de son crâne au montant de la portière, juste sur sa blessure, et poussa un hurlement de douleur. Il avait encore le crâne douloureux lorsque Prativa l'installa sur le lit bas de sa chambre, après lui avoir ôté sa veste et déposé le Webley sur une console.

— Détendez-vous, dit-elle.

Elle alluma les habituels bâtons d'encens et s'éclipsa. En tâtant son crâne avec précaution, il ramena quelques gouttes de sang. Il ferma les yeux, laissant ses nerfs se détendre. Un bruit léger, un peu plus tard, les lui fit rouvrir. Prativa était penchée sur le lit, ayant changé son jean pour un magnifique sari rouge orangé. Elle avait pris le temps de se maquiller, de peindre avec soin son énorme bouche. Pour elle, l'amour était vraiment une cérémonie avec ses rites immuables.

— Vous avez failli changer de karma, dit-elle gentiment. C'est une chose qu'il faut vous faire oublier.

Une fois de plus, elle entreprit de le déshabiller, autre

rite auquel elle semblait tenir particulièrement. Lorsqu'il fut nu, elle s'installa à côté de lui, assise les jambes repliées sous elle, et commença à faire courir ses mains sur lui, avec la légèreté d'une araignée. Commençant par le sternum, puis descendant jusqu'au haut de ses cuisses. Sans jamais effleurer son sexe. Pourtant, miracle, Malko le sentit progressivement gonfler jusqu'à se dresser triomphalement en bas de son ventre. Il voulut attirer Prativa mais elle esquiva, poursuivant *son* programme.

Enfin, avec une lenteur respectueuse, elle abaissa sa tête et enserra entre ses épaisses lèvres peintes la hampe déjà raide. Elle entreprit de le sucer avec un mouvement très long, infiniment sensuel, qui envoyait dans la colonne vertébrale de Malko de véritables décharges électriques. Comme toujours, Prativa maîtrisait parfaitement sa prestation, sachant où elle voulait aller.

Malko, lui, avait l'impression que son sexe s'était mué en un pic de pierre avec lequel il mourait d'envie de transpercer la jeune femme. Celle-ci fit remonter une dernière fois ses lèvres le long de la hampe et s'écarta. Dans un froissement de soie, elle releva son sari et se retourna, agenouillée, la croupe haute, prosternée, les bras allongés devant elle, offrant à Malko le spectacle de son sexe paré du même rouge vif que ses lèvres, un trait vertical et avide.

Comme elle lui avait enseigné, il s'y enfonça avec une lenteur extrême et s'immobilisa, abuté aussi loin qu'il le pouvait.

— Ne bougez plus, demanda Prativa d'une voix calme.

Les mains posées sur les hanches de la jeune femme, il obéit, demeurant strictement immobile, en dépit du désir violent qui le faisait bouillonner. D'abord, il ne se passa rien, hors la sensation exquise de sentir son sexe presque douloureux à force de durcir pris dans ce manchon brûlant et humide. Il avait l'impression que tout son sang était concentré dans son membre. Soudain, il sentit les muqueuses se refermer lentement autour de lui, comme des doigts qui se serrent. La pression s'interrompit puis reprit. Le sexe de Prativa «respirait», comprimant puis relâchant le membre enfoncé en lui.

Malko en avait le souffle coupé.

Il sursauta, sentant des ongles effleurer sa poitrine. Avec la grâce d'une acrobate, Prativa avait envoyé ses bras derrière elle et ses doigts s'étaient refermés autour des mamelons de Malko. Les pinçant, les agaçant de façon à augmenter encore son plaisir. En même temps, il sentait son sexe pompé de plus en plus vite par les incroyables muqueuses de la jeune femme. Instinctivement, il crispa les doigts dans les hanches de Prativa et donna un violent coup de reins, l'emmenchant encore plus profondément. Ce fut son chant du cygne. Il eut l'impression d'être foudroyé par un éclair et, sans pouvoir se retenir une seconde de plus, poussa un véritable hurlement au moment où il expulsait sa sève tout au fond du ventre de Prativa.

Il retomba sur elle comme une masse, vidé, toujours fiché au fond de son vagin vivant, tandis que Prativa s'aplatissait sous lui avec la souplesse d'un chat. Dans le chaos de ses pensées, Malko se dit qu'elle avait répondu instinctivement à un de ses plus anciens fantasmes : la pulsion sexuelle après avoir frôlé la mort. Sans même s'en rendre compte, il s'endormit, encore en elle.

Andrew Teck éloigna l'écouteur de son oreille avec une mimique dégoûtée. Lorsque le prince Bahadur avait bu, il hurlait comme un sourd. Les années passées à Eton n'en avaient pas fait un véritable gentleman.

— *Well*, conclut le représentant du MI 6, je suis heureux de vous savoir indemne. Je viendrai vous rendre visite demain, *Your Highness*. Reposez-vous.

Inutile de continuer une conversation compromettante et vaine. Grâce à ses informateurs, Andrew Teck savait déjà qu'une partie de son plan avait échoué. Par la faute de cet ivrogne de Bahadur qui, au lieu d'abattre froidement l'homme qu'il lui avait désigné, s'était cru à «O.K. Corral». Évidemment, un employé du casino affolé avait alerté les Gurkhas du palais, les seuls qui avaient autorité pour intervenir contre le prince. Ils avaient sauvé la vie de l'agent de la CIA.

Une fois ramené au palais, le prince héritier avait été détaché et remis en liberté avec les honneurs dus à son rang. Mais sans son pistolet, remis au responsable de la garde du palais. Andrew Teck essaya de se contrôler : certes, son adversaire principal était toujours vivant, mais il avait supprimé le risque le plus immédiat, Dave Robins. Il ne restait plus qu'à faire une nouvelle tentative, la bonne cette fois.

Pas question d'utiliser à nouveau le jeune Aman. Il était trop idiot. Pour tenter d'oublier sa contrariété, Andrew Teck prit dans son bar une bouteille de Otard XO et versa dans un verre ballon une bonne rasade du liquide ambré. Il n'en buvait *jamais* en public, affichant un goût patriotique pour le sherry, mais là, il était seul avec lui-même et se sentait le droit à une petite compensation, après la catastrophe du casino *Soaltee*.

Larry Doolittle était définitivement catastrophé : impossible de nier les faits rapportés par Malko. Il avait même déjà eu vent de l'incident du casino, sans savoir qu'il s'agissait de Malko. Par contre, la mort de Dave Robins ne semblait pas remuer les foules. La police l'attribuait à un différend avec un joueur. Cela arrivait parfois. Personne n'avait vu l'assassin et ne semblait vraiment concerné. Quant au triple meurtre de la famille Dixit, là aussi, c'était le noir complet. Pas de témoin, pas de motif : on n'avait rien volé dans la villa, même pas le porte-monnaie de la malheureuse Devi Dixit... La police en concluait que des cambrioleurs avaient été dérangés.

On se demandait par qui, la maison étant vide.

— Il faut stopper cette enquête, dit l'Américain, faisant appel à tout son courage. Cela fait déjà *trois* fois que vous échappez à la mort. Cela devient vraiment trop dangereux pour vous.

Malko bouillait intérieurement, ses yeux dorés striés de vert par la fureur.

— Je suis assez grand pour mesurer les risques que je prends, répliqua-t-il sèchement. Ce ne sont pas les premiers ni les derniers. En plus, je vous rappelle qu'il s'agit d'un complot impliquant certains éléments de l'armée népalaise et le représentant du MI 6, et ayant pour but de modifier une politique favorable aux intérêts des États-Unis. Complot qui a déjà causé quatorze morts... cela vaut la peine d'arriver à le « démonter ».

— O.K., O.K., admit Larry Doolittle, mais je vous objecterai deux choses : d'abord *ma* mission ici, c'est « Tibetan Uprising ». Si les Népalais prennent la mouche, ils peuvent me mettre de sérieux bâtons dans les roues. Ensuite, le rapport que j'ai envoyé à Langley à votre demande, accusant le roi actuel d'avoir fait assassiner son frère et une partie de sa famille, à l'instigation du MI 6, va finir au panier. Vous n'apportez pas la moindre *hard evidence* à l'appui de vos dires. Tous les témoins sont morts, y compris Dave Robins, citoyen américain qui aurait pu témoigner. Vous courez après un fantôme, le fameux aide de camp du prince Dipendra, que vous risquez de ne jamais retrouver. *You go nowhere*[1], conclut-il. Il vaut mieux décrocher.

Malko ne répondit pas immédiatement, reconnaissant *in petto* la justesse des arguments du chef de station de la CIA. Mais il ne voulait pas s'incliner. Question d'éthique.

Il lui restait encore deux pistes fragiles : Kumar Dixit et Guluth, l'entraîneuse du casino *Everest*.

---

1. Vous n'allez nulle part.

* * *

Guluth sentait ses genoux s'entrechoquer sous le regard mauvais de Baba Tuladnar, retranchée derrière son bureau. La grosse femme l'avait convoquée dès son arrivée au casino, l'entreprenant tout de suite sur sa relation avec l'étranger blond aux yeux dorés.

— Tu as couché avec lui ? demanda-t-elle.
— Oui, fit Guluth dans un souffle.
— Il t'a donné de l'argent ?
— Oui, 20 000 roupies.
— Où sont-elles ?
— Ici.
— Donne ma part.

Guluth lui tendit les billets et la grosse femme les compta soigneusement.

Ses craintes avaient été vaines. La petite avait simplement réagi selon les instructions données lors de sa formation. Donc elle pouvait avantageusement remplacer Aman pour réparer l'échec de ce dernier. Le matin même, « on » avait intimé à Baba l'ordre de reprendre sa mission.

D'une voix plus douce, elle demanda à Guluth :

— Tu dois le revoir ?
— Je ne sais pas. Il m'a dit qu'il reviendrait aujourd'hui.
— Bien. S'il revient, dis-lui que tu as la permission de sortir et que tu veux aller prier au temple de Shiva, en face du Manjal Bazar. Tu as compris ?
— Oui, Baba, souffla Guluth, ne voyant pas où la grosse femme voulait en venir.
— Quand tu seras devant le temple de Shiva, continua Baba Tuladnar, regarde autour de toi. Un petit cirque s'est installé en face du temple. Dis à cet étranger que tu as envie de regarder le spectacle. Joignez-vous aux spectateurs.
— C'est tout ?
— C'est tout. S'il ne vient pas aujourd'hui, tu feras la

même chose le premier jour où il viendra. J'ai prévenu la sécurité, tu peux sortir du casino quand tu veux. Si tout se passe bien, tu seras récompensée généreusement. Maintenant, va travailler.

Restée seule, Baba Tuladnar sortit de sous son bureau une bouteille de cognac français. Son préféré : de l'Otard XO. Elle s'en servit une généreuse rasade. Elle en avait besoin après les remontrances qu'elle avait subies de la part de son père. Le roi était furieux et cela pouvait avoir sur *leur* famille des conséquences graves. Les ordres étaient clairs. Il fallait liquider l'homme que fréquentait Guluth. Baba Tuladnar ignorait pourquoi, mais ne se posait pas de questions. Tout ce qui venait du palais était sacré.

C'est elle qui avait éventé le piège tendu à Aman. Ce petit imbécile était venu la trouver, lui expliquant que le patron de tous les casinos l'avait convoqué pour lui proposer un job... Baba avait immédiatement compris. Deux heures plus tard, Aman était expédié dans le parc naturel de Chitwan, dans le Térai, et la contre-attaque organisée. Cette fois par le Palais. Baba Tuladnar n'avait pas versé une larme sur Dave Robins : l'Américain ne cessait de lui chercher des poux dans la tête, trouvant que le casino *Everest* ne gagnait pas assez d'argent. Elle se dit qu'à la faveur de sa disparition, elle allait monter dans la hiérarchie des casinos. Il ne restait plus qu'à réussir ce qu'on lui avait demandé pour que tout aille bien...

Sa secrétaire l'appela par l'interphone. Un de ses gros clients indiens, Prakash Raj, était arrivé. Il venait acheter une salle à manger et un salon Art déco de Claude Dalle pour sa maison de Delhi.

*
* *

En revenant au *Yak and Yeti* après son entrevue orageuse avec Larry Doolittle, Malko trouva un mot. Thana Giri demandait qu'il le rappelle. Ce qu'il fit, mais le concierge du *Vajra* lui apprit qu'il ne serait pas là avant le soir. Plutôt que de rester dans sa chambre d'hôtel, Malko décida de retourner à l'*Everest* voir Guluth. Si elle était encore là... Après ce qui était arrivé à Dave Robins, il s'attendait à tout. Mais peut-être ses adversaires n'avaient-ils pas fait le lien entre le « client » de Guluth et lui. C'était une chance à courir. Il ignorait encore ce que Guluth pouvait lui apporter. Mais ses atouts étaient si minces qu'il ne pouvait rien négliger.

Son chauffeur attendait devant le *Yak and Yeti*. Malko avait eu l'explication de sa disparition de la veille : un des employés du casino *Soaltee* était venu lui dire que Malko n'avait plus besoin de lui. Ce qui établissait qu'il s'agissait bien d'un guet-apens. Le Webley pesait à sa ceinture, mais il avait décidé de ne plus le quitter. S'il ne l'avait pas eu, le prince Bahadur aurait peut-être moins hésité à l'abattre. Il le laissa dans la Toyota avant de pénétrer dans le casino, examinant la longue salle. L'orchestre était toujours sur l'estrade, accompagnant une nouvelle chanteuse, le restaurant était quasiment vide et seuls quelques joueurs traînaient autour des tables... Pas de Baba Tuladnar. Par contre, il vit tout de suite Guluth, qui s'approcha de lui avec un sourire ravi.

— *Good afternoon !*

Elle portait la même robe sexy marron et son regard flamboyait. Malko l'emmena au restaurant et commanda du thé.

— Il n'y a pas de danse aujourd'hui ?

— Non, fit-elle, le soir seulement.

Malko n'osa pas s'enquérir du sort d'Aman. Inutile d'attirer l'attention.

— Votre grosse patronne n'est pas là non plus ?

— Oh, elle va sûrement venir, fit Guluth.

Malko ne tenait pas du tout à ce qu'elle les voie ensemble. Il baissa les yeux sur sa Breitling : trois heures.

— Vous ne pouvez pas sortir avant ce soir ? demanda-t-il.

Le visage de Guluth s'éclaira.

— Si, aujourd'hui, il n'y a pas beaucoup de clients.

— Bien, dit Malko, dans ce cas, allons-y.

— Je vous rejoins dans la voiture, proposa Guluth, il faut que j'aille prendre mon sac.

Malko se dirigea vers la sortie et elle fila vers le fond de la salle. D'un téléphone intérieur, elle appela le numéro du bureau de Baba Tuladnar et lui annonça que son « client » était revenu.

— Fais bien ce que je t'ai dit, recommanda la grosse femme.

À peine dans la Toyota, Guluth récita sa leçon :

— Si vous voulez, on peut aller à Patan. Je voudrais prier quelques instants au temple de Shiva. Vous connaissez Patan ?

— Non, dit Malko, qui n'avait pas vraiment envie de connaître.

— Oh, c'est très beau, assura Guluth avec une énorme conviction. C'est là que sont tous les temples. Il y a aussi beaucoup de boutiques de souvenirs.

Elle lui jeta un regard direct.

— On pourrait aller là-bas et ensuite à votre hôtel.

— Allons déjà à Patan, dit Malko.

Une meute de touristes se pressait sur la terrasse du petit temple de Shiva, d'où on avait une excellente vue sur tous les autres temples de Durbar Square. Celui-ci et les rues étroites du Manjal Bazar grouillaient de touristes, de marchands ambulants, de guides, de mendiants. Tous les temples se ressemblaient aux yeux de Malko, blocs de bois sculptés, enluminés de dorures, aux parois gravées d'innombrables inscriptions en sanscrit.

Les mains jointes devant son visage, Guluth s'était longuement recueillie devant le petit temple carré de Shiva. Elle se retourna vers Malko qui se demandait comment éviter le passage à l'hôtel. Ce fut elle qui le sauva, poussant une exclamation ravie :

— Regardez !

Juste de l'autre côté du temple, un petit groupe de badauds regardaient un cirque de rue : un dresseur de singes, deux jongleurs et une femme en tenue de cuir, très maquillée, style « wonderwoman », qui jetait des couteaux sur un compère attaché à un poteau. Les lames venaient s'enfoncer en vibrant dans un panneau de bois, encadrant la tête de la « victime », sous le regard émerveillé des spectateurs, étrangers et Népalais. Détail : la lanceuse de couteaux opérait avec un bandeau noir sur les yeux. Elle venait de terminer son numéro : elle ôta son bandeau, salua, et son compère promena devant la foule la planche où étaient fichés les couteaux, afin de montrer qu'il n'y avait pas de trucage.

Déjà, le dresseur de singes prenait sa place, entraînant deux animaux faméliques qui se mirent à se frotter contre lui de façon obscène. Malko n'avait jamais aimé les singes, mais Guluth semblait fascinée. La lanceuse de couteaux faisait le tour des spectateurs, cherchant en vain une « victime » pour remplacer son compère. Elle fixa son choix sur un gros Allemand qui se défila, terrifié. Le numéro avec les singes ne dura que quelques minutes. Le jongleur entra en piste avec ses boules multicolores. Guluth, au premier rang, était émerveillée comme une enfant.

Le dresseur fit la quête. Un battement de tambour, et une assistante noua le foulard noir autour de la tête de la lanceuse de couteaux. Celle-ci avait passé dans sa ceinture les six poignards qu'elle allait lancer à toute vitesse. Puis l'assistante la fit tourner sur elle-même plusieurs fois. Le silence se fit dans la foule. La lanceuse de couteaux tournait le dos à son compère, de nouveau en situation, et se trouvait face à Malko. Il se demanda si elle allait jeter ses poignards par-dessus son épaule.

Soudain, les ongles de Guluth s'enfoncèrent dans son bras et elle poussa une sorte de gémissement. Au même moment, la lanceuse masquée arracha de sa ceinture un des poignards, le prit par la pointe et le lança de toutes ses forces en direction de Malko.

CHAPITRE XIX

Tout se passa en une fraction de seconde. Au moment où la lanceuse aux yeux bandés lançait son poignard, Guluth tira violemment Malko sur le côté. Déséquilibré, il trébucha, entendit un cri derrière lui. Le poignard à manche de nacre venait de s'enfoncer de quinze centimètres dans la gorge d'un spectateur népalais qui se trouvait juste derrière Malko !

D'abord, personne ne réalisa ce qui se passait. Puis Malko reprit son équilibre et arracha le Webley de sa ceinture. La lanceuse de poignards s'était immobilisée, son bandeau toujours sur les yeux. Le spectateur touché à la place de Malko était tombé à terre, la lame plantée dans la gorge, le sang jaillissant de sa blessure. Guluth semblait clouée au sol, les traits déformés par la terreur. Malko braqua son arme sur la lanceuse qui avait encore cinq poignards à la ceinture. Mais elle n'eut aucun geste offensif. D'un geste brusque, elle arracha son bandeau et tourna les talons, disparaissant dans la foule.

Les deux singes glapissaient. Ils sautèrent des bras de leur maître et allèrent se réfugier sur le temple de Shiva. La plupart des gens se dispersaient. Malko fendit à son tour le cercle des badauds, à la poursuite de la lanceuse de poignards. Il l'aperçut alors qu'elle s'enfonçait dans une des ruelles de Manjal Bazar. Malko tenta de l'y poursuivre, mais la foule était si dense qu'elle fut vite hors de vue.

Dépité, il revint sur ses pas et retrouva Guluth. Elle était en larmes et s'accrocha à Malko, bredouillant :

— *Please! Please, don't call the police...*

Malko n'avait pas plus qu'elle envie de voir la police. Il remit le Webley dans sa ceinture et ferma sa veste. Au lieu de revenir vers le temple de Shiva, il s'enfonça dans Manjal Bazar, un labyrinthe de ruelles bordées d'échoppes variées. Ils émergèrent dans une rue plus large où défilaient des manifestants derrière une banderole rouge. Des communistes «légaux». Très sages, encadrés par des policiers débonnaires. Suivi par Guluth, Malko retrouva la Toyota garée dans Durbar Square et s'empressa de prendre le large. Il se tourna alors vers Guluth.

— Vous m'avez sauvé la vie, dit-il, mais vous *saviez* que cette femme allait tenter de me tuer, n'est-ce pas ?

L'entraîneuse secoua violemment la tête.

— On m'avait seulement dit de vous amener près de ce cirque, j'ignorais pourquoi. Quand j'ai vu la femme avec les poignards, j'ai compris.

C'était bien joué. La lanceuse de poignards aurait toujours pu plaider l'accident. Décidément, le Palais avait le bras long.

— Qui vous a demandé de me conduire ici ?

Guluth baissa la tête et lâcha, presque sans bouger les lèvres :

— Baba.

Enfin, il tenait son témoin !

— Guluth, vous avez le choix : ou je vous emmène à la police et je leur raconte tout, ou bien vous me faites un témoignage par écrit disant que c'est Baba Taladnar qui vous a demandé de m'emmener à Patan.

— Si je fais ça, elle va me tuer, murmura-t-elle.

— Personne ne va vous tuer, promit Malko. Vous ne retournerez plus à l'*Everest*. Vous serez sous ma protection, à l'ambassade des États-Unis. Êtes-vous d'accord ?

— Oui, accepta-t-elle du bout des lèvres.

Avec application, comme une écolière, Guluth écrivait depuis dix minutes en népalais, la seule langue qu'elle connaisse. Penché sur son épaule, un des interprètes de l'ambassade américaine vérifiait ce qu'elle écrivait. Assis dans son vieux canapé de cuir noir, Larry Doolittle tirait sur sa pipe en silence. Impossible de savoir ce qu'il pensait. Guluth acheva son pensum et le signa, avec la date. À côté de son paraphe, l'interprète apposa le sien, comme *material witness*.

— Faites-moi une traduction immédiatement, demanda le chef de station de la CIA. Que cette femme reste avec vous.

Dès qu'ils furent seuls, il apostropha Malko :

— Que comptez-vous faire de cette confession ?

— Elle met en cause Baba Tuladnar, dit Malko. Je vais aller la voir et lui proposer un marché. L'impunité contre *sa* confession. Je veux remonter au sommet.

— De ce côté-là, cela risque d'être le roi, remarqua doucement l'Américain.

— C'est vrai, reconnut Malko. Il est évidemment intouchable, mais ce n'est pas lui qui a monté cette manip'. Je suis certain que ce sont les « Cousins », pour une raison que je ne m'explique pas encore.

— Probablement pour conserver leur influence au Népal, avança Larry Doolittle. Si les maoïstes prenaient le pouvoir, les Britanniques seraient marginalisés. Quant aux membres de l'armée népalaise qui ont participé au complot, ils y ont vu la possibilité de continuer à profiter de la corruption.

Malko demeura silencieux. Il savait que même en débrouillant tous les fils de l'affaire, il ne pourrait pas influer sur le cours de l'Histoire. Sauf s'il parvenait à obtenir des preuves matérielles qui permettraient de faire éventuellement pression sur le nouveau roi.

Une demi-heure plus tard, l'interprète réapparut avec la traduction en anglais de la confession de Guluth. Accablante pour Baba Tuladnar. Malko en prit un exemplaire et le plia soigneusement dans sa poche. C'était le premier clou dans le cercueil d'Andrew Teck.

**

Malko ressortit du casino *Everest*, déçu. Baba Tuladnar n'était pas là et ne viendrait pas. La disparition de Guluth devait l'inquiéter. La jeune entraîneuse avait été installée dans un des studios mis à la disposition des diplomates américains de passage, à *l'intérieur* de l'enceinte diplomatique de l'ambassade, ce qui la mettait à l'abri de tout.

Malko repartit au *Yak and Yeti* et, à peine arrivé, y trouva un message de Larry Doolittle qu'il rappela aussitôt.

— J'ai appris que celle que vous cherchez a repris les fonctions de Dave Robins, annonça le chef de station. Vous l'avez vue ?

— Pas encore, reconnut Malko, mais maintenant cela ne devrait pas tarder…

Il ressortit aussitôt et jeta à son chauffeur :

— On va au *Soaltee*. Et, cette fois, ne m'abandonnez pas, quoi qu'on vous dise !

L'esplanade en face du *Soaltee* était totalement déserte. Malko pénétra dans le casino, grimpa au premier et se dirigea directement vers le bureau de feu Dave Robins. Le secrétaire n'avait pas changé. Il se leva en voyant Malko, stupéfait. Ce dernier lui lança d'une voix sans réplique :

— Je veux voir Baba Tuladnar.

— Mais…, commença l'autre.

Malko avait déjà fait coulisser la porte. Baba Tuladnar était installée derrière le grand bureau, l'air bizarre. Elle fixa Malko avec un mélange de stupéfaction, puis de rage, et enfin, d'affolement total. Il se planta en face d'elle.

— Bonjour, dit-il, j'ai quelque chose à vous faire lire...

Il posa devant elle la confession de Guluth et s'installa dans un fauteuil, face à la grosse femme. Baba Taladnar baissa les yeux sur le document apporté par Malko. Il vit ses traits se décomposer au fur et à mesure de sa lecture. Elle reposa le papier et tenta de donner le change, d'une voix mal assurée.

— Qui êtes-vous ? Je ne comprends rien à ceci. Qui vous a dit de venir dans ce bureau ?

Malko lui jeta un regard glacial.

— Je suis un agent du gouvernement américain, annonça-t-il froidement. Je pense que vous l'ignoriez. La jeune femme qui a signé cette confession, Guluth, est sous la protection de l'ambassade des États-Unis. Hors de votre portée et même de celle du roi. Je *sais* que c'est déjà vous qui aviez envoyé Aman au *Yak and Yeti* pour m'assassiner. Je veux savoir qui vous a dit de me tuer.

Baba Tuladnar le regarda longuement. Peu à peu, elle reprenait des couleurs. Ses traits s'étaient durcis. Elle saisit un téléphone et lui lança :

— J'appelle mon ami, le chef de la police.

Malko sentit qu'elle ne bluffait pas. Or, il ne tenait pas à être arrêté. Il se leva et lui désigna la confession de Guluth.

— Appelez qui vous voulez, fit-il. Je reviendrai. Désormais, je sais où vous trouver. Sinon, je rendrai cette confession publique.

Il s'en alla, persuadé qu'il aurait bientôt de ses nouvelles.

*
**

— C'est Mister Thana ! annonça la voix au milieu des crachotements d'un vieux téléphone. Je vous attends à l'hôtel *Vajra*. Je crois que j'ai trouvé quelque chose d'intéressant...

Le pouls de Malko grimpa en flèche. La seule chose que Thana Giri avait pu trouver, c'était Kumar Dixit. Une nouvelle inespérée, car Baba Tuladnar risquait de ne pas parler. Ou de se faire tuer avant.

— J'arrive, fit-il.

Le chemin lui parut interminable, avec les détours dans les ruelles étroites, les embouteillages. Le soleil se couchait, se reflétant dans l'or du grand stupa dominant l'hôtel. On le conduisit dans un petit salon sombre où le représentant des maoïstes était en train de se restaurer avec un grand bol de *dalbhat*, l'éternelle soupe aux lentilles népalaise. Il semblait fourbu et inquiet.

— J'ai peut-être retrouvé l'homme que vous cherchez, annonça-t-il. Un homme se présentant comme un *sadhou*, un ascète itinérant, qui vit de dons et de l'hospitalité des croyants, est arrivé il y a deux jours dans un village que nous contrôlons, Tatopani, à environ 35 kilomètres au nord-est de Katmandou, dans une région de collines toute proche de la frontière du Tibet. Il a demandé au maire l'autorisation de rester quelque temps pour une retraite religieuse.

— Qu'est-ce qui vous fait croire qu'il pourrait s'agir de Kumar Dixit ?

Thana Giri repoussa son bol vide.

— Dans cette zone, les gens sont très pauvres, expliqua-t-il. Il n'y a même pas de stupas, encore moins de temples. Les gens arrivent tout juste à se nourrir, alors, les *sadhous* ne s'y risquent pas, eux qui vivent de la charité. Bien sûr, personne ne leur fera de mal, mais ils ont de la peine à survivre. D'ailleurs, c'est la première fois que j'entends parler d'un cas similaire.

— Comment l'avez-vous su ?

— Il y a un bus deux fois par semaine. Quelqu'un de ce village est arrivé hier et me l'a dit. J'avais demandé à tous nos camarades de me signaler ce genre de cas.

— Il y a un moyen de communiquer avec ce village ?

— Non, aucun. Il n'y a pas d'électricité, pas de téléphone, pas d'eau courante.

— Et comment y va-t-on ?

— Il y a une route goudronnée en mauvais état jusqu'à Lamosagu, à 30 kilomètres de Katmandou. Et ensuite une piste praticable pendant la saison sèche pour des 4×4. Il faut compter trois heures entre Lamosagu et Tatopani.

— Quand pouvons-nous y aller ?

— Moi, je ne peux pas, mais je peux vous faire accompagner par quelqu'un.

— Je vais trouver un 4×4, dit Malko. Je veux partir demain matin. Il faut que vous veniez avec moi. C'est *très* important. En partant tôt, nous serons de retour demain soir.

— Cela me pose un gros problème, avoua le Népalais. Je devais collecter de l'argent, demain.

— On vous dédommagera, trancha Malko. Il est essentiel pour moi de retrouver cet homme, s'il s'agit bien de celui que je recherche.

— Bien, se résigna Thana Giri. Je vous accompagnerai. Venez me chercher ici demain à sept heures. Il faut que je sois de retour pour la fin de la journée. Je suis à la chambre 24, au deuxième étage.

***

Larry Doolittle volait au secours de la victoire, partageant désormais l'excitation de Malko qui voyait enfin le bout du tunnel.

— Vous allez prendre ma Land Cruiser, proposa-t-il. Avec mon chauffeur, qui est un type sûr. J'espère que les maoïstes ne me la piqueront pas. Voulez-vous une arme ?

— Inutile, déclina Malko, j'ai le Webley de Prativa et je suis sous la protection de Thana Giri. Bien entendu, s'il s'agit bien de Kumar Dixit, je le ramène directement ici. À propos, comment va Guluth ?

LE ROI FOU DU NÉPAL 231

— Bien, affirma l'Américain, mais je ne peux pas la garder éternellement.

— *Cross your fingers*[1], conseilla Malko. Si tout se passe bien, vous pourrez envoyer à Langley un *vrai* rapport.

Il se séparèrent après avoir convenu que le chauffeur viendrait récupérer Malko au *Yak and Yeti* à six heures et demie du matin. Malko était persuadé que cette fois il touchait au but. Il était tout à fait plausible que l'A.D.C. en fuite se soit réfugié dans un village rebelle. Le seul endroit où l'armée de pouvait pas venir le chercher.

Comme chaque jour, à la même heure, un sous-officier de la Military Intelligence frappa à la porte du bureau du général Prajwal Shumsher Rana et remit ensuite en mains propres à son chef le compte rendu quotidien de la filature de l'agent de la CIA. Une douzaine d'agents de la branche s'y consacraient exclusivement.

Le général Rana se plongea dans l'étude du document. Grâce à cette filature et à de multiples informations recueillies en temps réel, il avait pu, jusqu'ici, maîtriser une situation délicate. Bien que ses adversaires soient prudents et ne se servent que peu du téléphone. Or, justement, dans le rapport qu'il avait sous ses yeux, une communication téléphonique l'intriguait. Il décida de creuser le problème.

Malko n'avait pratiquement pas fermé l'œil de la nuit, comptant les heures. Il alla prendre son breakfast à six heures. Le *Yak and Yeti* était encore désert. Ensuite, il

1. Croisez les doigts.

attendit devant l'hôtel la Land Cruiser de Larry Doolittle, qui arriva à six heures trente pile. Il faisait encore frais mais les Népalais étaient déjà dehors. Vingt minutes plus tard, il atteignait l'hôtel *Vajra*.

Il s'attendait à trouver Thana Giri dans le petit *lobby* et fut étonné quand l'employé de la réception lui apprit qu'il ne l'avait pas encore vu. Le Népalais n'avait pas dû se réveiller...

— Je vais le chercher, décida Malko.

Il monta rapidement les deux étages. La chambre 24 se trouvait au fond d'un couloir obscur. Il frappa. Pas de réponse. Il écouta, refrappa et finalement tourna la poignée. La porte n'était pas fermée à clef et s'ouvrit. La chambre était plongée dans l'obscurité, mais tout de suite, une odeur fade et trop connue assaillit les narines de Malko. À tâtons, il trouva le commutateur et alluma.

Thana Giri était étendu au milieu de la pièce, nu à l'exception d'une sorte de pagne autour de ses reins. Malko ne vit d'abord que son visage. Deux longs éclats de bambou étaient enfoncés dans ses yeux, comme deux protubérances monstrueuses. Il avait eu la gorge tranchée d'une oreille à l'autre. Son torse était couvert de taches rondes et brunes : des brûlures de cigarettes. Il avait été sauvagement torturé avant d'être égorgé. Pas la peine de se demander pourquoi. Malko se rua hors de la chambre et descendit quatre à quatre jusqu'à la réception.

— M. Thana est mort ! lança-t-il à l'employé. Il a été assassiné.

L'employé se figea, terrifié.

— J'ai pris mon service à six heures, je n'ai rien entendu, affirma-t-il. Mon collègue est parti. Je vais appeler la police.

Il avait déjà la main sur le téléphone. Malko, lui, était déjà dehors. Il sauta dans la Land Cruiser et jeta au chauffeur :

— Vite, on va chez M. Doolittle. À sa résidence.

À cette heure-ci, le chef de station de la CIA n'était pas

encore à l'ambassade... Pendant que le 4×4 se frayait un chemin dans la circulation matinale, Malko ressassa sa fureur. Thana Giri l'avait prévenu qu'il était surveillé. Il aurait peut-être dû prendre plus de précautions, mais dans une ville comme Katmandou, il était pratiquement impossible de rompre une filature.

Au milieu de sa fureur, une sombre satisfaction surnageait : tout doute était levé sur l'identité du mystérieux *sadhou* réfugié dans le village maoïste. Il s'agissait bien de Kumar Dixit. Sinon, Thana Giri serait encore vivant.

C'était désormais une mortelle course contre la montre, à qui arriverait le premier au village de Tatopani. Malko avait trop l'expérience de la vie pour se faire des illusions : Thana Giri avait forcément parlé. Seuls quelques héros très motivés peuvent tenir sous la torture. Or, Thana Giri n'était ni héroïque, ni motivé. Pourtant, ce qu'on lui avait fait subir prouvait qu'il ne s'était pas confessé facilement. Tout dépendait de l'heure à laquelle ses bourreaux étaient venus. Ceux-ci étaient déjà certainement en route pour le village. S'ils n'y étaient pas déjà arrivés...

Le portail de la résidence de Larry Doolittle s'ouvrit devant le 4×4. Malko se précipita dans la maison, à peine la Land Cruiser arrêtée. Larry Doolittle prenait son petit déjeuner, seul dans son jardin d'hiver. Il leva un regard surpris sur Malko.

— Vous n'êtes pas parti ?

— Thana Giri a été assassiné cette nuit, annonça Malko. Il n'y a plus une minute à perdre. C'est déjà peut-être trop tard. Plus question d'aller là-bas par la route. Il me faut un hélicoptère. Vous pouvez en trouver un ?

Larry Doolittle avait posé son couteau à beurre. Très pâle, il réfléchit quelques secondes.

— Oui, je pense, dit-il. Donnez-moi cinq minutes. Je connais un garçon qui organise des promenades pour observer l'Himalaya. Il utilise une Alouette. J'espère qu'elle est en état de vol. Parce que les hélicoptères, à Katmandou...

Malko rongea son frein pendant que l'Américain disparaissait dans son bureau. Avoir retrouvé Kumar Dixit et se le faire souffler au dernier moment, c'était trop rageant...

Un quart d'heure plus tard, Larry Doolittle réapparut.

— Ça y est, annonça-t-il, John Foster vous attend à l'aéroport. Officiellement, il vous emmène faire une balade dans le Nord, admirer l'Everest. Vous allez garder mon chauffeur comme interprète.

— Vous ne venez pas ?

— Non. L'Agence ne voudrait pas que je sois en première ligne, et l'ambassadeur non plus. Bonne chance.

La conscience tranquille, il prit son Zippo et alluma sa première pipe de la journée en aspirant, ce qui dirigeait la flamme directement sur le tabac.

*
**

Le petit hélico filait au-dessus des collines d'un vert cru, secoué par des rafales de vent qui donnaient à Malko l'impression de se trouver dans un ascenseur pris de folie. Derrière lui, le chauffeur de Larry Doolittle était vert. Flegmatique, John Foster, le pilote, suivait en gros un cap nord-est. Ils volaient depuis vingt minutes environ. L'Alouette semblait ne plus tenir que par la peinture. Chaque fois qu'il fallait franchir une colline, la turbine hurlait à la mort et tout l'appareil vibrait comme s'il allait se désintégrer. Au fond, vers le nord, se profilaient dans le brouillard les premiers sommets du Tibet. L'appareil commença à perdre de l'altitude. John Foster leva le nez de sa carte et désigna à Malko des petites maisons disséminées dans une vallée, sur plusieurs kilomètres carrés.

— Voilà Tatopani. Il n'y a pas de centre proprement dit. Où voulez-vous aller ?

Ils volaient à mille pieds environ.

C'est là que l'absence de Thana Giri se faisait cruellement sentir.

Malko allait lui répondre de descendre un peu plus lorsqu'il repéra un véhicule arrêté sur une crête, près d'une maison.

— Allons voir ce que c'est que ce véhicule, demanda-t-il.

L'Alouette perdit encore de l'altitude et Malko sentit son sang se glacer. Au-dessous d'eux, se trouvait un 4×4 militaire entouré de soldats en tenue de combat. Des Gurkhas, reconnaissables à leur chapeau de feutre. Deux d'entre eux ressortirent du bâtiment : ils étaient en train de fouiller le village !

— C'est la première fois que je vois l'armée ici, remarqua John Foster. Avec le nouveau roi, ça change.

Il ne croyait pas si bien dire. Il s'était mis en vol stationnaire et la légère Alouette était secouée comme un prunier. Malko parcourut du regard la vallée avec ses maisons éparpillées un peu partout. Par où commencer ? Le 4×4 des Gurkhas était reparti et cahotait à dix à l'heure sur une des pistes reliant les maisons entre elles. Soudain, il aperçut, assez loin devant lui, ce qui lui parut d'abord être un chiffon rouge au bout d'un immense bambou. Il lui fallut quelques secondes pour réaliser qu'il s'agissait du drapeau des maoïstes ! Signalant sûrement la mairie ou un poste de commandement. Là, il trouverait quelqu'un pour l'aider. Le village s'étendait sur une surface trop étendue, avec des pistes impraticables. Le fugitif pouvait se trouver n'importe où.

— Vous voyez le drapeau, là-bas ? lança-t-il à John Foster. Essayez de vous poser le plus près possible.

***

Le sergent gurkha ressortit de la ferme, tirant par sa boucle d'oreille une femme édentée, en chignon, terrifiée, vêtu d'un sari sans couleur. Il lança à ses hommes :

— Elle dit qu'il y a un homme là-bas, près de l'école. C'est sûrement lui. Elle va nous guider.

Il poussa brutalement la femme à l'intérieur du véhicule et ils sautèrent dedans, s'engageant sur la piste qui descendait vers le torrent. S'ils ramenaient le fugitif, leur chef leur avait promis une prime de 100 000 roupies. 200 000 s'il était mort.

Le choix était facile à faire.

CHAPITRE XX

L'Alouette se posa dans un nuage de poussière sur un espace à peu près plat, à côté de plusieurs petits bâtiments en pierres sèches, au toit en tôle ondulée et sol de terre battue. Une école au-dessus de laquelle était planté le long bambou portant le drapeau maoïste. Malko sauta à terre et courut sous les pales, entraînant le chauffeur de Larry Doolittle. Une femme en sari foncé, les cheveux tirés, le visage ridé, sortit d'un des bâtiments, visiblement stupéfaite, et vint dans leur direction. Arrivée devant Malko, elle leva le bras droit, poing fermé, et lança :

— *Lal salal !*

Le salut maoïste. Elle se semblait pas effrayée, simplement surprise. C'était probablement la première fois qu'elle voyait un hélicoptère de près. Aussitôt, elle lança une longue phrase en népalais, traduite tant bien que mal par le chauffeur :

— Elle nous souhaite la bienvenue dans le village libéré de Tatopani dont le parti l'a nommée maire. Qui sommes-nous et que voulons-nous ?

— Dites-lui que nous cherchons un étranger au village, dit Malko. Un *sadhou*.

Le chauffeur traduisit. Malko attendait anxieusement la réponse. Elle fut assez longue.

— Un saint homme est en effet arrivé il y a quelques jours, traduisit le chauffeur. Il a été la voir pour lui demander s'il pouvait rester quelque temps dans le village. On l'a installé dans une maison inoccupée qui a été en partie détruite par un glissement de terrain. Là-haut.

La maoïste désignait le sommet de la colline voisine. Trois cents mètres de dénivellation.

— Comment y va-t-on ? demanda Malko.

— Par là.

La maoïste montrait un sentier à pic, à dégoûter une chèvre. Soudain, Malko entendit un bruit de moteur et aperçut, de l'autre côté de la vallée, le 4×4 des Gurkhas qui se traînait sur une piste à flanc de colline, allant visiblement dans la même direction... Il n'y avait pas une minute à perdre. Il remercia la maoïste et courut vers l'hélicoptère. John Foster était en train de farfouiller dans la turbine.

— Vite, dit Malko, on repart.

— Impossible, annonça le pilote, il y a une petite fuite d'huile. Je dois la réparer. Sinon, on explose. Il y en a pour une vingtaine de minutes.

Il n'y avait plus qu'une solution. Avec le courage du désespoir, Malko se lança dans la pente, suivi du chauffeur. Sautant de caillou en caillou, dérapant, s'accrochant aux branches, progressant même à quatre pattes. En dix minutes, il fut en nage, le souffle court, et dut ralentir. Il perdit une chaussure, redescendit et continua, accroché comme une fourmi à la pente raide. Avec une seule idée : arriver en haut avant les Gurkhas.

***

Les poumons en feu, le regard brouillé, des élancements partout, Malko, couvert de terre, se hissa enfin sur le terre-plein, enjambant un tuyau d'arrosage. Il regarda vers sa droite. Le 4×4 militaire n'était plus qu'à un kilomètre, rebondissant de trou en trou sur l'effroyable piste. À gauche se trouvait une masure à demi effondrée, en contrebas du sentier. Difficile de croire que quelqu'un vivait là.

Il dut se baisser pour pénétrer à l'intérieur par une sorte de trou, butant sur une chèvre qui s'enfuit avec un bêlement réprobateur. Au fond, il distingua une forme humaine qui se leva vivement. Lorsqu'elle apparut dans la lumière, Malko vit un visage peinturluré comme celui d'un Comanche sur le sentier de la guerre, un gros chignon vertical sur le sommet du crâne, des yeux affolés. L'inconnu était torse nu, d'une saleté repoussante, et il dégageait une odeur à faire fuir un putois.

— Kumar Dixit ? lança Malko.

Le regard de l'homme dérapa. Il recula et dit d'une voix faible :

— *Yes.*

— Vous comprenez l'anglais ?

— *Yes.*

— Je travaille pour le gouvernement américain, dit Malko. Je suis venu ici pour vous sauver. Mais des Gurkhas sont là aussi. Ils vous cherchent pour vous tuer.

Kumar Dixit resta cloué sur place. Dépassé. Malko le prit par le bras.

— Venez. Vous ne craignez rien. J'ai un hélicoptère un peu plus bas. Il n'y a pas une seconde à perdre.

Kumar Dixit se laissa entraîner à l'extérieur, clignant des yeux dans la lumière. Ils aperçurent ensemble le 4×4 qui approchait. Malko prit le Népalais par la main et le projeta littéralement dans la pente qu'il venait d'escalader. Là, le 4×4 ne pouvait pas les suivre... Il disparut à leurs yeux. Ils descendaient le plus vite possible, sans un mot, attentifs à ne pas tomber. C'était presque aussi pénible que de monter. Malko se retourna à mi-pente et aperçut, à travers les branchages, des soldats qui venaient de surgir sur le talus dominant la pente.

Presque aussitôt, des coups de feu claquèrent. C'était mieux que toutes les explications. L'hélico se trouvait cinq cents mètres plus bas. Une éternité. Ils accélérèrent encore, boulant sur les cailloux, rebondissant d'un rocher à l'autre. Plusieurs coups de feu claquèrent. Malko hurla de toute la force de ses poumons :

— John, mettez en route !

Apparemment, l'appareil était réparé. Le pilote rentra dans son cockpit et, au moment où Malko, hors d'haleine, atteignait enfin l'espace découvert où était posée l'Alouette, les pales du rotor se mirent à tourner, avec une lenteur exaspérante. Le temps de monter à bord, l'appareil vibrait, prêt à décoller. Il commença à s'élever juste au moment où apparaissaient les premiers Gurkhas, en train de descendre la pente. Des claquements secs retentirent, couvrant le grondement de la turbine. On continuait à leur tirer dessus !

L'Alouette décolla enfin et s'éloigna en crabe. Le fuselage fut secoué par plusieurs impacts et John se tourna vers Malko, affolé.

— Hé ! On nous tire dessus ? Qu'est-ce qui se passe ?
— Je vous expliquerai plus tard, fit Malko. Filons.

Tout à coup, une forte odeur de kérosène envahit la cabine. Le pilote se pencha aussitôt sur ses instruments.

— Nous avons été touchés, annonça-t-il. Le réservoir fuit.

Désormais, ils étaient hors d'atteinte des Gurkhas, mais s'ils devaient s'écraser dans la jungle, ce ne serait pas mieux. Rasant les arbres pleins de perroquets, John Foster, les dents serrées, se concentra sur ses commandes, les yeux sur la jauge de carburant.

Malko eut l'impression de se remettre à respirer : ils venaient de franchir la dernière crête et Katmandou s'étalait à leurs pieds. Il se tourna vers le pilote.

— John, dit-il, je vais vous demander un dernier service. On ne retourne pas à l'aéroport. Je voudrais me poser sur la pelouse de la résidence de Larry Doolittle. Vous savez où est la maison ?
— Oui, mais pourquoi ?
— Il s'agit d'un problème intéressant la sécurité des

États-Unis. L'homme que nous sommes allés chercher est en danger de mort. En cas de problème, vous pourrez dire que vous avez été contraint d'atterrir là, à cause de la panne de carburant.

— C'est presque vrai, grommela le pilote. Il me reste cinq minutes de kérosène.

Malko suivit anxieusement la descente. Ils frôlaient les toits. Enfin, il aperçut le drapeau américain planté devant la résidence de Larry Doolittle et, une minute plus tard, l'Alouette se posa brutalement sur la pelouse. Le rotor s'arrêta dans une odeur d'huile brûlée.

— On n'aurait pas fait cinq cents mètres de plus, soupira John Foster, en sueur.

Kumar Dixit regardait les lieux, ébahi.

— Venez, dit Malko, vous êtes en sécurité, dans une enceinte diplomatique.

Il guida le Népalais jusqu'au salon et appela aussitôt Larry Doolittle à l'ambassade.

— Nous sommes chez vous, annonça-t-il. Venez.

Kumar Dixit avait pris une douche et n'empestait plus. On lui avait prêté des vêtements, il avait noué ses cheveux en queue de cheval et effacé les traits de peinture sur son visage. Assis au bord du canapé, il écoutait Malko raconter son enquête, visiblement partagé entre l'incrédulité et la peur. Larry Doolittle les avait rejoints et tirait sur sa pipe, en jouant machinalement avec son Zippo.

— Vous êtes le seul à pouvoir nous éclairer sur ce qui s'est réellement passé lorsque le prince Dipendra est ressorti de la « billiard room », après avoir massacré neuf personnes, conclut Malko. Je sais qu'il a été tué, mais j'ignore par qui. Acceptez-vous de parler ? Nous vous protégerons.

Kumar Dixit but un peu de thé. De toute évidence, il était bouleversé.

— Je ne peux pas parler, dit-il, il s'agit d'un secret concernant la famille royale.

— Comment! protesta Malko, on a tenté de vous tuer et on allait le faire quand je vous ai trouvé. Cela ne sert à rien de garder le silence. Si vous sortez d'ici, vous êtes mort. Vous le savez.

— Je n'ai pas le droit de parler, fit Kumar Dixit, buté. Sinon, on me tuera, moi et ma famille.

Malko le fixa et chercha son regard. Il annonça avec une brutalité voulue :

— Major Dixit, dit-il, votre femme et vos deux filles ont été assassinées, par ceux qui sont derrière ce complot. Probablement pour vous pousser à vous rendre. C'était dans tous les journaux.

Foudroyé, l'ancien aide de camp se figea, le regard brouillé. Ses mains s'étaient mises à trembler, sa pomme d'Adam montait et descendait. Il passa machinalement sa main sur sa tête et des larmes jaillirent de ses yeux, coulèrent sur son visage. Larry Doolittle et Malko essayaient de regarder ailleurs. Le silence se prolongea d'interminables secondes. La gorge nouée par l'émotion, Kumar Dixit le rompit enfin, d'une voix rauque, comme désincarnée :

— Que voulez-vous savoir ?

*
* *

L'ancien A.D.C. parlait d'une voix monocorde, fumant à la chaîne des cigarettes prises dans un paquet de Shakar. Larry Doolittle avait laissé son Zippo sur la table pour que le Népalais n'ait pas à s'interrompre.

— Cela a commencé au printemps, expliqua ce dernier, le prince Dipendra voyait cet homme de plus en plus souvent. Il venait lui rendre visite au palais.

— Timothy Mason ?

— Oui, le Britannique qui lui avait été présenté par le général Prajwal Rana. D'abord, ils ne parlaient que d'armes. Ils faisaient des balades ensemble. Le prince

Dipendra me racontait beaucoup de choses. J'ai compris qu'il était fasciné par ce mercenaire qui représentait tout ce qu'il aurait voulu être... Et, peu à peu, il s'est mis à critiquer le roi, son père, et sa mère, disant qu'ils allaient laisser la monarchie disparaître, par mollesse, qu'il fallait lutter plus énergiquement contre les maoïstes. Je sentais bien que ces propos lui étaient inspirés de l'extérieur, mais je n'osais pas le contrarier : c'était mon chef.

— Quand s'est-il décidé à tuer son père ? interrogea Malko.

Devant eux, sur la table basse, un magnétophone tournait silencieusement et une caméra numérique enregistrait toute la confession de l'aide de camp, qui ne semblait même pas s'en apercevoir.

— Je crois, en mai, fit Kumar Dixit. Un soir, après avoir fumé beaucoup de *ganja*, il m'a dit de garder un secret : qu'il serait bientôt le prochain roi du Népal. Ce jour-là, il avait passé la journée avec son ami britannique.

— Vous l'avez cru ?

— À moitié, avoua l'A.D.C. La *ganja* fait beaucoup rêver. Surtout mélangée à la cocaïne. Mais...

— Quand avez-vous su, pour de bon ?

— Le jeudi 31 mai. Il n'avait pas fumé. Il m'a dit de ne pas le quitter, le lendemain. Qu'il allait se passer des choses importantes.

— Vous saviez qu'il allait tuer le roi ?

— Non. Je me suis dit qu'il voulait le forcer à démissionner, sous la menace. Il m'a demandé de téléphoner à tous ceux qui devaient assister à la soirée pour savoir combien ils seraient. Je l'ai fait.

Il but un peu de thé, alluma une Shakar avec le Zippo-pipe de Larry Doolittle et se tut, comme s'il n'avait pas le courage de continuer.

— Que s'est-il passé le soir du 1er juin ? insista Malko. Kumar Dixit passa sa langue sur ses lèvres sèches.

— Son Altesse m'avait demandé de rester à sa disposition, à l'écart des autres A.D.C. Je me suis installé dans son bungalow. Là, j'ai vu les armes, le MP 5 et le M 16. Avec des chargeurs et une tenue de combat. Il était sept heures. J'ai compris que quelque chose de grave allait se passer.

— Et vous n'avez pas prévenu le roi ?

— Pour lui dire quoi ? Le prince Dipendra adorait les armes. Il en avait toujours chez lui. Et la soirée était déjà commencée. Moi, je regardais la télévision au rez-de-chaussée du bungalow. Je l'ai entendu monter dans sa chambre, mais je n'ai pas bougé. Et puis, il y a eu les premiers coups de feu. Étouffés. Je suis sorti en trombe et j'ai vu le prince qui ressortait de la « billiard room », son M 16 à la main. Il semblait hébété. Il est de nouveau rentré et j'ai entendu d'autres coups de feu.

— Vous étiez armé ?

— Oui.

— Vous n'avez pas été tenté de le stopper ?

Kumar Dixit le regarda comme s'il avait proféré une obscénité.

— Mais c'était mon maître ! Un « royal » …

— Bon, ensuite ?

— Je me trouvais dans le jardin et j'ai aperçu une silhouette dans l'ombre, le long du bâtiment. J'ai pensé que c'était un des A.D.C., effrayé et attiré par le bruit. À ce moment, le prince Dipendra est ressorti, le M 16 à la main. Il est parti en direction de son bungalow. L'homme que j'avais vu a bougé et l'a suivi. Il est arrivé derrière lui. Il a sorti un pistolet de sa poche et lui a tiré une balle dans la tête. Juste derrière l'oreille.

— Qui était cet homme ?

— Timothy Mason, son ami mercenaire.

— Mais alors, objecta Malko, à quel moment le prince Dipendra a-t-il tué sa mère et son jeune frère ?

— Il ne les a pas tués, corrigea Kumar Dixit d'une voix blanche. Lorsqu'il est ressorti de la « billiard room », ils sont arrivés derrière lui. Et ils ont vu l'Anglais lui tirer une balle dans la tête ! Celui-ci a réalisé qu'ils l'avaient vu. Il a ramassé le M 16 que le prince Dipendra avait laissé tomber à terre et les a poursuivis, vidant le chargeur sur eux ! Avant qu'ils ne puissent retourner à l'intérieur. Ensuite, il a jeté le M 16 à terre, le chargeur vide, et a réalisé que j'avais assisté à toute la scène. J'étais paralysé par l'horreur. Il a marché sur moi, je me souviens, il souriait. Je n'ai pas entendu ce qu'il m'a dit, mais soudain, j'ai vu qu'il avait son pistolet à la main. Ça s'est passé très vite : il a levé son arme, j'ai essayé de saisir mon pistolet. Je n'y suis pas arrivé, mais cela l'a empêché de viser. La balle qu'il a tirée m'a touché à l'épaule gauche alors qu'il voulait sûrement me frapper à la poitrine. J'ai eu très mal mais je n'ai pas perdu connaissance. J'ai entendu un autre aide de camp, Gajendra, appeler et se précipiter sur le prince. Des gens arrivaient de tous côtés. Timothy Mason a eu son attention détournée et j'en ai profité pour m'enfuir dans l'ombre. Je saignais beaucoup. J'ai gagné la porte ouest et j'ai sauté dans ma voiture. J'avais très peur : je savais qu'il y avait un coup d'État, et qu'on allait sûrement essayer de me supprimer. Mais il fallait que je me soigne. Impossible d'aller à l'hopital militaire. Alors, après être repassé chez moi, j'ai foncé à l'University Teaching Hospital, tout près du palais, et je me suis présenté aux urgences.

— On ne vous a rien demandé ?

— Si. J'étais en uniforme, j'ai expliqué qu'il y avait eu une fusillade accidentelle au palais. On m'a soigné, fait une transfusion, donné des antibiotiques. Je me suis reposé quelques heures et je me suis sauvé avant l'aube. Je savais que c'était dangereux de revenir chez moi, alors je suis allé me cacher chez une fille que je connaissais, à Patan. J'y suis resté trois jours. Le lundi suivant, quand j'ai appris la mort du prince Dipendra, j'ai compris que le coup d'État avait réussi et que, désormais, il fallait que je me cache pour longtemps.

Il se tut, tirant sur sa cigarette.

Malko repassa en revue son récit : tout collait, y compris les deux coups de feu isolés entendus par la princesse Ketaki. Le second était celui tiré sur Kumar Dixit. Il avait enfin l'explication qu'il cherchait, mais le vrai responsable, Andrew Teck, n'avait jamais été mentionné. Du beau travail...

— Vous connaissez un certain Andrew Teck ? demanda-t-il par acquit de conscience. Il travaille à l'ambassade britannique.

— Non. Pourquoi ?

Kumar Dixit semblait surpris.

— Parce que c'est lui qui a écrit la musique sur laquelle vous avez tous dansé, dit Malko.

Malko arrêta une fois de plus sa voiture en face du casino *Soaltee*. Il avait peu dormi, ayant réfléchi toute la nuit à la façon de coincer le vrai responsable de cette opération tordue. Et peut-être trouvé une solution. Il traversa le casino, gagnant directement le bureau de Baba Tuladnar. Le secrétaire n'essaya même pas de l'arrêter. La grosse femme était en train de compter des liasses de billets. Malko ne lui laissa même pas le temps d'ouvrir la bouche.

— Lisez ceci, dit-il en posant sur son bureau la confession de Kumar Dixit.

Surprise, Baba Tuladnar s'exécuta. La lecture prit une demi-heure, dans un silence de mort. Quand elle reposa le document, elle dut affronter le regard glacial des yeux dorés de Malko.

— Vous imaginez l'impact de ce document s'il est dévoilé ? souligna-t-il. Vous risquez de gros problèmes. *Beaucoup* de gens risquent des problèmes. Y compris Sa Majesté Gyanendra.

— Que voulez-vous ? croassa la grosse femme, livide. Elle aurait bien aimé n'avoir jamais lu ce texte.

— Proposer un deal. Par votre intermédiaire.

Les doubles battants ornés d'un œil immense s'écartèrent pour laisser entrer la Rover d'Andrew Teck. Les Gurkhas saluèrent respectueusement. Le Britannique était d'excellente humeur. La convocation du prince Bahadur ne l'avait pas étonné. C'était sûrement pour lui apprendre que les hommes lancés à la poursuite de Kumar Dixit avaient enfin mis la main sur celui-ci. Et l'avaient enterré sur place, selon les instructions. Ce qui mettait fin à des complications désagréables, issues d'une affaire pourtant bien montée.

Il suivit un A.D.C. qui le conduisit jusqu'au salon où le prince Bahadur recevait ses hôtes. Le Népalais était assis sur un canapé de soie jaune, en train de fumer, l'air sobre. Une liasse de documents était posée devant lui sur une table basse. Il ne tendit pas la main à Andrew Teck et lui dit sèchement :

— Veuillez vous asseoir et prendre connaissance de ces documents.

Surpris et vaguement inquiet, Andrew Teck prit les papiers. Dès qu'il lut les premières lignes, il sentit son sang se liquéfier.

— Vous avez retrouvé Kumar Dixit vivant ? demanda-t-il.

— Lisez, intima le prince Bahadur.

Le Britannique obéit, parcourant rapidement le texte, qui ne pouvait évidemment rien lui apprendre. Il le posa et demanda d'une voix blanche :

— J'espère qu'il a été exécuté.

Bahadur ne répondit pas, mais apostropha le Britannique :

— Ainsi, votre homme, ce Timothy Mason, a tué mon cousin, le bien-aimé prince Dipendra !

Andrew Teck en resta muet de stupéfaction. Tout le complot répondait à un plan établi d'un commun accord avec le MI 6 et le général commandant la Military Intelligence. Et avec, bien entendu, le feu vert du prince Gyanendra, à qui on offrait le trône du Népal sur un plateau d'argent. Il essaya de garder son calme.

— *Your Highness,* protesta-t-il, vous n'êtes peut-être

pas au courant de tout, mais Sa Majesté votre père pourra vous rassurer. Rien n'a été fait sans son accord.

— Vous avez tué mon cousin ! répéta le prince Bahadur. Mon bien-aimé cousin.

Lentement, il avait tiré un Glock 9 mm de sa veste et fixait Andrew Teck de ses yeux injectés de sang. Celui-ci sentit son pouls s'envoler. Brutalement, il venait de comprendre que Bahadur était à jeun et qu'il était tombé dans un piège. Il se leva, cherchant à comprendre. L'image de l'agent autrichien de la CIA lui vint à l'esprit au moment où le prince Bahadur appuyait sur la détente.

Posément, le prince népalais vida tout le chargeur de son Glock. Jusqu'à ce que la culasse reste ouverte. Andrew Teck était mort depuis déjà plusieurs secondes. Le prince Bahadur posa son arme brûlante à côté de la confession de Kumar Dixit. Il se dit qu'il faudrait donner de l'avancement à Baba Tuladnar. Elle avait bien mérité de sa famille. Il n'aurait aucun mal à justifier son geste. Et le nom du roi n'était mentionné nulle part dans ce document.

Seuls les Britanniques étaient responsables de cet affreux complot. Il se leva et alla dans son bar prendre une bouteille de Defender 5 ans d'âge, s'en versa une bonne rasade, alluma un pétard de *ganja* et se réinstalla sur le canapé, appuyant sur la sonnette pour qu'on vienne le débarrasser du cadavre encombrant d'Andrew Teck.

L'Airbus A-320 de la Thaï International s'éleva rapidement au-dessus de Katmandou et vira vers le sud, s'enfonçant presque aussitôt dans une couche de magnifiques cumulus blancs si épais qu'ils en paraissaient solides.

Malko regarda par le hublot les collines verdoyantes du dernier royaume himalayen disparaître peu à peu. Écartelé entre le Moyen Âge et le XXIᵉ siècle, le Népal aurait du mal à survivre.

À côté de lui, la place réservée à Kumar Dixit était restée vide. Au dernier moment, l'ancien aide de camp du prince Dipendra avait décliné l'offre de la CIA de venir s'installer aux États-Unis. À Malko, il avait confié :

— Je n'ai plus envie d'une vie *normale*. Je vais continuer mon existence de *sadhou*, réfléchir au pourquoi des choses, essayer d'entrer en contact par la force de l'esprit avec celles que je chérissais.

La dernière fois que Malko l'avait vu, il avait repris sa « tenue » de *sadhou*, le visage peint du trident de Shiva.

En dépit de la panique provoquée par les attentats du 11 septembre, Langley avait pris le temps d'adresser à Malko ses félicitations. Grâce à lui, la diplomatie américaine avait désormais un moyen de pression sur le roi Gyanendra et l'état-major de l'armée népalaise.

Cela pouvait toujours servir.

Il n'avait pas revu Anna Dickens, mais avait passé sa dernière soirée avec Prativa qui, elle aussi, avait refusé de quitter son pays.

L'hôtesse des premières s'approcha de Malko.

— Que désirez-vous boire, *sir* ?

— Un peu de champagne, dit Malko, du Taittinger Comtes de Champagne Blanc de Blancs 1995, si vous en avez.

Elle en avait. Il laissa les bulles lui picoter la langue, fêtant seul une victoire chèrement acquise.

Il ignorerait à jamais qui avait décidé du meurtre sauvage de l'épouse et des deux petites filles de Kumar Dixit. Andrew Teck ou les Népalais ? Il penchait pour la première hypothèse, mais cela n'avait désormais qu'une importance académique. Pourtant, c'était à cause du sang de ces innocentes qu'il avait résolu d'aller jusqu'au bout. Il avait toujours eu horreur qu'on tue les femmes et les enfants. Vieux préjugé ancré dans les gènes.

Mais cela, Andrew Teck, brillant sujet du MI 6, technocrate doué et jeune diplomate plein d'avenir, ne pouvait pas le savoir. On n'apprend pas tout à Oxford.

Malko déplia le *Katmandou Post* : les frappes aériennes venaient de commencer sur l'Afghanistan. La vie continuait et il se demanda s'il reverrait Oussama Ben Laden, croisé cinq ans plus tôt en Afghanistan.

Une exclusivité pour les lecteurs de SAS

Le briquet zippo CIA

UN SOUVENIR UNIQUE POUR LES COLLECTIONNEURS.

UN BRIQUET ZIPPO GARANTI À VIE, MADE IN USA

Prix unitaire : 30 € (port inclus)

....✂...........

Je souhaite commander : ☐ Briquet(s) Zippo CIA

Nom..........................Prénom...........................

Adresse ....

Code Postal.....................Ville ....

Je joins un chèque de..............euros

à l'ordre de

Malko Productions - 14, rue Léonce Reynaud - 75116 Paris

SAS A ISTANBUL

A L'OUEST DE JERUSALEM

ALBANIE : MISSION IMPOSSIBLE

ALERTE PLUTONIUM

ARMAGEDDON

ARNAQUE A BRUNEI

AU NOM D'ALLAH

AUX CARAÏBES

AVENTURE AU SURINAM

AVENTURE EN SIERRE LEONE

BERLIN : CHECK-POINT CHARLIE

BOMBES SUR BELGRADE

Téléchargez maintenant le **SAS** de votre choix sur

www.SASMalko.com

CAUCHEMAR EN COLOMBIE

CHASSE A L'HOMME AU PEROU

DANSE MACABRE A BELGRADE

COMMANDO SUR TUNIS

COMPTE A REBOURS EN RHODESIE

SAS CONTRE C.I.A.

SAS CONTRE P.P.K.

COUP D'ETAT A TRIPOLI

y compris les titres épuisés!

Avec

LE CERCLE

découvrez des inédits de littérature érotique et les fantasmes dévoilés d'écrivains contemporains

•

Ariane Larsen
L'homme abandonné

B... est une paisible ville de province comme tant d'autres en France. Cette tranquillité certes n'exclut pas les passions, mais celles-ci sont cachées ou tues. Seul un événement important peut bouleverser cet état, un crime par exemple largement médiatisé.

Marc Henri est fonctionnaire à B... L'amour et la jouissance ont disparu de sa vie depuis que sa femme, Claire, l'a quitté pour son amant, Alexis Torti. Il regarde les autres s'aimer sans trop en souffrir, résigné. Son existence bascule lorsqu'il se retrouve accusé du meurtre de son épouse et de son amant retrouvés dans la chambre d'un hôtel de B... Marc Henri emprisonné revêt alors, dans sa solitude, ses moments de passion les plus forts, pour tenter d'oublier son enfermement.

€ 15,99 (Prix France TTC : 104,90 FRF)

THRILLER NOIR

Rick Harsch

Billy Verité

Billy Verité est un thriller atypique dont l'originalité réside dans sa forte littérarité et ses références au genre noir conventionnel. A travers des personnages originaux (un chef de bande qui diagnostique toutes les maladies ; deux flics véreux qui affectionnent les dialogues absurdes ; un agent du FBI à la retraite qui finance son propre bureau ; Lola, une femme opportuniste ; Billy, l'homme le plus laid et le plus vrai ; et même un narrateur anonyme qui vit dans la cage d'un escalier condamné, Rick Harsch varie la puissance du feu de sa prose, passant du métaphysique au comique, de la tristesse à la franche hilarité.

€ 19,70

(Prix France TTC : 129,20 FRF)

éditions **MURDER INC.**

Achevé d'imprimer sur les presses de

BUSSIÈRE
GROUPE CPI

*à Saint-Amand-Montrond (Cher)
en décembre 2001*

MALKO PRODUCTIONS - 14, rue Léonce Reynaud - 75116 Paris
Tél. : 01-40-70-95-57

— N° d'imp. 16971. —
Dépôt légal : janvier 2002.

Imprimé en France